AWS 쿡북

Korean edition copyright ⓒ 2023 by acorn Publishing Co. All rights reserved.

Authorized Korean translation of the English edition of
AWS Cookbook ISBN 9781492092605 ⓒ 2022 Culkins Coffee Shop LLC and Mike Zazon

This translation is published and sold by permission of O'Reilly Media, Inc.,
which owns or controls all rights to publish and sell the same.

이 책은 O'Reilly Media, Inc.와 에이콘출판(주)가 정식 계약하여 번역한 책이므로
이 책의 일부나 전체 내용을 무단으로 복사, 복제, 전재하는 것은 저작권법에 저촉됩니다.

AWS 쿡북
개념과 예제를 다루는 실용 안내서

백진욱 옮김   존 컬킨 · 마이크 자존 지음

스프레드시트의 각 열의 값을 합산하는 것 이상의 기능이 있다는 것을
가르쳐 주신 아버지께 바칩니다.

— 존John

이모님 쥬디 던Judy Dunn께 바칩니다. 컴퓨터 프로그래밍과 기술에 대한
관심을 갖게 해준 탠디 1000 PCTandy 1000 PC에게 감사드립니다.

— 마이크Mike

 에이콘출판의 기틀을 마련하신 故 정완재 선생님 (1935-2004)

추천의 글

공식 AWS 문서는 실용적인 예시를 다루지는 않는다. 우리는 화이트보드에 개념을 정리하기 위해서가 아니라 특정 작업을 완료하기 위해 AWS 서비스를 사용한다. 이 책은 우리 모두가 실제로 적용할 수 있는 레시피와 실용적인 예시를 모아서 실제 사용자에게 전달한다.

— 코리 퀸Corey Quinn,
덕빌Duckbill 그룹 최고 클라우드 이코노미스트Chief Cloud Economist

일반적인 AWS 사용 사례와 따라 하기 쉬운 예제를 찾을 수 있다. 실습 중심의 예제를 방식으로 AWS 개념을 배우고 싶다면 이 책을 적극 추천한다.

— 가우라브 라지Gaurav Raje,
『Security and Microservice Architecture on AWS』의 저자

나는 AWS에 대한 팁과 요령을 이렇게 빽빽하게 수록한 책을 읽은 적이 없다. 5년 전에 이 책이 있었다면 정말 좋았을 것이다. AWS를 매일 사용하는 사람이라면 이 책의 내용을 자주 사용할 수 있을 뿐만 아니라 좋은 영감을 받을 수 있을 것이다. 내가 생각할 때는 이 책이 현존하는 최고의 AWS 책이다.

— 에이드리안 캔트릴Adrian Cantrill,
learn.cantrill.io의 AWS 트레이너

클라우드 전문가가 되려면 실무 경험이 필수적이다. 이 책은 개인의 경력 수준을 높이는 데 도움을 주는 클라우드 작업에 대한 실용적인 시나리오를 제공한다.

— 드루 퍼멘트Drew Firment,
AWS 커뮤니티 히어로 및 Pluralsight의 기업 전략 수장

옮긴이 소개

백진욱(kokos.papa8@gmail.com)

카네기멜론대학교에서 컴퓨터 공학 학사와 석사를 취득했다. 다수의 스타트업 CTO 경험이 있고 클라우드 기술에 관심이 많다. AWS 자격증 10개를 모두 획득했으며 GCP와 AZURE의 자격증도 갖고 있다. 현재는 물류 스타트업을 공동 창업했으며 AWS를 사용해 데이터와 클라우드 기술을 결합한 제품 개발과 혁신을 주도하고 있다.

옮긴이의 말

나는 AWS를 10년 이상 사용하며 AWS가 매해 무수히 많은 서비스를 출시하는 것을 경험했다. AWS는 초기에 컴퓨팅 서비스만 제공했지만, 지금은 분석, 컨테이너, AI, 데이터베이스, IoT, 네트워킹, 스토리지 등의 다양한 카테고리의 서비스를 제공한다. AWS는 혁신적인 클라우드 서비스들을 출시하며 개발자들이 인프라와 고정 비용에 구애받지 않고 애플리케이션을 작성할 수 있도록 도와준다. 또한 다음과 같은 이점을 제공한다.

- 컴퓨팅 리소스를 사용할 때만 요금을 내고 사용한 양에 대해서만 지불할 수 있기 때문에 고정 비용을 변동 비용으로 대체할 수 있다.
- 인프라의 용량을 미리 계획하지 않아도 된다. 온프레미스 인프라를 사용한다면 애플리케이션을 배포하기 전에 미리 용량을 결정하고 고가의 리소스를 구입해 유휴 상태로 두게 되거나 한정된 용량으로 작업하는 경우가 발생한다. 하지만 클라우드 컴퓨팅 환경에서는 필요한 용량만큼을 확장하거나 축소할 수 있다.
- 클라우드 컴퓨팅 환경에서는 새로운 IT 리소스를 클릭 몇 번만으로 확보할 수 있어서 개발자들이 리소스를 사용할 수 있기 때문에 몇 주가 걸릴 수 있는 인프라 리소스 확보를 단 몇 분으로 단축할 수 있다. 따라서 개발에 드는 개발 조직의 민첩성을 크게 향상시킬 수 있다.
- 데이터 센터 운영 및 유지 관리에 신경 쓰지 않아도 돼 애플리케이션 기능에 집중할 수 있다.
- 애플리케이션을 클릭 몇 번으로 전 세계의 리전에 손쉽게 배포할 수 있다.

이 책에서 제공하는 레시피들을 참고해 독자들이 구현하려는 기능에 대한 영감을 받을 수 있기를 바란다.

지은이 소개

존 컬킨 John Culkin

AWS의 수석 솔루션 아키텍트이며 현재 모든 AWS 자격증을 보유하고 있다. 이전에는 Cloudreach의 수석 클라우드 아키텍트로 조직의 요구 사항에 적합한 클라우드 솔루션을 제공했다. 평생 기술을 공부했으며 이제 클라우드 서비스를 활용하는 혁신적인 비즈니스 솔루션을 만들고자 노력하고 있다.

마이크 자존 Mike Zazon

AWS의 수석 클라우드 아키텍트로 기업 고객의 비즈니스를 현대화할 수 있도록 지원하는 업무를 맡고 있다. 이전에는 클라우드 소프트웨어 개발자, 소프트웨어 엔지니어, 소프트웨어 설계자, IT 관리자, 데이터 센터 설계자로서의 역할을 수행해 왔다. 공과대학의 연구실에서 이러한 역할을 수행하며 기술 교육에 대한 열정을 키워 왔다.

차례

추천의 글 7

옮긴이 소개 9

옮긴이의 말 10

지은이 소개 13

서문 20

들어가며 22

1장   보안 39

1.0 들어가며 39

1.1 개발자 접근을 위한 IAM 역할 생성과 수임 40

1.2 액세스 패턴을 기반으로 최소 권한 IAM 정책 생성 45

1.3 AWS 계정의 IAM 사용자 암호 정책 시행 49

1.4 IAM 정책 시뮬레이터를 사용해서 IAM 정책 테스트 55

1.5 권한 경계를 사용한 IAM 관리 기능 위임 59

1.6 AWS SSM Session Manager를 사용해 EC2 인스턴스에 연결 71

1.7 KMS 키를 사용해 EBS 볼륨 암호화 77

1.8 Secrets Manager를 사용해 암호 저장, 암호화, 액세스 ... 80

1.9 S3 버킷에 대한 퍼블릭 액세스 차단 85

1.10 CloudFront를 사용해 S3에서 안전하게 웹 콘텐츠 제공 ... 90

2장 네트워킹   95

2.0 들어가며 95
2.1 Amazon VPC를 사용해 프라이빗 가상 네트워크 생성 96
2.2 서브넷과 라우팅 테이블을 포함한 네트워크 티어 생성 99
2.3 인터넷 게이트웨이를 사용해 VPC를 인터넷에 연결 105
2.4 NAT 게이트웨이 사용한 프라이빗 서브넷의 외부 인터넷 접근 110
2.5 보안 그룹을 참고해 동적으로 접근 권한 부여 115
2.6 VPC Reachability Analyzer를 활용한 네트워크 경로 확인 및 문제 해결 120
2.7 Application Load Balancer를 사용해 HTTP 트래픽을 HTTPS로 리디렉션 126
2.8 접두사 목록을 활용한 보안 그룹의 CIDR 관리 135
2.9 VPC 엔드포인트를 사용한 S3 접근 141
2.10 트랜짓 게이트웨이를 사용해 전이 라우팅 연결 활성화 146
2.11 VPC 간 네트워크 통신을 위한 VPC 피어링 적용 154

3장 스토리지   161

3.0 들어가며 161
3.1 S3 수명 주기 정책을 사용한 스토리지 비용 절감 162
3.2 S3 Intelligent-Tiering 아카이브 정책을 사용한 S3 객체 자동 아카이브 166
3.3 복구 시점 목표 달성을 위한 S3 버킷 복제 구성 170
3.4 Storage Lens를 사용해 S3의 스토리지 및 액세스 지표 확인 178
3.5 S3 액세스 포인트를 사용해 별도의 애플리케이션 액세스 구성 183
3.6 AWS KMS를 사용한 Amazon S3 버킷의 객체 암호화 189
3.7 AWS Backup을 사용해 다른 리전에 EC2 백업 생성 및 복원 193
3.8 EBS 스냅샷 내의 파일 복원 201
3.9 DataSync를 활용한 EFS와 S3 간의 데이터 복제 205

4장 데이터베이스 — 211

- 4.0 들어가며 — 211
- 4.1 Amazon Aurora Serverless PostgreSQL 데이터베이스 생성 — 212
- 4.2 IAM 인증을 사용한 RDS 접속 — 221
- 4.3 RDS 프록시를 사용한 람다와 RDS 연결 — 229
- 4.4 기존 Amazon RDS for MySQL 데이터베이스의 스토리지 암호화 — 238
- 4.5 RDS 데이터베이스의 암호 교체 자동화 — 244
- 4.6 DynamoDB 테이블의 프로비저닝 용량 Auto Scaling — 254
- 4.7 AWS DMS를 사용해 데이터베이스를 Amazon RDS로 마이그레이션하기 — 259
- 4.8 RDS 데이터 API를 사용해 Aurora Serverless에 대한 REST 액세스 활성화 — 265

5장 서버리스 — 273

- 5.0 들어가며 — 273
- 5.1 ALB에서 람다 함수를 호출하도록 구성 — 275
- 5.2 람다 계층을 사용한 라이브러리 패키징 — 279
- 5.3 람다 함수 스케줄링 — 283
- 5.4 람다 함수에서 EFS 파일 시스템 사용 — 287
- 5.5 AWS Signer를 사용한 람다 코드의 무결성 확인 — 292
- 5.6 컨테이너 이미지를 람다에 배포 — 296
- 5.7 S3의 CSV 데이터를 람다를 사용해 DynamoDB로 로드 — 301
- 5.8 프로비저닝된 동시성을 사용해 람다 시작 시간 단축 — 306
- 5.9 람다에서 VPC 내의 리소스 접근 — 309

6장 컨테이너 — 313

- 6.0 들어가며 — 313
- 6.1 Amazon ECR에 컨테이너 이미지 빌드, 태그, 푸시 — 315
- 6.2 Amazon ECR에 푸시하는 컨테이너 이미지의 보안 취약점 스캔 — 321

6.3 Amazon Lightsail을 사용한 컨테이너 배포 325
6.4 AWS Copilot을 사용한 컨테이너 배포 329
6.5 블루/그린 배포로 컨테이너 업데이트 333
6.6 Amazon ECS의 컨테이너 워크로드 자동 확장 338
6.7 이벤트를 통해 Fargate 컨테이너 작업 시작 343
6.8 Amazon ECS의 컨테이너 로그 캡처 348

7장   빅데이터   355

7.0 들어가며 355
7.1 스트리밍 데이터 수집을 위한 Kinesis 스트림 사용 356
7.2 Amazon Kinesis Data Firehose를 사용한 Amazon S3로 데이터 스트리밍 ... 360
7.3 AWS Glue 크롤러를 사용한 메타데이터 검색 자동화 365
7.4 Amazon Athena를 사용한 S3 내의 파일 쿼리 374
7.5 AWS Glue DataBrew를 사용한 데이터 변환 379

8장   AI/ML   387

8.0 들어가며 387
8.1 팟캐스트 음성을 텍스트로 변환 388
8.2 텍스트 음성 변환 391
8.3 컴퓨터 비전을 사용한 양식 데이터 분석 394
8.4 Comprehend를 사용해 텍스트에서 PII 수정 398
8.5 동영상 내의 텍스트 감지 403
8.6 Amazon Transcribe Medical과 Comprehend Medical을 사용해 의료 전문가의 음성 분석 .. 406
8.7 이미지 내의 텍스트 위치 파악 410

9장 계정 관리 415

9.0 들어가며 415
9.1 계정 리소스 분석을 위한 EC2 Global View 사용 416
9.2 태그 편집기를 사용해 여러 가지 리소스의 일괄 태그 수정하기 419
9.3 AWS 계정의 모든 리전에 CloudTrail 로깅 활성화 424
9.4 루트 계정 로그인 시 경고 이메일 발송 429
9.5 루트 사용자의 다단계 인증 설정 432
9.6 AWS Organizations 및 AWS Single Sign-On 설정 437

부록 유용한 명령어 445

찾아보기 449

서문

나는 아마존 웹 서비스$^{\text{AWS, Amazon Web Service}}$ 팀의 초기 일원으로서 AWS 팀이 성장하는 것을 지켜볼 수 있었다. 지금까지 수천 개의 블로그 게시물을 작성했지만 매일 AWS에 대해 새롭고 유용한 것을 배운다.

200개가 넘는 서비스의 수와 주기적으로 배포되는 AWS 서비스에 쉽게 압도당할 수 있다. 수만 페이지 공식 AWS 문서 외에도 블로거, AWS Heroes, AWS 파트너를 통해 블로그 게시물, 비디오, 웨비나, 개요, 코드 샘플을 포함해 수많은 콘텐츠가 있다.

특정 AWS 서비스를 완벽하게 이해하는 쉬운 방법은 없으며, 문제를 해결하는 데 요점만 이해해도 되는 경우가 많다. 서비스를 이해한 후에도 해당 문제를 해결하고자 서비스를 사용하는 방법을 기억하는 것은 어려울 수 있다. 적어도 나는 그렇게 느끼고 있다.

이 책은 이럴 때 큰 도움을 줄 수 있다. 광범위한 주제와 신중하게 선택한 레시피^{recipe} 덕분에 즉각적인 문제를 단기간에 해결할 수 있을 것이라고 확신한다. 문제를 해결하고 AWS의 지식을 다시 배우고 고객을 위한 가치를 창출할 수 있다.

이 책에서 내가 가장 좋아하는 부분은 세부 사항도 꼼꼼히 짚어 준다는 점이다. 각 레시피는 적절한 솔루션으로 문제를 해결할 수 있게 도와준다. 대부분의 경우 레시피를 그대로 사용할 수 있으며 레시피의 정리 단계를 통해 언제든지 AWS 환경을 이전 상태로 되돌릴 수 있다.

이 책의 레시피는 대부분의 경우 AWS 클라우드 개발 키트$^{\text{CDK, Cloud Development Kit}}$를 사용한다. CDK는 여러 가지 이점을 제공한다. CDK는 IaC$^{\text{Infrastructure as Code}}$를 실행하는 방법

에 대해 자세히 배우는 기회를 제공한다.

이 쿡북cookbook의 레시피는 순서에 관계없이 살펴볼 수 있다. 순서대로 읽거나 원하는 레시피만 살펴볼 수 있지만, 환경 설정을 위해 1장 전체를 읽어 보는 것을 추천한다. 그런 다음 적절한 레시피를 찾아 수행하길 바란다.

— 제프 바Jeff Barr

AWS 부사장, 수석 에반젤리스트

2021년 11월

들어가며

> 대부분의 워크로드는 클라우드로 이동할 것이다. 이제 시작에 불과하다. 앞으로 더 많은 일이 일어날 것이다.
>
> — 앤디 제시 Andy Jassy [1]

클라우드는 지난 10년 동안 대기업과 중소기업에서 많은 주목을 받아 왔으며 계속해서 확장하고 있다. 가트너 Gartner는 2020년 전 세계 IaaS Infrastructure as a Service 퍼블릭 클라우드 서비스 시장이 40.7% 성장[2]했다고 밝혔다. 클라우드의 급속한 성장은 많은 조직에서 클라우드 기술에 대한 엄청난 수요를 가져왔다.[3] 많은 IT 전문가가 클라우드의 기본 개념을 이해하고 있지만 클라우드에서 보다 편안하게 작업하기를 원한다. 클라우드 기술의 수요와 공급 사이의 이러한 격차는 개인이 경력을 쌓을 수 있는 중요한 기회를 제공한다.

우리는 20년 이상의 클라우드 경험에서 AWS 프로젝트를 수행하며 다양한 역할을 수행했다. 수백 명의 개발자에게 AWS 서비스를 사용하는 방법에 대한 지침을 제공했다. 이런 경험으로 우리는 클라우드의 일반적인 과제와 손쉬운 성공을 이해할 수 있었다. 이 경험을 독자들과 공유하고 자기 개발을 위한 기회를 제공하고자 한다. 우리의 지식 중 일부를 공유하고 클라우드에서 작업하기 위한 유용한 기술을 빠르게 습득할 수 있도록 이 책을 썼다. 앞으로도 이 책을 참고 자료로 활용할 수 있길 바란다.

---

1 https://oreil.ly/7Ube0
2 https://oreil.ly/bJ5Sb
3 https://oreil.ly/kstre

이 책의 대상 독자

초심자부터 전문가까지 모든 수준의 개발자, 엔지니어, 아키텍트를 위한 쿡북이다. 초심자는 클라우드 개념을 배우고 클라우드 서비스 작업에 익숙해질 수 있으며, 전문가는 레시피 기반의 코드를 검사하고 새로운 서비스를 탐색해 새로운 관점을 얻을 수 있다. 이 책은 엔터프라이즈급 애플리케이션의 구성 요소와 개념에 대해서 'Hello, World'와 같은 예제를 제공하는 것을 목표로 한다. 일반적인 사용 사례의 시나리오 지침을 사용해 현재 또는 미래의 작업에 직접 적용할 수 있다. 또한 선별된 레시피로 AWS 서비스를 이해할 수 있다.

이 책에서 다루는 내용

AWS의 기술을 활용하면 흥미롭고 까다로운 문제를 해결할 수 있는 강력한 시스템과 애플리케이션을 만들 수 있는 능력을 갖게 될 것이다. 지멘스Siemens처럼 AWS 머신러닝을 사용해 초당 6만 건의 사이버 위협을 처리[4]할 수 있기를 원하는가? 캐피탈 원Capital One과 같이 조직의 온프레미스 공간을 줄이고 마이크로서비스microservice의 사용을 확대[5]하는 것을 원하는가? 이 책은 AWS 서비스를 빌딩 블록처럼 사용해 일반적인 시나리오를 다루는 실용적인 솔루션을 구성할 수 있는 실질적인 예제를 제공한다. 클라우드의 온디맨드 소비 모델, 방대한 용량, 고급 기능, 글로벌 풋프린트는 새로운 가능성을 열어 준다.

이 책의 구성

각 장은 일반적인 기술 영역(예: 보안, 네트워킹, 인공지능 등)에 초점을 맞춰 나눴다. 각 장의 레시피는 독립적이며 쉽게 적용할 수 있다. 각 레시피의 크기나 복잡도는 다르며 문제 설명, 해결 방법(다이어그램 포함), 토론으로 구성돼 있다. 혼동이 있을 수 있어 문제 설명은 엄격하게 정의한다. 해결 방법은 목표를 달성하는 데 필요한 작업을 안내하고

---

4 https://oreil.ly/Qpyvy
5 https://oreil.ly/vl0ZY

자 필요한 준비 및 단계를 포함한다. 필요한 경우 명시적으로 유효성 검사 방법도 제공한다. 추가적으로 레시피 마지막에 도전 과제를 제공한다. 해결 방법이 중요한 이유를 이해하는 데 도움을 줄 수 있는 토론, 솔루션 확장을 위한 제안, 실제 효과를 위해 활용하는 방법으로 각 레시피를 마무리한다.

 각 레시피의 저장소에 정리 단계를 위해 제공하는 코드를 사용하면 AWS에서 청구하는 비용을 낮추고 계정을 깔끔하게 유지할 수 있다.

각 장의 레시피 코드는 저장소[6]를 통해 제공한다. 저장소는 간편하게 복사 및 붙여넣기를 할 수 있도록 준비 단계, 필수 파일, 코드형 인프라를 제공한다. 또한 버그를 보고하고 새로운 레시피를 제안하기 위한 깃허브^{GitHub} 템플릿도 제공한다. 깃허브를 활용해 이슈를 만들고, 새 레시피에 대한 요청을 생성하고, pull 요청을 제출할 수 있다. 각 레시피의 README 파일의 레시피 단계 및 코드를 업데이트해 각 장의 저장소를 적극적으로 유지 관리할 것이다. 이를 통해 새로운 접근 방식이나 다른 접근 방법을 확인할 수 있다. 깃허브에서 여러분과 소통할 수 있기를 기대한다.

일부 레시피는 백지 상태에서 시작할 수 있지만 일부 레시피는 일반적인 시나리오와 상호 작용할 수 있도록 준비 단계를 진행해야 하므로 필수 구성 요소를 쉽게 배포할 수 있도록 코드를 제공한다. 예를 들어 레시피 6.5, '블루/그린 배포로 컨테이너 업데이트'에서는 기존 네트워크 스택에 애플리케이션 배포를 생성하는 컨테이너 개발자를 대상으로 한다. 전제 조건이 있는 경우 저장소에 제공된 코드를 사용해 준비 단계를 통해 사전 배포를 할 수 있다. 인프라를 지능적으로 정의하고 선언하는 데 AWS CDK를 사용한다. 대부분의 레시피는 명령줄 인터페이스$^{CLI,\ Command\ Line\ Interface}$ 기반으로 설명하지만 필요한 경우 AWS 콘솔의 스크린샷도 제공한다.

---

[6] https://github.com/awscookbook

AWS에서는 같은 결과를 갖더라도 여러 가지 방법으로 작업을 수행할 수 있다. 이 책은 모든 경우를 다루지 못하지만 대부분 사례에 가장 적합한 솔루션을 제공한다. AWS에 대해 배우고 특정 요구 사항에 가장 적합한 선택을 하려고 도움을 줄 수 있는 레시피 주제를 선택했다.

다음은 우리가 살펴볼 레시피의 예시다.

- Amazon Comprehend를 사용해 텍스트에서 개인 식별 정보[PII, Personally Identifiable Information] 수정
- Amazon RDS[Relational Database Service] 데이터베이스의 암호 교체 자동화
- VPC Reachability Analyzer를 사용해 네트워크 경로 확인 및 문제 해결

레시피와는 별개로 일상적인 작업을 빠르게 수행할 수 있는 명령어를 부록에 첨부했다. 독자들이 유용하게 사용할 수 있는 클라우드 도구가 되기를 바란다.

AWS는 프리 티어(free tier)[7]를 제공하지만 이 책의 레시피를 배포하면 비용이 발생할 수 있다. 각 레시피에서 정리 단계를 제공하지만 계정의 모든 비용은 독자가 부담해야 한다. AWS에서 개발한 Well-Architected Labs[8]를 확인하고 AWS Budget actions[9]를 활용해 비용을 관리하도록 하자.

준비 사항

다음은 레시피를 사용하기 위한 준비 목록이다.

- AWS 계정
  — 설정 방법[10]
  — 콘솔 및 프로그래밍 방식 액세스 권한을 가진 IAM 사용자

---

7 https://aws.amazon.com/free
8 https://www.wellarchitectedlabs.com/
9 https://oreil.ly/4OVCc
10 https://oreil.ly/opuXX

- IAM 사용자에 대한 관리자 권한

- 개인용 컴퓨터/노트북

- 소프트웨어
    - 웹 브라우저(마이크로소프트 에지Microsoft Edge, 구글 크롬Google Chrome 또는 모질라 파이어폭스Mozilla Firefox)
    - 배시bash 또는 z shell(Zsh)을 사용하는 터미널
    - 깃Git
        - 설치 방법[11]
    - Homebrew(선택 사항이지만 다른 요구 사항을 충족하고자 설치하는 것을 권장)
        - 설치 방법[12]
    - 코드 편집기(예: VSCodium 또는 AWS Cloud9)
        - 권장 설치: `brew install --cask vscodium`
    - AWS CLI 버전 2(2.1.26 이상)
        - 설치 안내[13]
        - 권장 설치: `brew install awscli@2`
    - 파이썬Python 3.7.9(및 pip) 이상
        - 설치 예: `brew install python@3.7`
    - AWS CDKCloud Development Kit 버전 2.0 이상
        - 시작하기 가이드[14]
        - 권장 설치: `brew install npm` 및 `npm i -g aws-cdk@next`

---

11 https://github.com/git-guides/install-git
12 https://docs.brew.sh/Installation
13 https://oreil.ly/uYhyX
14 https://oreil.ly/OmDu1

- 권장 사항: 홈 디렉터리에 AWSCookbook 폴더를 만들어 각 장의 저장소를 한 곳에서 관리하도록 하자.

```
AWSCookbook:$ tree -L 1
.
├── AccountManagement
├── ArtificialIntelligence
├── BigData
...
```

출판 당시 AWS CDK는 버전 1과 버전 2(개발자 미리 보기)의 두 가지 버전을 제공하고 있다. 이 책의 레시피는 버전 2로 작성했다. 다음 AWS CDK v2 글[15]에서 CDK 버전 2로 마이그레이션 및 설치하는 방법에 대한 자세한 정보를 찾을 수 있다.

시작하기

이 절에서는 레시피 단계를 더 쉽게 따라 할 수 있도록 책 전체에서 수행하는 기술 및 접근 방식의 예를 살펴본다. 이 절에 대한 내용을 이미 숙지하고 있다면 건너뛰어도 된다.

설정

이전 절에서 살펴본 필수 구성 요소 외에도 다음의 액세스 권한이 필요하다.

AWS 계정 설정

사용자는 관리 권한이 있어야 한다. 일부 레시피는 AWS IAM^{Identity and Access Management} 리소스를 생성할 수 있는 권한이 필요하다. AWS 가이드[16]를 참고해 관리 권한을 가진 IAM 관리자 및 사용자 그룹을 생성할 수 있다.

---

15 https://oreil.ly/jNyXH
16 https://oreil.ly/moVjA

CLI 설정

홈 디렉터리(또는 원하는 위치)에 AWSCookbook 폴더를 만들고 폴더로 이동한다.

```
mkdir ~/AWSCookbook && cd ~/AWSCookbook
```

이제 각 장의 저장소(예: Security)를 클론한다.

```
git clone https://github.com/AWSCookbook/Security
```

터미널에서 기본 리전Region을 설정한다.

```
export AWS_REGION=us-east-1
```

AWS는 클라우드 배포를 위해 전 세계 여러 리전을 제공한다. 이 책에서는 us-east-1 리전을 사용한다. 해당 리전이 레시피가 사용하는 서비스를 제공한다면 문제없이 작동할 것이다. AWS 의 리전 및 서비스는 다음 목록[17]을 확인한다.

`aws sts get-calleridentity` 명령을 사용해 `AWS_ACCOUNT_ID` 환경 변수를 설정한다.

```
AWS_ACCOUNT_ID=$(aws sts get-caller-identity \ --query Account --output text)
```

aws sts get-caller-identity 명령은 작업을 호출하려고 사용하는 IAM 사용자 또는 역할[18]에 대한 세부 정보를 반환한다.

AWS CLI 설정 및 액세스 검증:

```
aws ec2 describe-instances
```

배포한 EC2 인스턴스가 없는 경우 다음과 같은 출력을 표시한다.

---

17 https://oreil.ly/l3eVB
18 https://oreil.ly/XJMDp

```
{
  "Reservations": []
}
```

AWS CLI 버전 2는 기본적으로 여러 줄의 명령 출력을 터미널의 less로 보낸다. 출력은 q를 입력해 종료한다. 이 동작을 재정의하려면 ~/.aws/config 파일을 수정한다.[19]

AWS CloudShell[20]은 AWS 콘솔(Console)에서 AWS CLI 명령을 실행할 수 있는 브라우저 기반 터미널이다. 기본적으로 브라우저 세션의 ID를 사용해 AWS API와 상호 작용한다. 대부분의 레시피는 CloudShell을 사용해 실행할 수 있다. 로컬 터미널 환경에서 사용하는 세션을 사용하지 않고 CloudShell을 사용해 레시피 단계, 정리 명령, 기타 AWS CLI 명령을 인증된 사용자로 실행할 수 있다.

이 책에서 사용하는 테크닉과 접근 방법

이 절에서는 CLI를 사용해 레시피에 사용할 수 있는 방법을 설명하고 예시를 제공한다.

출력 쿼리, 환경 변수, 명령어 치환

때때로 후속 명령은 현재 실행 중인 명령의 출력에 의존한다. AWS CLI는 출력[21]의 필터링 기능을 제공한다. 때로는 명령 치환[22]을 활용해 이러한 출력을 포함하는 환경 변수[23]를 설정할 수 있다.

위의 세 가지 기술을 사용해 레시피를 각 단계를 수행한다. 다음 예시는 AWS STS^Security Token Service를 사용해 AWS CLI로 IAM 사용자(또는 역할)의 아마존 리소스 이름^ARN, Amazon Resource Name을 검색한다.

```
aws sts get-caller-identity
```

---

19 https://oreil.ly/SU9gk
20 https://aws.amazon.com/cloudshell
21 https://oreil.ly/oV3cx
22 https://oreil.ly/FG9yl
23 https://oreil.ly/39qp6

다음과 유사한 출력을 표시한다.

```
{
    "UserId": "EXAMPLE",
    "Account": "111111111111",
    "Arn": "arn:aws:iam::111111111111:user/UserName"
}
```

ARN 값을 쿼리해 터미널에 출력하는 예는 다음과 같다.

```
aws sts get-caller-identity --query Arn --output text
```

다음과 유사한 출력을 표시한다.

```
arn:aws:iam::111111111111:user/UserName
```

ARN 값을 쿼리하고 명령어 치환을 사용해 환경 변수로 설정한다.

```
PRINCIPAL_ARN=$(aws sts get-caller-identity --query Arn --output text)
```

echo 명령어를 사용해 터미널에 환경 변수의 값을 확인할 수 있다.

```
echo $PRINCIPAL_ARN
```

다음과 유사한 출력을 표시한다.

```
arn:aws:iam::111111111111:user/UserName
```

변경 작업을 수행할 때 --dry-run 플래그를 사용하도록 한다.

```
aws ec2 create-vpc --dry-run --cidr-block 10.10.0.0/16
```

템플릿 파일의 값 치환

레시피 단계에서 실행하는 일부 명령에 대한 입력을 위해 템플릿 파일을 제공한다. 예를 들어 레시피 6.5, '블루/그린 배포로 컨테이너 업데이트'에서 AWS CodeDeploy의 구성을 생성할 때 codedeploy-template.json에 사용자 지정 값을 치환할 수 있는 `AWS_ACCOUNT_ID`, `PROD_LISTENER_ARN`, `TEST_LISTENER_ARN` 자리 표시자 값을 교체하고 파일을 codedeploy.json으로 저장해서 사용할 수 있다.

위의 환경 변수를 저장한 뒤 레시피에서 사용하는 코드의 값을 **sed** 명령을 사용해 손쉽게 바꿀 수 있다. 6장의 레시피에서 사용하는 codedeploy-template.json 파일의 사용자 지정 변수를 **sed** 명령을 사용해 환경 변수의 값으로 손쉽게 치환할 수 있다.

```
sed -e "s/AWS_ACCOUNT_ID/${AWS_ACCOUNT_ID}/g" \
    -e "s|PROD_LISTENER_ARN|${PROD_LISTENER_ARN}|g" \
    -e "s|TEST_LISTENER_ARN|${TEST_LISTENER_ARN}|g" \
    codedeploy-template.json > codedeploy.json
```

암호[24]

일부 레시피에서는 암호를 생성하고 이후 단계에서 사용하는 환경 변수로 저장해야 한다. 레시피를 완료하면 정리 단계에서 해당 환경 변수를 삭제해야 한다. 프로덕션 환경에서는 보다 안전한 방법(예: 레시피 1.8)으로 AWS Secrets Manager를 활용하도록 한다.

생성. AWS CLI로 AWS Secrets Manager를 호출해 특정 요구 사항으로 암호[25]를 생성할 수 있다. 4장에서 사용하는 예는 다음과 같다.

```
ADMIN_PASSWORD=$(aws secretsmanager get-random-password \ --exclude-punctuation
 \ --password-length 41 --require-each-included-type \ --output text \ --query
 RandomPassword)
```

---

[24] 본문에서 문장 구성상 일부 '시크릿'으로 번역한 부분도 있다. – 옮긴이
[25] https://oreil.ly/7TxP4

사용 및 저장. 프로덕션 환경에서는 IAM 정책과 AWS Secrets Manager[26] 또는 AWS Systems Manager Parameter Store[27](보안 문자열 사용)를 사용해 시크릿에 액세스할 수 있는 사람과 대상을 제어할 수 있다. 레시피에 사용하는 일부 비밀번호 및 정책은 프로덕션 환경과는 다르게 느슨한 정책을 적용한다. 프로덕션에서는 항상 고유한 IAM 정책을 작성하고 제어하도록 한다.

무작위 접미사

Amazon S3와 같은 글로벌 서비스는 무작위 접미사를 생성한다. 그 이유는 S3 버킷 이름이 전체 AWS 고객 기반에서 전역적으로 고유해야 하기 때문이다. Secrets Manager의 CLI 명령을 사용해 명명 규칙을 충족하는 문자열을 생성하고 이 책의 독자가 레시피의 동일한 명령을 사용해 리소스를 생성하고 적용할 수 있도록 무작위 접미사를 생성할 수 있다.

```
RANDOM_STRING=$(aws secretsmanager get-random-password \ --exclude-punctuation
--exclude-uppercase \ --password-length 6 --require-each-included-type \
--output text \ --query RandomPassword)
```

독자가 선호하는 다른 도구를 사용해 임의의 문자열을 생성할 수도 있다.

AWS CDK와 helper.py

AWS CDK를 처음 사용하는 경우 'AWS CDK 시작하기' 가이드[28]를 살펴보도록 하자. CDK 2.0을 설치한 후 다음과 같이 작업 중인 리전으로 부트스트랩^{bootstrap} 설정을 수행해야 한다.

```
cdk bootstrap aws://$AWS_ACCOUNT_ID/$AWS_REGION
```

---

26 https://oreil.ly/PUyzf
27 https://oreil.ly/HDMgB
28 https://oreil.ly/OmDu1

AWS CDK를 사용해 각 레시피의 문제와 일치하는 상황을 배포할 수 있다. 레시피 단계에 필요한 입력 변수를 사용해 기존 환경에서 레시피 단계를 실행한다. 본인의 환경에서 작동하지 않는 경우 제공된 환경을 설정하고 비교하도록 한다.

저장소의 CDK 코드는 AWS CloudFormation 서비스를 사용해 리소스를 배포하고 레시피에서 사용하는 출력 변수를 사용한다. CloudFormation 출력을 통해 로컬 변수를 설정하고 레시피 단계를 더 쉽게 따라갈 수 있도록(대부분의 경우 복사 및 붙여넣기를 포함) 터미널에서 실행할 수 있는 helper.py라는 파이썬 스크립트를 제공한다.

다음 명령어를 통해 4장의 레시피에 대한 CDK 코드를 배포할 수 있다.

```
cd 401-Creating-an-Aurora-Serverless-DB/cdk-AWS-Cookbook-401/
test -d .venv || python3 -m venv .venv
source .venv/bin/activate
pip install --upgrade pip setuptools wheel
pip install -r requirements.txt
cdk deploy
```

각 저장소의 루트에서 이전 코드를 복사해 붙여 넣을 수 있다(파이썬, pip, CDK가 이미 설치돼 있다고 가정). 이를 통해 레시피의 솔루션 단계에서 다룰 시나리오를 배포할 수 있다. helper.py 스크립트는 cdk 배포가 완료된 후 터미널에서 실행할 수 있다.

```
python helper.py
```

환경 변수를 설정하고자 CDK CloudFormation 스택 출력에서 터미널에 복사해 붙여 넣을 수 있는 출력을 확인할 수 있다.

```
$ python helper.py
Copy and paste the commands below into your terminal
ROLE_NAME='cdk-aws-cookbook-108-Instance<무작위 문자열>'
INSTANCE_ID='<무작위 문자열>'
```

 마지막으로, 이 책에서 표현하는 의견은 AWS의 의견이 아닌 저자의 의견임을 강조한다.

이제 앞치마를 두르고 AWS 요리를 시작하자!

편집 규약

이 책에서는 다음과 같은 편집 규약을 사용한다.

고정폭 글꼴

> 변수 또는 함수 이름, 데이터베이스, 데이터 유형, 환경 변수, 명령문, 키워드와 같은 프로그램 요소를 참고하는 단락과 프로그램 목록에 사용한다.

볼드체

> 사용자가 문자 그대로 입력해야 하는 명령 또는 기타 문자에 사용한다.

요령이나 제안을 나타낸다.

일반적인 참고 사항을 나타낸다.

경고나 주의를 나타낸다.

보충 자료 다운로드

추가 자료(코드 예제, 연습 문제 등)는 https://github.com/awscookbook에서 다운로드할 수 있다.

기술적인 질문이나 코드 예제를 사용하는 데 문제가 있는 경우 bookquestions@oreilly.com으로 이메일을 보내기 바란다.

이 책의 예제를 통해 여러 가지 문제를 해결할 수 있기 때문에 일반적으로 제공하는 예제 코드를 바로 프로그램과 문서에 사용할 수 있다. 이 책에서 제공하는 코드를 너무 많이 재사용하지만 않는다면 저자에게 따로 허가를 받을 필요 없다. 이 책에서 제공하는 코드를 사용하는 프로그램을 작성하기 위해 허가를 받을 필요 없다. 이 책과 예제 코드를 인용해 포럼 등에 답변하는 데도 허가를 받을 필요 없다. 하지만 이 책의 예제 코드의 상당히 많은 양을 여러분 제품의 문서에 사용할 때는 허락이 필요하다. 또한 이 책의 예제를 상업적으로 사용하는 경우 사전 허락이 필요하다.

저작자 표기가 필수는 아니지만 표기해 준다면 감사하겠다. 저작자 표기를 할 때는 아래와 같이 제목, 저자, 출판사, ISBN을 기재한다.

John Culkin과 Mike Zazon(O'Reilly)의 AWS Cookbook. Copyright 2022 Culkins Coffee Shop LLC 및 Mike Zazon, 978-1-492-09260-5.

만약 예제 코드의 사용이 일반적인 범위를 벗어나거나 사용 허가가 필요하다면 부담 없이 permission@oreilly.com으로 연락해 주길 바란다.

문의

이 책에 관한 의견이나 문의는 출판사로 보내 주기 바란다.

이 책의 오탈자 목록, 예제, 추가 정보는 책의 웹 페이지인 https://www.oreilly.com/library/view/aws-cookbook/9781492092599/를 참고한다. 한국어판의 정오표는 에이콘출판사의 도서정보 페이지 http://www.acornpub.co.kr/book/aws-cookbook 에서 확인할 수 있다.

이 책의 기술적인 내용에 관한 의견이나 문의는 메일 주소 bookquestions@Oreilly.com으로 보내 주기 바란다. 그리고 한국어판에 관해 질문이 있다면 에이콘출판사 편집팀(editor@acornpub.co.kr)이나 옮긴이의 이메일로 연락 주길 바란다.

감사의 글

우선 O'Reilly를 소개해 준 『관리자를 위한 AWS 마이그레이션 Migrating to AWS, A Manager's Guide』의 저자인 제프 암스트롱 Jeff Armstrong에게 감사드린다.

이 책의 출판을 위해 기술적인 의견을 제공해 준 테크니컬 리뷰어들 제스 마일스 Jess Males, 가우라프 라지 Gaurav Raje, 제프 바 Jeff Barr, 폴 베이어 Paul Bayer, 닐 스튜어트 Neil Stewart, 데이비드 케이먼 David Kheyman, 저스틴 도밍거스 Justin Domingus, 저스틴 개리슨 Justin Garrison, 줄리앙 피터스 Julian Pittas, 마크 윌킨스 Mark Wilkins, 버지니아 추 Virginia Chu 에게 고맙다는 말을 전한다.

항상 훌륭한 인사이트와 의견을 제공해 준 r/aws의 지식 커뮤니티에 감사드리며, 이 책을 최고의 상태로 출판해 준 프로덕션 편집자인 크리스토퍼 푸시 Christopher Faucher에게 감사드린다. 또한 팬데믹 기간 동안 시간을 내서 작업해 준 편집자 버지니아 윌슨 Virginia Wilson에게도 고맙다는 말을 전한다.

표지 그림

표지의 동물은 참매 Accipiter gentilis다. 강력한 포식자인 북부 참매는 수리과 Accipitridae 계통('참매' 아과의 일부)에 속하며 북반구의 온대 지역에서 발견할 수 있다. 북부 참매는 유라시아와 북미의 침엽수림과 혼합림에 서식하는 새매 Accipiter 속의 유일한 종으로, 상대적으로 개방된 숲이 우거진 지역이나 숲의 가장자리를 따르는 영역에서 서식한다. 겨울에 남쪽으로 이동하는 철새다. 북부 참매는 비교적 짧고 넓은 날개와 긴 꼬리를 갖고 있어 숲 서식지 내에서 기동성이 뛰어나다. 참매는 비교적 큰 부리, 튼튼하고 상당히 짧은 다리, 두꺼운 발톱을 갖고 있다. 등 쪽은 청회색이고 밑면은 갈색 또는 흰색이며 어두운 테두리가 있다. 이 새들은 색상의 임상적 변화를 보이는 경향이 있는데, 이는 더 북쪽에 있는 참매가 따뜻한 지역에 있는 참매보다 더 창백하다는 것을 의미한다. 북부 참매는 놀라울 정도로 빠르며 짧은 비행을 통해 먹이를 잡는다. 먹이를 발견하면 빠르게 공격하는 조용한 포식자다. 종종 중간 크기의 새, 다람쥐, 토끼를 포함한 작은 포유류, 작은 설치류, 뱀, 곤충을 사냥한다. 이 매는 약 2~4개의 푸른빛이 도는 흰색 알을 낳고 매우 영역적이며 둥지를 보호하려고 인간을 포함한 침입자를 공격하기도 한다. 새끼 참매는 대개 암컷이 돌본다. 암컷은 대부분의 시간을 함께하는 반면 수컷의 주요 책임은 먹이를 둥지로 가져오는 것이다. 참매는 일반적으로 평생 짝짓기를 하므로 대부분 파트너 관계를 맺는다.

참매는 길고 고귀한 역사를 갖고 있다. 중세 시대에는 귀족들만이 매사냥을 위해 참매를 사용했다. 현재 북부 참매의 보전 상태는 개체수가 안정적으로 유지되기 때문에 우려할 만한 수준이 아니다. 하지만 산림 벌채가 증가함에 따라 개체수가 줄어들 우려가 있다. 많은 동물이 멸종 위기에 처해 있는데, 이들도 우리 세상에 중요하다. 표지 그림은 카렌 몽고메리Karen Montgomery가 그린 것으로 『British Birds』에 수록된 흑백 판화를 바탕으로 했다.

1장
보안

1.0 들어가며

IBM/Ponemon Institute Report[1]에 따르면 2021년 데이터 유출에 대한 평균 비용은 424만 달러로 사상 최고치를 경신했다. AWS는 클라우드 서비스를 실행할 수 있는 안전한 인프라를 제공하므로 AWS 클라우드에서 애플리케이션을 배포하면 제품의 혁신과 부가 가치 활동에 집중할 수 있다.

AWS 클라우드의 보안은 AWS와 고객의 공동 책임[2]이다. AWS IAM 정책, Amazon EC2 보안 그룹, 호스트 기반 방화벽 등의 구성은 고객의 책임이다. AWS는 클라우드를 구성하는 하드웨어 및 소프트웨어 플랫폼의 보안을 책임진다. AWS 계정에서 구현하는 소프트웨어 및 구성의 보안은 고객의 책임이다.

AWS에 클라우드 리소스를 배포하고 구성을 적용할 때 보안 환경을 유지하는 데 필요한 보안 설정을 숙지해야 한다. 1장에서는 보안에 중점을 둔 모범 사례와 사용 사례 레시피를 소개한다. 1장의 보안 레시피는 다른 레시피와 함께 사용할 것이다. 예를 들어 이 책 전체에서 EC2 인스턴스에 연결할 때 사용하는 AWS Systems Manager Session Manager 사용법에 대한 레시피를 소개한다. 이러한 기본 보안 레시피를 사용해 AWS에서 보안 솔루션을 구축한다.

---

1 https://oreil.ly/YayAP
2 https://oreil.ly/4Sv24

2019 AWS 보안 컨퍼런스 re:Inforce에서 발표한 'The Fundamentals of AWS Cloud Security'[3]는 전체적인 개요를 제공하며 AWS re:Invent의 'Encryption: It Was the Best of Controls, It Was the Worst of Controls'[4]는 암호화 시나리오에 대해 자세히 설명한다.

AWS는 계정 보안을 위한 모범 사례 가이드[5]를 주기적으로 게시하며 AWS 계정 소유자는 계속 발전하는 모범 사례를 숙지해야 한다.

1장에서는 보안과 관련된 중요한 주제를 다룬다. AWS는 서비스 및 보안 관련 구성 목록을 계속 추가하고 갱신하기 때문에 1장에서 모든 주제를 다룰 수는 없다. AWS는 보안, 자격 증명, 규정 준수를 위한 모범 사례[6]를 제공한다.

설정

28페이지의 'CLI 설정' 절에 따라 구성을 확인하고 필요한 환경 변수를 설정한 뒤 1장에 해당하는 저장소의 코드를 복제한다.

```
git clone https://github.com/AWSCookbook/Security
```

1.1 개발자 접근을 위한 IAM 역할 생성과 수임

문제 설명

모든 곳에서 관리 권한administrative permission을 사용하는 것을 방지하고자 AWS 계정에 개발을 위한 IAM 역할을 생성해야 한다.

---

3 https://oreil.ly/7rDlX
4 https://oreil.ly/qnO16
5 https://oreil.ly/BZQRt
6 https://oreil.ly/Us5oz

해결 방법

IAM 정책을 사용해 수임 가능한 역할을 생성하고 관리형 `PowerUserAccess IAM` 정책을 해당 역할에 연결한다(그림 1-1 참고).

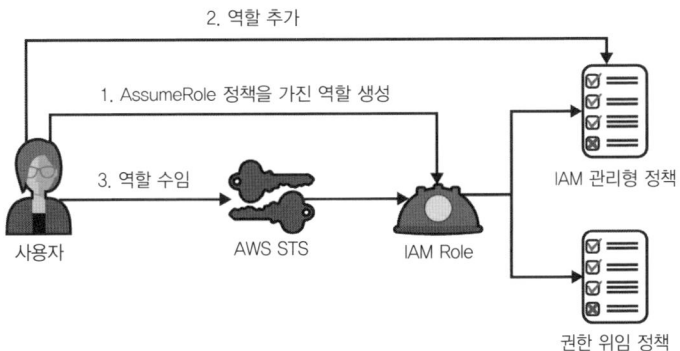

그림 1-1. 역할 생성, 정책 연결, 역할 수임

작업 방법

1. 저장소의 파일을 참고해 assume-role-policy-template.json 파일을 생성한다. IAM 보안 주체^{principal}는 이 정책을 통해 다음 단계에서 생성하는 역할을 수임할 수 있다.

    ```
    {
      "Version": "2012-10-17",
      "Statement": [
        {
          "Effect": "Allow",
          "Principal": {
            "AWS": "PRINCIPAL_ARN"
          },
          "Action": "sts:AssumeRole"
        }
      ]
    }
    ```

PRINCIPAL_ARN에 IAM 사용자를 사용한다면 해당 IAM 사용자를 삭제하고 다시 생성하는 경우 IAM 서비스의 보안 정책으로 인해 이 정책은 작동하지 않을 것이다. 이에 대한 자세한 내용은 IAM 문서[7]를 참고한다.

2. 사용자의 ARN[8]을 환경 변수로 설정한다.

    ```
    PRINCIPAL_ARN=$(aws sts get-caller-identity --query Arn --output text)
    ```

3. sed 명령을 사용해 앞서 생성한 assume-role-policy-template.json 파일의 PRINCIPAL_ARN 변수를 치환해 assume-role-policy.json 파일을 생성한다.

    ```
    sed -e "s|PRINCIPAL_ARN|${PRINCIPAL_ARN}|g" \
      assume-role-policy-template.json > assume-role-policy.json
    ```

4. 3단계에서 생성한 정책 파일을 사용해 AWSCookbook101Role이라는 역할을 생성한다.

    ```
    ROLE_ARN=$(aws iam create-role --role-name AWSCookbook101Role \
      --assume-role-policy-document file://assume-role-policy.json \
      --output text --query Role.Arn)
    ```

5. AWS 관리형 정책인 PowerUserAccess 정책을 역할에 연결한다.

    ```
    aws iam attach-role-policy --role-name AWSCookbook101Role \
      --policy-arn   arn:aws:iam::aws:policy/PowerUserAccess
    ```

AWS는 사용자의 편의를 위해 직무[9]에 대한 접근 정책을 제공한다. 이러한 정책을 사용해 특정 직무의 계정에 대한 사용자 액세스 권한을 위임할 수 있다. 하지만 모든 액세스 요구 사항에 대해 고유한 최소 권한 정책을 정의하는 것이 바람직하다.

유효성 검사. 앞서 생성한 역할을 수임한다.

---

7 https://oreil.ly/wR02t
8 https://oreil.ly/BDayp
9 https://oreil.ly/iyKFx

```
aws sts assume-role --role-arn $ROLE_ARN \
  --role-session-name AWSCookbook101
```

다음과 유사한 출력을 확인할 수 있다.

```
{
  "Credentials": {
    "AccessKeyId": "<문자열>",
    "SecretAccessKey": "<문자열>",
    "SessionToken": "<문자열>",
    "Expiration": "2021-09-12T23:34:56+00:00"
  },
  "AssumedRoleUser": {
    "AssumedRoleId": "EXAMPLE:AWSCookbook101",
    "Arn": "arn:aws:sts::11111111111:assumed-role/AWSCookbook101Role/AWSCookbook101"
  }
}
```

AssumeRole API[10]를 사용하면 AWS STS(Security Token Service)[11]에서 `AssumeRole` 정책의 권한이 허용하는 각 역할의 세션에 대한 임시 자격 증명 집합을 가져올 수 있다. 모든 IAM 역할은 `AssumeRole` 정책이 연결돼 있다. 위 명령어의 출력값을 사용해 AWS CLI의 자격 증명을 구성할 수 있다. AccessKey, SecretAccessKey, SessionToken을 환경 변수로 설정[12]하고, Switch Role 기능[13]을 사용해 AWS 콘솔의 역할을 수임할 수 있다. 애플리케이션에서 AWS API를 호출해야 하는 경우 각 언어의 AWS SDK가 이를 처리한다.

정리

코드 저장소의 정리clean up 단계를 참고한다.[14]

---

10 https://oreil.ly/dX1je
11 https://oreil.ly/AdUrq
12 https://oreil.ly/UWNWd
13 https://oreil.ly/dSfuG
14 https://github.com/AWSCookbook/Security/tree/main/101-Creating-and-Assuming-an-IAM-Role#clean-up

참고

일상적인 개발 작업에 관리자 권한을 사용하는 것은 최대한 피해야 한다. 불필요한 권한이 있다면 의도하지 않은 작업을 실행할 여지가 생긴다. AWS 관리형 정책인 `AdministratorAccess` 정책보다는 `PowerUserAccess`를 개발 목적으로 사용하는 것이 바람직하다. 필요에 따라 특정 작업만 허용하는 고유한 고객 관리 정책[15]을 정의하는 것을 권장한다. 예를 들어 EC2 인스턴스의 상태를 확인해야 한다면 읽기 전용 정책을 생성해 해당 역할에 연결한다. 마찬가지로 결제에 대한 정보를 접근할 수 있는 역할을 생성하고 AWS Billing 콘솔에만 액세스할 수 있도록 적용하도록 한다. 언제나 최소 권한의 원칙[16]을 따르도록 한다.

이번 레시피에서는 IAM 사용자를 사용했지만 ID 통합[17]을 활용하는 AWS 계정을 사용하는 경우 IAM 사용자가 아닌 AWS STS의 임시 자격 증명을 사용하는 것을 권장한다. 임시 자격 증명은 액세스 키 또는 암호와 같은 '오래 지속되는' 자격 증명이 아니라 일정 시간 후에 만료되는 시간 기반 토큰을 사용한다. 앞서 유효성 검사 단계에서 `AssumeRole` 명령어를 사용해 STS 서비스를 호출해 임시 자격 증명을 발급했다. AWS CLI의 명명된 프로필[18]을 사용해 `role_arn` 매개 변수^{parameter}를 변경할 때 역할에 대한 임시 자격 증명을 자동으로 수임하고 새로 고칠 수 있다.

AssumeRole 정책에 조건적으로 다단계 인증(MFA, Multi-Factor Authentication)을 설정해 MFA로 인증된 ID만 역할을 수임할 수 있다. AssumeRole의 MFA 구성에 대한 자세한 내용은 지원 문서[19]를 참고한다.

루트 계정으로 로그인할 때 이메일 알림을 받도록 구성하려면 레시피 9.4를 참고한다.

---

15 https://oreil.ly/hfQ3p
16 https://oreil.ly/jMW6h
17 https://oreil.ly/hmUw3
18 https://oreil.ly/fZSQ9
19 https://oreil.ly/djRQl

AWS 리소스에 대한 교차 계정 액세스 권한을 부여할 수 있다. 이 레시피의 정책에서 정의한 리소스를 액세스 권한을 위임하려는 해당 계정의 보안 주체 및 AWS 계정을 참고하게 정의할 수 있다. 교차 계정 액세스를 활성화할 때는 항상 `ExternalID`를 사용한다. 자세한 내용은 교차 계정 접근에 대한 문서[20]를 참고한다.

도전 과제

각 직무(예: 결제, 데이터베이스 관리자, 네트워킹 등)에 해당하는 AWS 관리형 정책에 대한 추가 IAM 역할을 생성한다.

1.2 액세스 패턴을 기반으로 최소 권한 IAM 정책 생성

문제 설명

AWS 계정에서 사용자가 현재 사용하고 있는 서비스, 리소스, 작업에 대한 액세스만 허용하도록 최소 권한 접근least privilege access 정책을 구현하고자 한다.

해결 방법

그림 1-2와 같이 IAM 콘솔에서 IAM Access Analyzer를 사용해 AWS 계정의 Cloud Trail 활동을 기반으로 IAM 정책을 생성한다.

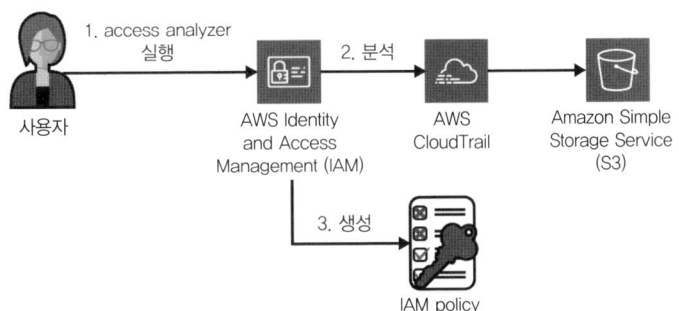

그림 1-2. IAM Access Analyzer 워크플로(workflow)

---

20 https://oreil.ly/wwlF4

준비 사항

- AWS 계정에 대한 CloudTrail 로깅을 활성화하고 S3로 로그를 내보내도록 구성이 돼 있어야 한다(레시피 9.3 참고).

해결 방법

1. IAM 콘솔[21]로 이동해 정책을 생성할 IAM 역할 또는 IAM 사용자를 선택한다.

2. **권한** 탭을 선택해 맨 아래로 스크롤해 **CloudTrail 이벤트를 기반으로 정책 생성** 섹션을 확장하고 **정책 생성** 버튼을 클릭한다.

보안 주체가 액세스한 AWS 서비스를 빠르게 확인하고 싶다면 Access Advisor 탭을 클릭해 서비스 목록과 액세스 시간을 확인할 수 있다. IAM Access Advisor는 Access Analyzer만큼 강력하지 않지만 AWS 계정의 IAM 보안 주체를 감사하거나 문제를 해결하려 할 때 사용할 수 있는 유용한 도구다.

3. 분석하고자 하는 CloudTrail 이벤트 기간을 선택하고 CloudTrail 추적에서 지역을 선택(또는 **모든 지역 선택**) 후 **새 서비스 역할 생성 및 사용**을 선택한다. IAM Access Analyzer는 선택한 추적에 대한 읽기 액세스를 위해 사용할 서비스의 역할을 생성한다. 마지막으로 **정책 생성**을 클릭한다(그림 1-3 참고).

---

21 https://console.aws.amazon.com/iam

그림 1-3. IAM Access Analyzer에서 정책 생성을 위한 설정

 역할 생성에 최대 30초가 걸릴 수 있다. 역할 생성 후, 정책 생성에 걸리는 시간은 CloudTrail 추적이 감지하는 활동의 양에 따라 다르다.

4. 분석을 완료하면 그림 1-4와 같은 결과를 확인한다. **권한** 탭의 맨 아래로 스크롤해 **생성된 정책 보기**를 클릭한다.

그림 1-4. 생성된 정책 보기

5. **다음**을 클릭하면 IAM 보안 주체가 수행한 활동을 기반으로 생성된 정책을 JSON 형식으로 확인할 수 있다. 정책을 편집해 권한을 추가할 수 있다. **다음**을 다시 클릭하고 이름을 작성하면 IAM 정책으로 배포할 수 있다.

IAM 콘솔에서 다음과 유사한 IAM 정책을 생성한 것을 확인할 수 있다.

```
{
  "Version": "2012-10-17",
  "Statement": [
    {
      "Effect": "Allow",
      "Action": [
        "access-analyzer:ListPolicyGenerations",
        "cloudtrail:DescribeTrails",
        "cloudtrail:LookupEvents",
        "iam:GetAccountPasswordPolicy",
        "iam:GetAccountSummary",
        "iam:GetServiceLastAccessedDetails",
        "iam:ListAccountAliases",
        "iam:ListGroups",
        "iam:ListMFADevices",
        "iam:ListUsers",
        "s3:ListAllMyBuckets",
        "sts:GetCallerIdentity"
      ],
      "Resource": "*"
    }, ...
}
```

유효성 검사. 새 IAM 사용자 또는 역할을 생성하고 새로 생성한 IAM 정책을 연결한다. 정책이 허용하는 작업을 수행해 정책이 IAM 보안 주체가 필요한 작업을 수행하도록 허용하는지 확인한다.

참고

사용자 및 애플리케이션에 대한 범위를 지정할 때 항상 최소 권한 IAM 정책을 구현한다. 처음은 필요한 권한이 무엇인지 정확히는 알 수 없다. 우선 개발 환경에서 사용자와 애플리케이션에 넓은 허용 범위를 부여하고 CloudTrail 로깅을 활성화한 다음(레시피 9.3 참고), 적절한 시간이 지난 뒤 특정 기간(3단계에서와 같이 Access Analyzer 구성에서 기간 선택)을 선택해 IAM Access Analyzer를 실행한다. 생성된 정책은 선택한 기간 동안 애플리케이션 또는 사용자가 수행한 작업을 실행하는 데 필요한 모든 권한을 포함하므로 최소 권한 원칙[22]을 구현할 수 있다.

Access Analyzer가 지원하는 서비스 목록[23]을 확인해야 한다.

도전 과제

생성한 정책에 대해 IAM 정책 시뮬레이터(레시피 1.4 참고)를 사용해 해당 정책이 필요한 액세스 권한을 갖고 있는지 확인해 보자.

1.3 AWS 계정의 IAM 사용자 암호 정책 시행

이 레시피에 기여한 고라브 라제(Gaurav Raje)에게 감사를 전한다.

문제 설명

보안 정책에 따라 AWS 계정 내의 모든 사용자에 대해 암호 정책을 시행해야 한다. 암호는 90일의 유효 기간이 있으며 소문자, 대문자, 숫자, 기호를 포함해 최소 32자로 구성해야 한다.

---

22 https://oreil.ly/jMW6h
23 https://oreil.ly/KPEFh

해결 방법

AWS 계정의 IAM 사용자에 대한 암호 정책을 설정한다. IAM 그룹과 IAM 사용자를 생성하고 그룹에 사용자를 추가해 정책이 올바르게 적용됐는지 확인한다(그림 1-5 참고).

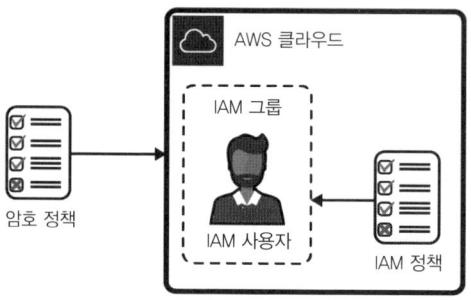

그림 1-5. 암호 정책을 사용하는 IAM 사용자

 이미 존재하는 사용자 디렉터리를 가진 조직의 경우 개별적으로 IAM 사용자 및 그룹을 생성하기보다는 ID 연합(Identity Federation)을 활용할 수 있는 AWS SSO(Single Sign-On)[24]를 사용해 AWS 계정에 추천하는 것을 권장한다. ID 연합을 사용해 이미 사용하는 IdP(ID 공급자)의 사용자 및 그룹을 사용할 수 있다. AWS가 작성한 연합 액세스 구성에 대한 가이드[25]를 참고하자. 사용할 수 있는 IdP가 없더라도 레시피 9.6을 참고해 AWS SSO를 활성화할 수 있다(AWS SSO는 기본적으로 사용할 수 있는 디렉터리를 제공한다).

작업 방법

1. AWS CLI를 사용해 소문자, 대문자, 기호, 숫자를 요구하도록 IAM 암호 정책을 설정한다. 최소 길이 32자, 최대 비밀번호 사용 기간 90일, 비밀번호 재사용 방지도 함께 설정한다.

    ```
    aws iam update-account-password-policy \
      --minimum-password-length 32 \
      --require-symbols \
    ```

---

24 https://aws.amazon.com/single-sign-on
25 https://aws.amazon.com/identity/federation

```
        --require-numbers \
        --require-uppercase-characters \
        --require-lowercase-characters \
        --allow-users-to-change-password \
        --max-password-age 90 \
        --password-reuse-prevention true
```

2. IAM 그룹을 생성한다.

    ```
    aws iam create-group --group-name AWSCookbook103Group
    ```

    다음과 유사한 출력을 확인한다.

    ```
    {
      "Group": {
        "Path": "/",
        "GroupName": "AWSCookbook103Group",
        "GroupId": "<문자열>",
        "Arn": "arn:aws:iam::111111111111:group/AWSCookbook103Group",
        "CreateDate": "2021-11-06T19:26:01+00:00"
      }
    }
    ```

3. 그룹에 `AWSBillingReadOnlyAccess` 정책을 연결한다.

    ```
    aws iam attach-group-policy --group-name AWSCookbook103Group \
      --policy-arn arn:aws:iam::aws:policy/AWSBillingReadOnlyAccess
    ```

IAM 정책은 사용자에게 직접 연결하는 것보다 그룹에 연결하는 것이 바람직하다. 사용자 수가 늘어날수록 IAM 그룹을 사용해 권한을 위임하는 것이 수월해진다. 이 방법은 CIS 레벨 1[26]과 같은 표준에 대한 준수를 충족하기 위한 조건 중 하나다.

4. IAM 사용자를 생성한다.

    ```
    aws iam create-user --user-name awscookbook103user
    ```

---

26 https://oreil.ly/i211Q

다음과 유사한 출력을 확인한다.

```
{
  "User": {
    "Path": "/",
    "UserName": "awscookbook103user",
    "UserId": "<문자열>",
    "Arn": "arn:aws:iam::111111111111:user/awscookbook103user",
    "CreateDate": "2021-11-06T21:01:47+00:00"
  }
}
```

5. Secrets Manager를 사용해 암호 정책을 준수하는 암호를 생성한다.

    ```
    RANDOM_STRING=$(aws secretsmanager get-random-password \
      --password-length 32 --require-each-included-type \
      --output text \
      --query RandomPassword)
    ```

6. 방금 생성한 암호를 사용하는 로그인 프로필을 만든다.

    ```
    aws iam create-login-profile --user-name awscookbook103user \
      --password $RANDOM_STRING
    ```

    다음과 유사한 출력을 확인한다.

    ```
    {
      "LoginProfile": {
        "UserName": "awscookbook103user",
        "CreateDate": "2021-11-06T21:11:43+00:00",
        "PasswordResetRequired": false
      }
    }
    ```

7. AWSBillingReadOnlyAccess 정책을 연결한 IAM 그룹에 사용자를 추가한다.

    ```
    aws iam add-user-to-group --group-name AWSCookbook103Group \
      --user-name awscookbook103user
    ```

유효성 검사. 암호 정책이 활성화돼 있는지 확인한다.

```
aws iam get-account-password-policy
```

다음과 유사한 출력을 확인한다.

```
{
  "PasswordPolicy": {
    "MinimumPasswordLength": 32,
    "RequireSymbols": true,
    "RequireNumbers": true,
    "RequireUppercaseCharacters": true,
    "RequireLowercaseCharacters": true,
    "AllowUsersToChangePassword": true,
    "ExpirePasswords": true,
    "MaxPasswordAge": 90,
    "PasswordReusePrevention": 1
  }
}
```

AWS CLI를 사용해 암호 정책을 위반하는 암호로 새 사용자를 생성해 보자. 기본적으로 제공하는 암호는 앞서 설정한 암호 정책을 위반하므로 다음과 같은 명령어를 통한 사용자 생성을 허용하지 않는다.

```
aws iam create-user --user-name awscookbook103user2
```

Secrets Manager를 사용해 암호 정책을 위반하는 암호를 생성한다.

```
RANDOM_STRING2=$(aws secretsmanager get-random-password \
  --password-length 16 --require-each-included-type \
  --output text \
  --query RandomPassword)
```

방금 생성한 암호를 사용하는 로그인 프로필을 만드는 명령어를 사용한다.

```
aws iam create-login-profile --user-name awscookbook103user2 \
  --password $RANDOM_STRING2
```

이 명령은 다음과 유사한 출력을 표시하며 실패한다.

```
An error occurred (PasswordPolicyViolation) when calling the CreateLoginProfile
operation: Password should have a minimum length of 32
```

정리
코드 저장소의 정리 단계를 참고한다.[27]

참고
AWS는 조직의 보안 요구 사항을 준수하는 암호 정책을 AWS 계정에 적용할 수 있는 방법을 제공한다. 관리자는 개별 사용자가 약한 암호를 사용하거나 주기적으로 변경하지 않을 때 조직의 보안 규정을 준수할 수 있는 방법을 제공한다.

IAM 사용자는 MFA 인증을 사용하는 것을 권장한다. IAM 사용자는 소프트웨어 기반 가상 MFA 장치 또는 하드웨어 장치를 사용할 수 있다. 다음 목록[28]에서 AWS가 지원하는 장치를 확인할 수 있다.

MFA를 사용해 암호를 사용하는 기존의 보안 방법 위에 또 다른 보안 계층을 추가할 수 있다. '당신이 아는 것$^{what\ you\ know}$'과 '당신이 가진 것$^{what\ you\ have}$'을 이용해 암호가 유출되더라도 다른 인증 요소를 통해 추가적인 피해를 막을 수 있다.

도전 과제
자격 증명 보고서[29]를 다운로드해 IAM 사용자의 마지막 비밀번호 설정 날짜를 확인한다.

---

27 https://github.com/AWSCookbook/Security/tree/main/102-Generate-Least-Privilege-IAM-Policy#clean-up
28 https://aws.amazon.com/iam/features/mfa
29 https://oreil.ly/GFTke

1.4 IAM 정책 시뮬레이터를 사용해서 IAM 정책 테스트

문제 설명

IAM 정책을 실제로 사용하기 전에 영향 범위를 확인하고자 한다.

해결 방법

그림 1-6과 같이 IAM 정책을 IAM 역할에 연결하고 IAM 정책 시뮬레이터로 작업을 수행한다.

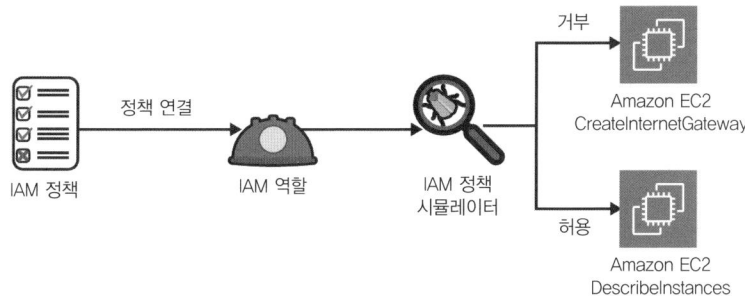

그림 1-6. IAM 역할에 연결된 IAM 정책에 대한 가상 작업

작업 방법

1. 저장소에서 제공하는 정책을 사용해 assign-role-policy.json이라는 파일을 생성한다.

```
{
  "Version": "2012-10-17",
  "Statement": [
    {
      "Effect": "Allow",
      "Principal": {
        "Service": "ec2.amazonaws.com"
      },
      "Action": "sts:AssumeRole"
    }
```

        ]
      }

2. 방금 생성한 assign-role-policy.json 파일을 사용해 IAM 역할을 생성한다.

   ```
   aws iam create-role --assume-role-policy-document \
     file://assume-role-policy.json --role-name AWSCookbook104IamRole
   ```

   다음과 유사한 출력을 확인한다.

   ```
   {
     "Role": {
       "Path": "/",
       "RoleName": "AWSCookbook104IamRole",
       "RoleId": "<문자열>",
       "Arn": "arn:aws:iam::111111111111:role/AWSCookbook104IamRole",
       "CreateDate": "2021-09-22T23:37:44+00:00",
       "AssumeRolePolicyDocument": {
         "Version": "2012-10-17",
         "Statement": [
         ...
   ```

3. IAM 관리형 정책인 `AmazonEC2ReadOnlyAccess`를 생성한 IAM 역할에 연결한다.

   ```
   aws iam attach-role-policy --role-name AWSCookbook104IamRole \
     --policy-arn arn:aws:iam::aws:policy/AmazonEC2ReadOnlyAccess
   ```

> EC2에 대한 모든 작업, 리소스, 조건 목록은 다음 AWS 게시물[30]에서 확인할 수 있다. IAM 글로벌 조건 콘텍스트 키[31]는 세분화된 정책을 작성하는 데 유용하다.

유효성 검사. 사용 중인 IAM 정책의 효과를 시뮬레이션하고 EC2 서비스에 대한 여러 유형의 작업을 실행해 본다.

다음 명령어로 `ec2:CreateInternetGateway` 작업을 시뮬레이션할 수 있다.

---

30 https://oreil.ly/EjuR3
31 https://oreil.ly/lUVkw

```
aws iam simulate-principal-policy \
  --policy-source-arn arn:aws:iam::$AWS_ACCOUNT_ARN:role/AWSCookbook104IamRole \
  --action-names ec2:CreateInternetGateway
```

다음과 유사한 출력에서 EvalDecision의 내용을 확인한다.

```
{
  "EvaluationResults": [
    {
      "EvalActionName": "ec2:CreateInternetGateway",
      "EvalResourceName": "*",
      "EvalDecision": "implicitDeny",
      "MatchedStatements": [],
      "MissingContextValues": []
    }
  ]
}
```

현재 사용하는 역할에 AmazonEC2ReadOnlyAccess 정책만 역할에 연결했으므로 Create InternetGateway 작업에 대한 암시적 거부를 확인할 수 있다. AmazonEC2ReadOnlyAccess 는 EC2 서비스에 대한 '생성' 기능을 허용하지 않는다.

다음 명령어로 ec2:DescribeInstances 작업을 수행한다.

```
aws iam simulate-principal-policy \
  --policy-source-arn arn:aws:iam::$AWS_ACCOUNT_ARN:role/AWSCookbook104IamRole \
  --action-names ec2:DescribeInstances
```

다음과 유사한 출력을 확인할 수 있다.

```
{
  "EvaluationResults": [
    {
      "EvalActionName": "ec2:DescribeInstances",
      "EvalResourceName": "*",
      "EvalDecision": "allowed",
      "MatchedStatements": [
```

```
      {
        "SourcePolicyId": "AmazonEC2ReadOnlyAccess",
        "SourcePolicyType": "IAM Policy",
        "StartPosition": {
          "Line": 3,
          "Column": 17
        },
        "EndPosition": {
          "Line": 8,
          "Column": 6
        }
      }
    ],
    "MissingContextValues": []
  }
  ]
}
```

AmazonEC2ReadOnlyAccess 정책은 EC2 서비스에 대한 읽기 작업을 허용하므로 Describe Instances 작업을 실행한다.

정리

코드 저장소의 정리 단계를 참고한다.[32]

참고

IAM 정책[33]을 사용해 AWS에서 액세스를 관리하기 위한 권한을 정의할 수 있다. 또한 리소스, 사용자, 그룹, 서비스에 권한을 허용(또는 거부)할 수 있는 정책을 보안 주체에 연결할 수 있다. 보안 모범 사례를 따르고자 최소한의 권한 세트로 정책 범위를 지정하는 것이 바람직하다. IAM 정책 시뮬레이터[34]는 최소 권한 액세스에 대한 자체 IAM 정책

---

32 https://github.com/AWSCookbook/Security/tree/main/104-Testing-IAM-Policies-with-the-IAM-Policy-Simulator#clean-up
33 https://oreil.ly/uy1uB
34 https://oreil.ly/9qscF

을 설계하고 관리할 때 매우 유용하다.

IAM 정책 시뮬레이터의 웹 인터페이스를 통해 IAM 정책에 대한 영향 범위를 확인할 수 있으며 사용자, 그룹, 역할에 연결한 모든 정책 또는 정책의 하위 집합을 테스트할 수 있다.

IAM 정책 시뮬레이터를 사용해 다음을 확인할 수 있다.
- ID 기반 정책
- IAM 권한 경계
- AWS Organizations 서비스 제어 정책(SCP, Service Control Policy)
- 리소스 기반 정책

정책 시뮬레이터의 결과에 따라 해당 정책이 의도한 대로 동작한다면 기존 정책의 내용을 수정하거나 새로 생성한 정책을 사용자, 그룹, 역할에 연결한다.

AWS는 IAM 정책을 처음부터 쉽게 구축할 수 있도록 AWS Policy Generator[35]를 제공한다.

도전 과제

권한 경계permissions boundary가 IAM 보안 주체에 미치는 영향을 시뮬레이션해 보자(레시피 1.5 참고).

1.5 권한 경계를 사용한 IAM 관리 기능 위임

문제 설명

팀원이 람다Lambda 함수를 배포하고 람다 함수가 사용할 수 있는 IAM 역할을 생성할 수 있도록 권한을 부여해야 한다. 생성된 IAM 역할은 람다 함수가 필요한 작업만 허용하도

---

35 https://oreil.ly/Ny8HI

록 유효한 권한을 제한해야 한다.

해결 방법

권한 경계[36] 정책을 생성한 뒤 람다 개발자를 위한 IAM 역할을 생성한다. 그 후 경계 정책을 지정하는 IAM 정책을 생성하고, 생성한 역할에 정책을 연결한다. 그림 1-7은 권한 경계를 설정한 자격 증명 기반 정책identity-based policy의 유효 권한effective permission을 나타낸다.

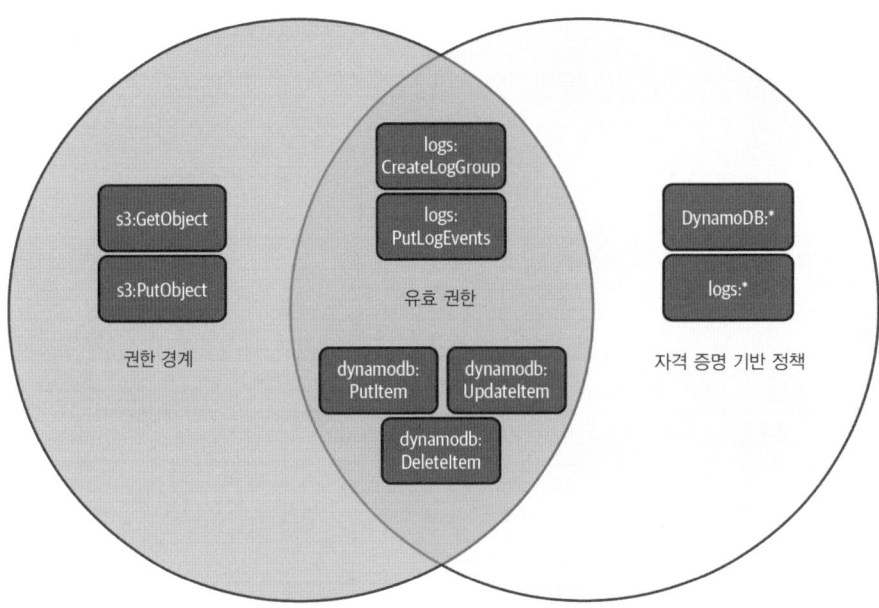

그림 1-7. 권한 경계를 가진 자격 증명 기반 정책의 유효 권한

준비 사항

- AWS 계정에 대한 관리 권한을 가진 IAM 사용자 또는 연합 자격 증명(IAM 관리자 및 사용자 그룹 생성을 위한 AWS 가이드[37] 참고).

---

36 https://oreil.ly/dtZ7X
37 https://oreil.ly/2MPmL

해결 방법

1. 저장소에서 제공하는 정책을 사용해 assign-role-policy-template.json이라는 파일을 생성한다.

    ```
    {
        "Version": "2012-10-17",
        "Statement": [
          {
            "Effect": "Allow",
            "Principal": {
              "AWS": "PRINCIPAL_ARN"
            },
            "Action": "sts:AssumeRole"
          }
        ]
    }
    ```

2. 사용자의 ARN을 환경 변수로 설정한다.

    ```
    PRINCIPAL_ARN=$(aws sts get-caller-identity --query Arn --output text)
    ```

3. `sed` 명령을 사용해 assume-role-policy-template.json 파일의 `PRINCIPAL_ARN`을 치환하고 assume-role-policy.json 파일을 생성한다.

    ```
    sed -e "s|PRINCIPAL_ARN|${PRINCIPAL_ARN}|g" \
      assume-role-policy-template.json > assume-role-policy.json
    ```

> 이 레시피에서는 허용된 IAM 주체를 본인(User1)으로 가정한다. 위임된 접근을 테스트하려면 IAM 보안 주체를 다른 것으로 설정해야 한다.

4. 앞서 생성한 역할 수임 정책을 사용할 새 역할을 생성한 뒤 ARN을 환경 변수로 저장한다.

    ```
    ROLE_ARN=$(aws iam create-role --role-name AWSCookbook105Role \
      --assume-role-policy-document file://assume-role-policy.json \
      --output text --query Role.Arn)
    ```

5. 저장소에서 제공하는 boundary-policy-template.json을 참고해 권한 경계를 지정하는 파일을 생성한다. 이 정책은 DynamoDB, S3, CloudWatch Logs 작업을 허용한다.

```json
{
    "Version": "2012-10-17",
    "Statement": [
        {
            "Sid": "CreateLogGroup",
            "Effect": "Allow",
            "Action": "logs:CreateLogGroup",
            "Resource": "arn:aws:logs:*:AWS_ACCOUNT_ID:*"
        },
        {
            "Sid": "CreateLogStreamandEvents",
            "Effect": "Allow",
            "Action": [
                "logs:CreateLogStream",
                "logs:PutLogEvents"
            ],
            "Resource": "arn:aws:logs:*:AWS_ACCOUNT_ID:*"
        },
        {
            "Sid": "DynamoDBPermissions",
            "Effect": "Allow",
            "Action": [
                "dynamodb:PutItem",
                "dynamodb:UpdateItem",
                "dynamodb:DeleteItem"
            ],
            "Resource": "arn:aws:dynamodb:*:AWS_ACCOUNT_ID:table/AWSCookbook*"
        },
        {
            "Sid": "S3Permissions",
            "Effect": "Allow",
            "Action": [
                "s3:GetObject",
                "s3:PutObject"
            ],
```

```
            "Resource": "arn:aws:s3:::AWSCookbook*/*"
        }
    ]
}
```

6. `sed` 명령을 사용해 boundary-policy-template.json 파일의 `PRINCIPAL_ARN`을 교체하고 boundary-policy.json 파일을 생성한다.

    ```
    sed -e "s|AWS_ACCOUNT_ID|${AWS_ACCOUNT_ID}|g" \ boundary-policy-template.json
    > boundary-policy.json
    ```

7. AWS CLI를 사용해 권한 경계 정책을 생성한다.

    ```
    aws iam create-policy --policy-name AWSCookbook105PB \
        --policy-document file://boundary-policy.json
    ```

    다음과 유사한 출력을 확인한다.

    ```
    {
      "Policy": {
        "PolicyName": "AWSCookbook105PB",
        "PolicyId": "EXAMPLE",
        "Arn": "arn:aws:iam::111111111111:policy/AWSCookbook105PB",
        "Path": "/",
        "DefaultVersionId": "v1",
        "AttachmentCount": 0,
        "PermissionsBoundaryUsageCount": 0,
        "IsAttachable": true,
        "CreateDate": "2021-09-24T00:36:53+00:00",
        "UpdateDate": "2021-09-24T00:36:53+00:00"
      }
    }
    ```

8. 저장소에서 제공하는 policy-template.json을 참고해 정책 파일을 생성한다.

    ```
    {
      "Version": "2012-10-17",
      "Statement": [
        {
          "Sid": "DenyPBDelete",   ❶
    ```

```
        "Effect": "Deny",
        "Action": "iam:DeleteRolePermissionsBoundary",
        "Resource": "*"
    },
    {
        "Sid": "IAMRead",  ❷
        "Effect": "Allow",
        "Action": [
            "iam:Get*",
            "iam:List*"
        ],
        "Resource": "*"
    },
    {
        "Sid": "IAMPolicies",  ❸
        "Effect": "Allow",
        "Action": [
            "iam:CreatePolicy",
            "iam:DeletePolicy",
            "iam:CreatePolicyVersion",
            "iam:DeletePolicyVersion",
            "iam:SetDefaultPolicyVersion"
        ],
        "Resource": "arn:aws:iam::AWS_ACCOUNT_ID:policy/AWSCookbook*"
    },
    {
        "Sid": "IAMRolesWithBoundary",  ❹
        "Effect": "Allow",
        "Action": [
            "iam:CreateRole",
            "iam:DeleteRole",
            "iam:PutRolePolicy",
            "iam:DeleteRolePolicy",
            "iam:AttachRolePolicy",
            "iam:DetachRolePolicy"
        ],
        "Resource": [
            "arn:aws:iam::AWS_ACCOUNT_ID:role/AWSCookbook*"
        ],
        "Condition": {
```

```
            "StringEquals": {
                "iam:PermissionsBoundary": "arn:aws:iam::AWS_ACCOUNT_
ID:policy/AWSCookbook105PB"
            }
        }
    },
    {
        "Sid": "ServerlessFullAccess",  ❺
        "Effect": "Allow",
        "Action": [
            "lambda:*",
            "logs:*",
            "dynamodb:*",
            "s3:*"
        ],
        "Resource": "*"
    },
    {
        "Sid": "PassRole",  ❻
        "Effect": "Allow",
        "Action": "iam:PassRole",
        "Resource": "arn:aws:iam::AWS_ACCOUNT_ID:role/AWSCookbook*",
        "Condition": {
            "StringLikeIfExists": {
                "iam:PassedToService": "lambda.amazonaws.com"
            }
        }
    },
    {
        "Sid": "ProtectPB",  ❼
        "Effect": "Deny",
        "Action": [
            "iam:CreatePolicyVersion",
            "iam:DeletePolicy",
            "iam:DeletePolicyVersion",
            "iam:SetDefaultPolicyVersion"
        ],
        "Resource": [
            "arn:aws:iam::AWS_ACCOUNT_ID:policy/AWSCookbook105PB",
            "arn:aws:iam::AWS_ACCOUNT_ID:policy/AWSCookbook105Policy"
```

```
            ]
        }
    ]
}
```

위 IAM 정책의 하위 정책이 포함하는 권한은 다음과 같다.

❶ `DenyPBDelete`: 역할에서 권한 경계를 삭제하는 것을 명시적으로 거부한다.

❷ `IAMRead`: 개발자에게 읽기 전용 IAM 액세스를 허용한다.

❸ `IAMPolicies`: 접두사 `AWSCookbook*`의 명명 규칙이 적용된 IAM 정책에 대한 생성 및 삭제를 허용한다.

❹ `IAMRolesWithBoundary`: 참고된 권한 경계를 포함하는 경우에만 IAM 역할의 생성 및 삭제를 허용한다.

❺ `ServerlessFullAccess`: AWS Lambda, Amazon DynamoDB, Amazon CloudWatch 로그 및 Amazon S3 서비스에 대한 전체 액세스 권한을 갖도록 허용한다.

❻ `PassRole`: IAM 역할을 람다 함수에 전달할 수 있도록 허용한다.

❼ `ProtectPB`: 생성한 역할의 권한 경계를 수정하는 기능을 명시적으로 거부한다.

9. 다음 명령어로 policy-template.json 파일에서 sed 명령을 사용해 AWS_ACCOUNT_ID를 바꾸고 policy.json 파일을 생성한다.

```
sed -e "s|AWS_ACCOUNT_ID|${AWS_ACCOUNT_ID}|g" \
  policy-template.json > policy.json
```

10. 개발자를 위한 정책을 생성한다.

```
aws iam create-policy --policy-name AWSCookbook105Policy \
  --policy-document file://policy.json
```

다음과 유사한 출력을 확인한다.

```
    {
      "Policy": {
        "PolicyName": "AWSCookbook105Policy",
        "PolicyId": "EXAMPLE",
        "Arn": "arn:aws:iam::11111111111:policy/AWSCookbook105Policy",
        "Path": "/",
        "DefaultVersionId": "v1",
        "AttachmentCount": 0,
        "PermissionsBoundaryUsageCount": 0,
        "IsAttachable": true,
        "CreateDate": "2021-09-24T00:37:13+00:00",
        "UpdateDate": "2021-09-24T00:37:13+00:00"
      }
    }
```

11. 2단계에서 생성한 역할에 정책을 연결한다.

```
aws iam attach-role-policy --policy-arn \
  arn:aws:iam::$AWS_ACCOUNT_ID:policy/AWSCookbook105Policy \
  --role-name AWSCookbook105Role
```

유효성 검사. 생성한 역할을 수임하고 해당 출력을 AWS CLI 자격 증명으로 설정한다.

```
creds=$(aws --output text sts assume-role --role-arn $ROLE_ARN \
  --role-session-name "AWSCookbook105" | \
  grep CREDENTIALS | cut -d " " -f2,4,5)
export AWS_ACCESS_KEY_ID=$(echo $creds | cut -d " " -f2)
export AWS_SECRET_ACCESS_KEY=$(echo $creds | cut -d " " -f4)
export AWS_SESSION_TOKEN=$(echo $creds | cut -d " " -f5)
```

람다 함수에 대한 IAM 역할 생성을 시도하고 람다 서비스(lambda-assume-role-policy.json)에 대한 역할 수임 정책을 생성한다.

```
{
  "Version": "2012-10-17",
  "Statement": [
    {
      "Effect": "Allow",
      "Principal": {
```

```
      "Service": "lambda.amazonaws.com"
    },
    "Action": "sts:AssumeRole"
  }
 ]
}
```

정책이 지정하는 명명 표준을 준수하는 이름으로 권한 경계를 지정해 역할을 생성한다.

```
TEST_ROLE_1=$(aws iam create-role --role-name AWSCookbook105test1 \
  --assume-role-policy-document \ file://lambda-assume-role-policy.json \
  --permissions-boundary \ arn:aws:iam::$AWS_ACCOUNT_ID:policy/AWSCookbook105PB \
  --output text --query Role.Arn)
```

관리형 AmazonDynamoDBFullAccess 정책을 역할에 연결한다.

```
aws iam attach-role-policy --role-name AWSCookbook105test1 \
  --policy-arn arn:aws:iam::aws:policy/AmazonDynamoDBFullAccess
```

관리형 CloudWatchFullAccess 정책을 역할에 연결한다.

```
aws iam attach-role-policy --role-name AWSCookbook105test1 \
  --policy-arn arn:aws:iam::aws:policy/CloudWatchFullAccess
```

AmazonDynamoDBFullAccess 및 CloudWatchFullAccess를 역할에 연결했지만 역할의 유효 권한은 3단계에서 생성한 권한 경계의 명령문에 의해 제한된다. 또한 s3:GetObject 및 s3:PutObject가 경계 정책에 정의돼 있더라도 역할 정책에서 정의하지 않았으므로 이러한 작업을 허용하는 정책을 생성할 때까지 함수는 이러한 호출을 수행할 수 없다. 이 역할을 람다 함수에 연결하면 람다 함수는 권한 경계와 역할 정책의 교차점에서 허용되는 작업만 수행할 수 있다(그림 1-7 참고).

이제 이 역할(AWSCookbook105test1)을 실행 역할$^{execution\ role}$로 지정해 람다 함수를 생성하고 함수에 부여된 DynamoDB 및 CloudWatch Logs 권한을 확인할 수 있다. IAM 정책 시뮬레이터로 결과를 테스트해 보자.

유효성 검사를 수행하고자 `AssumeRole`을 사용하고 환경 변수를 설정해 로컬 터미널 AWS 프로필을 수정했다. 기존 세션으로 되돌리려면 저장소의 README 파일 상단에서 제공하는 정리 단계를 수행해야 한다.

정리

코드 저장소의 정리 단계를 참고한다.[38]

> 향후 레시피에 필요한 권한을 다시 얻을 수 있도록 환경 변수를 삭제해야 한다.
>
> ```
> unset AWS_ACCESS_KEY_ID
> unset AWS_SECRET_ACCESS_KEY
> unset AWS_SESSION_TOKEN
> ```

참고

AWS 내의 사용자 및 애플리케이션에 대한 최소 권한 액세스 모델을 구현하려면 개발자가 다른 AWS 서비스와 상호 작용해야 할 때 애플리케이션이 맡을 수 있는 IAM 역할을 생성할 수 있는 권한을 가져야 한다. 예를 들어 Amazon DynamoDB 테이블에 액세스해야 하는 AWS Lambda 함수는 테이블에 대한 작업을 수행할 수 있는 역할이 필요하다. 팀이 확장함에 따라 팀 각 구성원을 위해 특정 목적을 위한 역할을 따로 생성하는 대신 많은 IAM 액세스를 포기하지 않고 권한 경계를 통해 팀 구성원의 권한을 제어할 수 있다. `iam:CreateRole`을 부여하는 정책의 `iam:PermissionsBoundary` 조건은 생성한 역할에 항상 연결된 권한 경계를 포함해야 한다.

권한 경계는 가드레일^{guardrail} 역할을 수행하고 권한 상승을 제한한다. 즉 생성된 역할이 수행할 수 있는 작업을 정의해 위임된 관리자가 생성한 IAM 보안 주체의 최대 유효 권한을 제한한다. 그림 1-7과 같이 IAM 보안 주체(IAM 사용자 또는 역할)에 연결된 권한 정책(IAM 정책)과 함께 작동한다. 이를 통해 관리자 역할에 대한 폭넓은 액세스 권한을 부

---

38 https://github.com/AWSCookbook/Security/tree/main/105-Delegating-IAM-Administrative-Capabilities-Using-Permissions-Boundaries#clean-up

여할 필요가 없고, 권한 상승을 방지할 수 있으며, 팀 구성원이 애플리케이션에 대한 최소 권한 역할을 빠르고 반복적으로 생성하도록 할 수 있다.

1장의 레시피에서는 위임된 보안 주체가 생성할 수 있는 권한 경계 정책에서 참고된 역할 및 정책에 대해 AWSCookbook*과 같은 명명 규칙을 사용했다. 개발자는 리소스를 만들 때 표준 명명 규칙을 유지하는 역할만 서비스에 전달할 수 있다. 이는 권한 경계를 구현할 때 이상적인 방법이다. 서로 다른 팀, 애플리케이션, 서비스에 대한 명명 규칙을 개발해 모두 동일한 계정 내에서 공존하면서 필요한 경우 요구 사항에 따라 다른 경계를 적용할 수 있다.

관리자가 아닌 사람에게 IAM 권한을 위임하고자 권한 경계 가드레일을 구현하는 역할을 구축할 때 다음 네 가지 사항을 주의해야 한다.

1. IAM 고객 관리형 정책 생성 허용: 사용자가 원하는 정책을 생성할 수 있다. IAM 보안 주체에 연결할 때까지 효과가 없다.

2. 권한 경계가 연결돼야 한다는 조건으로 IAM 역할 생성 허용: 팀 구성원이 생성한 모든 역할은 역할 생성 시 권한 경계를 포함하도록 한다.

3. 정책 첨부를 허용하되 권한 경계가 있는 역할에만 허용: 사용자가 액세스 권한이 있는 기존 역할을 수정하지 못하게 한다.

4. 사용자가 역할을 생성하는 AWS 서비스에 `iam:PassRole` 허용: 개발자가 Amazon EC2 및 AWS Lambda에 대한 역할을 생성해야 할 수 있다. 개발자가 생성한 역할만 관리자가 정의한 서비스에 전달할 수 있어야 한다.

권한 경계는 쉽게 이해하기 어려운 고급 IAM 주제다. AWS re:Inforce 2018의 브리지드 존슨(Brigid Johnson)의 강연[39]에서 IAM 정책, 역할, 권한 경계를 설명하는 몇 가지 실제 사례를 확인할 수 있다.

---

[39] https://oreil.ly/0Smmq

도전 과제

1장에서 생성한 역할이 SQS 대기열 및 SNS 주제에 게시할 수 있도록 권한 경계를 확장하고 역할에 대한 정책을 조정한다.

1.6 AWS SSM Session Manager를 사용해 EC2 인스턴스에 연결

문제 설명

SSH를 사용하지 않고 프라이빗 서브넷private subnet에 배포된 EC2 인스턴스에 연결해야 한다.

해결 방법

IAM 역할을 생성하고, `AmazonSSMManagedInstanceCore` 정책을 연결한다. EC2 인스턴스 프로필을 생성하고, 생성한 IAM 역할을 인스턴스 프로필에 연결한다. EC2 인스턴스 프로필을 EC2 인스턴스에 연결하고, 마지막으로 `aws ssm start-session` 명령을 실행해 인스턴스에 연결한다.

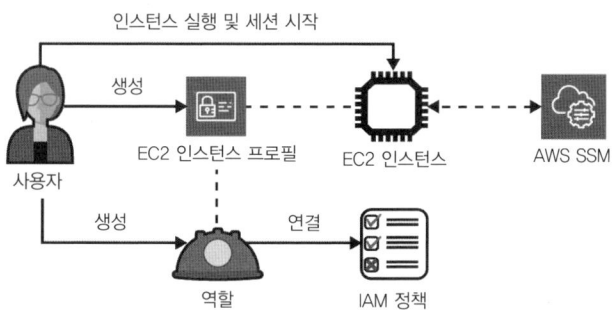

그림 1-8. Session Manager를 사용해 EC2 인스턴스에 연결

준비 사항

- Amazon VPCVirtual Private Cloud 내에 배포된 프라이빗 서브넷 및 라우팅 테이블

- AWS Systems Manager에 필요한 VPC 엔드포인트[endpoint 40]
- Session Manager 플러그인을 설치한 AWS CLI v2[41]

준비 단계

코드 저장소의 준비[preparation] 단계를 실행한다.[42]

단계

1. 다음 내용을 포함하는 assign-role-policy.json 파일을 생성한다.

    ```
    {
      "Version": "2012-10-17",
      "Statement": [
        {
          "Effect": "Allow",
          "Principal": {
            "Service": "ec2.amazonaws.com"
          },
          "Action": "sts:AssumeRole"
        }
      ]
    }
    ```

2. assert-role-policy.json 파일을 사용해 IAM 역할을 생성한다.

    ```
    ROLE_ARN=$(aws iam create-role --role-name AWSCookbook106SSMRole \
      --assume-role-policy-document file://assume-role-policy.json \
      --output text --query Role.Arn)
    ```

3. 생성한 역할이 AWS Systems Manager에 대한 액세스를 허용하도록 `AmazonSSM ManagedInstanceCore` 관리형 정책을 연결한다.

---

40 https://oreil.ly/qyNJR
41 https://oreil.ly/ejccM
42 https://github.com/AWSCookbook/Security/tree/main/106-Connecting-to-EC2-Instances-Using-Session-Manager

```
aws iam attach-role-policy --role-name AWSCookbook106SSMRole \
  --policy-arn arn:aws:iam::aws:policy/AmazonSSMManagedInstanceCore
```

4. 인스턴스 프로필을 생성한다.

   ```
   aws iam create-instance-profile \
     --instance-profile-name AWSCookbook106InstanceProfile
   ```

   다음과 유사한 출력을 확인한다.

   ```
   {
     "InstanceProfile": {
        "Path": "/",
        "InstanceProfileName": "AWSCookbook106InstanceProfile",
        "InstanceProfileId": "<문자열>",
        "Arn": "arn:aws:iam::111111111111:instance-profile/
   AWSCookbook106InstanceProfile",
        "CreateDate": "2021-11-28T20:26:23+00:00",
        "Roles": []
     }
   }
   ```

5. 생성한 역할을 인스턴스 프로필에 추가한다.

   ```
   aws iam add-role-to-instance-profile \
     --role-name AWSCookbook106SSMRole \
     --instance-profile-name AWSCookbook106InstanceProfile
   ```

EC2 인스턴스 프로필은 사용자가 생성한 역할을 포함한다. 인스턴스와 인스턴스 프로필 연결을 통해 '내가 누구인지'를 정의할 수 있고 역할은 '내가 할 수 있는 일'을 정의한다. IAM에서 EC2 인스턴스가 IAM 서비스를 사용해 다른 AWS 서비스와 통신하고자 역할과 프로필 모두 필요하다. aws iam list-instance-profiles AWS CLI 명령을 실행해 계정의 인스턴스 프로필 목록을 가져올 수 있다.

6. AWS SSM^{Systems Manager}에서 해당 리전에서 사용할 수 있는 최신 Amazon Linux 2 AMI ID를 찾아 이를 환경 변수로 저장한다.

   ```
   AMI_ID=$(aws ssm get-parameters --names \
     /aws/service/ami-amazon-linux-latest/amzn2-ami-hvm-x86_64-gp2 \
   ```

```
    --query 'Parameters[0].[Value]' --output text)
```

7. 서브넷 중 하나에서 생성한 인스턴스 프로필을 참고하는 인스턴스를 시작하고 콘솔에서 인스턴스를 식별하고자 Name 태그를 적용한다.

```
INSTANCE_ID=$(aws ec2 run-instances --image-id $AMI_ID \
  --count 1 \
  --instance-type t3.nano \
  --iam-instance-profile Name=AWSCookbook106InstanceProfile \
  --subnet-id $SUBNET_1 \
  --security-group-ids $INSTANCE_SG \
  --metadata-options \
HttpTokens=required,HttpPutResponseHopLimit=64,HttpEndpoint=enabled \
  --tag-specifications \
  'ResourceType=instance,Tags=[{Key=Name,Value=AWSCookbook106}]' \
  'ResourceType=volume,Tags=[{Key=Name,Value=AWSCookbook106}]' \
  --query Instances[0].InstanceId \
  --output text)
```

 EC2 인스턴스 메타데이터[43]는 인스턴스 내에서 HTTP 엔드포인트를 통해 EC2 인스턴스에 대한 정보에 접근할 수 있는 기능이다. 메타데이터는 사용자 데이터[44]를 사용해 스크립팅 및 자동화를 적용할 때 유용하다. 최신 버전의 인스턴스 메타데이터를 사용하기 위해 7단계에서 --metadata-options 플래그와 HttpTokens=required 옵션을 사용해 IMDSv2[45]를 지정했다.

유효성 검사. EC2 인스턴스가 SSM에 등록됐는지 확인한다. 다음 명령을 통해 인스턴스 ID를 확인한다.

```
aws ssm describe-instance-information \
  --filters Key=ResourceType,Values=EC2Instance \
  --query "InstanceInformationList[].InstanceId" --output text
```

SSM Session Manager를 사용해 EC2 인스턴스에 연결한다.

---

43 https://oreil.ly/Dtodl
44 https://aws.amazon.com/ko/premiumsupport/knowledge-center/execute-user-data-ec2/
45 https://oreil.ly/KGC4n

```
aws ssm start-session --target $INSTANCE_ID
```

인스턴스에 연결한 뒤 배시bash 프롬프트가 표시되는 것을 확인할 수 있다. 배시 프롬프트에서 IMDSv2 토큰을 받고, 해당 토큰을 사용해 인스턴스와 연결된 인스턴스 프로필에 대한 메타데이터를 쿼리해 EC2 인스턴스에 연결됐는지 확인한다.

```
TOKEN=`curl -X PUT "http://169.254.169.254/latest/api/token" -H "X-aws-ec2-
metadatatoken-ttl-seconds: 21600"`
curl -H "X-aws-ec2-metadata-token: $TOKEN" http://169.254.169.254/latest/metadata/
iam/info
```

다음과 유사한 출력을 확인한다.

```
{
  "Code" : "Success",
  "LastUpdated" : "2021-09-23T16:03:25Z",
  "InstanceProfileArn" : "arn:aws:iam::111111111111:instance-profile/ AWSCookbook106
InstanceProfile",
  "InstanceProfileId" : "AIPAZVTINAMEXAMPLE"
}
```

Session Manager 세션을 종료한다.

```
exit
```

정리

코드 저장소의 정리 단계를 참고한다.[46]

참고

EC2 인스턴스에 연결하고자 AWS SSM Session Manager를 사용하면 SSH^{Secure Shell}을 사용하지 않아도 된다. 인스턴스에 대해 Session Manager를 구성하면 리눅스^{Linux}의 배

---

[46] https://github.com/AWSCookbook/Security/tree/main/106-Connecting-to-EC2-Instances-Using-Session-Manager#clean-up

시 셸 또는 윈도우^{Windows}의 PowerShell 세션을 통해 즉시 연결할 수 있다.

SSM은 세션의 모든 명령과 해당 출력을 로깅할 수 있다. 다음 명령을 사용해 민감한 데이터(예: 암호)의 로깅을 중지하도록 기본 설정을 변경할 수 있다.

```
stty -echo; read passwd; stty echo;
```

세션 활동 로깅에 대한 자세한 내용은 다음 AWS 문서[47]를 참고한다.

Session Manager는 HTTPS(TCP 포트 443)를 통해 사용 중인 AWS 리전 내의 AWS SSM API 엔드포인트와 통신한다. 인스턴스가 부팅할 때 에이전트를 통해 SSM 서비스에 등록한다. Session Manager 기능을 사용하고자 인바운드 보안 그룹 규칙을 수정하지 않아도 된다. 인터넷 트래픽이나 NAT^{Network Address Translation} 게이트웨이 비용을 피하려면 Session Manager[48]에 대한 VPC 엔드포인트를 구성해야 한다.

Session Manager를 사용할 때 얻을 수 있는 보안 이점은 다음과 같다.

- 인스턴스와 연결된 보안 그룹에서 인터넷 연결 TCP 포트를 허용할 필요가 없다.
- 인스턴스를 인터넷에 직접 노출하지 않고 프라이빗(또는 격리된) 서브넷에서 실행할 수 있다.
- 인스턴스와 SSH 키를 생성, 연결, 관리할 필요가 없다.
- 인스턴스의 사용자 계정과 비밀번호를 관리할 필요가 없다.
- IAM 역할을 사용해 EC2 인스턴스를 관리하기 위한 액세스 권한을 위임할 수 있다.

SSM과 같이 강력한 기능을 제공하는 도구는 주의 깊은 감사가 필요하다. AWS는 SSM 사용자에 대한 권한 잠금[49]과 세션 활동 감사에 대한 자세한 정보[50]를 제공한다.

---

47 https://oreil.ly/QJcHr
48 https://oreil.ly/vNEZQ
49 https://oreil.ly/EQyPf
50 https://oreil.ly/aHzbf

도전 과제

세션에 대한 로그를 확인하고 rm 명령이 실행될 때마다 경고를 생성하도록 적용한다.

1.7 KMS 키를 사용해 EBS 볼륨 암호화

문제 설명

EC2 인스턴스에 연결된 EBS 볼륨을 암호화해야 하며 암호화 키를 365일마다 자동으로 교체해야 한다.

해결 방법

고객 관리형 KMS 키(CMK)를 생성하고 해당 키의 연간 교체를 활성화한다. 해당 리전의 EBS 볼륨에 대한 암호화를 활성화하고 생성한 KMS 키를 지정한다(그림 1-9 참고).

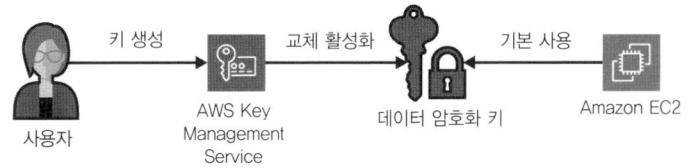

그림 1-9. 고객 관리 키 생성, 교체 활성화, 고객 관리 키를 사용해 EC2에 대한 기본 암호화 설정

작업 방법

1. 고객 관리형 KMS 키를 생성하고 생성한 키의 ARN을 로컬 변수로 저장한다.

    ```
    KMS_KEY_ID=$(aws kms create-key --description "AWSCookbook107Key" \
      --output text --query KeyMetadata.KeyId)
    ```

2. 키에 대한 참고를 쉽게 하고자 키 별칭을 만든다.

    ```
    aws kms create-alias --alias-name alias/AWSCookbook107Key \
      --target-key-id $KMS_KEY_ID
    ```

3. 대칭 키 구성 요소의 자동 교체를 365일로 활성화한다.

```
aws kms enable-key-rotation --key-id $KMS_KEY_ID
```

4. 현재 리전 내의 EC2 서비스의 EBS 암호화를 활성화한다.

    ```
    aws ec2 enable-ebs-encryption-by-default
    ```

    다음과 유사한 출력을 확인한다.

    ```
    {
      "EbsEncryptionByDefault": true
    }
    ```

5. 1단계에서 생성한 고객 관리 키를 EBS 암호화에 사용하는 KMS 키로 설정한다.

    ```
    aws ec2 modify-ebs-default-kms-key-id \
    --kms-key-id alias/AWSCookbook107Key
    ```

    다음과 유사한 출력을 확인한다.

    ```
    {
      "KmsKeyId": "arn:aws:kms:us-east-1:111111111111:key/1111111-
      aaaabbbb-222222222"
    }
    ```

유효성 검사. AWS CLI를 사용해 EC2 서비스에 대한 기본 EBS 암호화 상태를 확인한다.

```
aws ec2 get-ebs-encryption-by-default
```

다음과 유사한 출력을 확인한다.

```
{
"EbsEncryptionByDefault": true
}
```

기본 암호화에 사용하는 KMS 키 ID를 검색한다.

```
aws ec2 get-ebs-default-kms-key-id
```

다음과 유사한 출력을 확인한다.

```
{
  "KmsKeyId": "arn:aws:kms:us-east-1:1111111111:key/1111111-aaaa-3333-222222222c64b"
}
```

생성한 키의 자동 교체 상태를 확인한다.

```
aws kms get-key-rotation-status --key-id $KMS_KEY_ID
```

다음과 유사한 출력을 확인한다.

```
{
  "KeyRotationEnabled": true
}
```

정리

코드 저장소의 정리 단계를 참고한다.[51]

참고

새로 생성하는 모든 EBS 볼륨을 암호화하려면 ebs-encryption-by-default 옵션을 사용한다. 이 설정을 활성화하면 새로 시작하는 모든 EC2 인스턴스는 지정하는 KMS 키로 암호화된 EBS 볼륨을 사용한다. KMS 키를 지정하지 않으면 기본 AWS 관리형 aws/ebs KMS 키를 생성해 사용한다. 키의 수명 주기를 관리해야 하거나 조직이 직접 키를 관리해야 하는 경우 고객 관리 키를 사용한다.

KMS 서비스의 자동 키 교체[52] 기능을 사용하면 키 교체 및 키 수명 주기 관리에 대한 접근 방식을 단순화할 수 있다.

---

51 https://github.com/AWSCookbook/Security/tree/main/107-Encrypting-EBS-Volumes-Using-KMS-Keys#clean-up
52 https://oreil.ly/ofr4y

AWS KMS는 다양한 데이터 암호화 전략을 유연하게 구현할 수 있는 서비스다. 키에 대한 액세스 권한을 가진 사용자를 제어하고자 키에 대한 정책을 지원한다. 키 정책은 기존 IAM 정책과 함께 사용할 수 있다. KMS 키를 사용해 다음과 같이 AWS의 다양한 서비스의 저장 데이터를 암호화할 수 있다.

- Amazon S3
- Amazon EC2 EBS 볼륨^{volume}
- Amazon RDS 데이터베이스^{database}와 클러스터^{cluster}
- Amazon DynamoDB 테이블^{table}
- Amazon EFS 볼륨
- Amazon FSx 파일 공유$^{file\ share}$
- 그 외 다수의 서비스

도전 과제 1
KMS 키의 키 정책을 변경해 IAM 보안 주체와 EC2 서비스에 대한 액세스만 허용한다.

도전 과제 2
EBS 볼륨을 생성하고 `aws ec2 describe-volumes` 명령[53]을 사용해 암호화가 적용됐는지 확인한다.

1.8 Secrets Manager를 사용해 암호 저장, 암호화, 액세스

문제 설명
EC2 인스턴스가 애플리케이션의 데이터베이스 암호를 안전하게 저장하고 가져올 수 있도록 설정해야 한다.

---
[53] https://oreil.ly/UyOQA

해결 방법

그림 1-10과 같이 암호secret를 생성하고 Secrets Manager에 암호를 저장한다. 암호에 대한 액세스 권한을 가진 IAM 정책을 생성하고 EC2 인스턴스 프로필에 암호에 대한 액세스 권한을 부여한다.

그림 1-10. 보안 암호 생성 후 EC2 인스턴스에서 암호 가져오기

준비 사항

- VPC의 격리된 서브넷과 서브넷에 연결된 라우팅 테이블
- 이미 배포돼 있는 EC2 인스턴스. 테스트를 위해 해당 인스턴스에 연결할 수 있어야 한다.

준비 단계

코드 저장소의 준비 단계를 실행한다.[54]

단계

1. AWS CLI를 사용해 보안 암호를 생성한다.

    ```
    RANDOM_STRING=$(aws secretsmanager get-random-password \
      --password-length 32 --require-each-included-type \
      --output text \
      --query RandomPassword)
    ```

---

[54] https://github.com/AWSCookbook/Security/tree/main/108-Storing-Encrypting-Accessing-Passwords

2. Secrets Manager에 새 암호로 저장한다.

   ```
   SECRET_ARN=$(aws secretsmanager \
     create-secret --name AWSCookbook108/Secret1 \
     --description "AWSCookbook108 Secret 1" \
     --secret-string $RANDOM_STRING \
     --output text \
     --query ARN)
   ```

3. 생성한 암호를 참고해 secret-access-policy-template.json이라는 파일을 생성한다.

   ```
   {
     "Version": "2012-10-17",
     "Statement": [
       {
         "Effect": "Allow",
         "Action": [
           "secretsmanager:GetResourcePolicy",
           "secretsmanager:GetSecretValue",
           "secretsmanager:DescribeSecret",
           "secretsmanager:ListSecretVersionIds"
         ],
         "Resource": [
           "SECRET_ARN"
         ]
       },
       {
         "Effect": "Allow",
         "Action": "secretsmanager:ListSecrets",
         "Resource": "*"
       }
     ]
   }
   ```

4. sed 명령을 사용해 secret-access-policytemplate.json 파일에서 SECRET_ARN을 교체해 secret-access-policy.json 파일을 생성한다.

   ```
   sed -e "s|SECRET_ARN|$SECRET_ARN|g" \
   ```

```
secret-access-policy-template.json > secret-access-policy.json
```

5. 보안 암호 액세스를 위한 IAM 정책을 생성한다.

   ```
   aws iam create-policy --policy-name AWSCookbook108SecretAccess \
     --policy-document file://secret-access-policy.json
   ```

   다음과 유사한 출력을 확인한다.

   ```
   {
     "Policy": {
       "PolicyName": "AWSCookbook108SecretAccess",
       "PolicyId": "<문자열>",
       "Arn": "arn:aws:iam::1111111111:policy/AWSCookbook108SecretAccess",
       "Path": "/",
       "DefaultVersionId": "v1",
       "AttachmentCount": 0,
       "PermissionsBoundaryUsageCount": 0,
       "IsAttachable": true,
       "CreateDate": "2021-11-28T21:25:23+00:00",
       "UpdateDate": "2021-11-28T21:25:23+00:00"
     }
   }
   ```

6. 방금 생성한 IAM 정책을 EC2 인스턴스 프로필의 IAM 역할에 추가해 EC2 인스턴스가 보안 암호에 액세스할 수 있는 권한을 부여한다.

   ```
   aws iam attach-role-policy --policy-arn \
     arn:aws:iam::$AWS_ACCOUNT_ID:policy/AWSCookbook108SecretAccess \
     --role-name $ROLE_NAME
   ```

유효성 검사. EC2 인스턴스에 연결한다.

```
aws ssm start-session --target $INSTANCE_ID
```

기본 리전을 설정한다.

```
export AWS_DEFAULT_REGION=us-east-1
```

Secrets Manager에서 암호를 가져온다.

```
aws secretsmanager get-secret-value --secret-id AWSCookbook108/Secret1
```

다음과 유사한 출력을 확인한다.

```
{
  "Name": "AWSCookbook108/Secret1",
  "VersionId": "<문자열>",
  "SecretString": "<보안 문자열>",
  "VersionStages": [
    "AWSCURRENT"
  ],
  "CreatedDate": 1638221015.646,
  "ARN": "arn:aws:secretsmanager:us-east-1:111111111111:secret:AWSCookbook108/Secret1-<suffix>" }
```

Session Manager 세션을 종료한다.

```
exit
```

정리

코드 저장소의 정리 단계를 참고한다.[55]

참고

클라우드에서 강력한 보안을 유지하고자 API 키 및 데이터베이스 암호와 같은 보안 암호의 수명 주기를 안전하게 생성, 저장, 관리해야 한다. Secrets Manager의 비밀 암호 관리 기능을 사용해 보안 전략을 강화할 수 있다. IAM 정책을 사용해 누가 어떤 보안 암호에 액세스할 수 있는지 제어하고 필요한 보안 주체만 자신이 관리하는 암호에 액세스하도록 할 수 있다.

---

[55] https://github.com/AWSCookbook/Security/tree/main/108-Storing-Encrypting-Accessing-Passwords

EC2 인스턴스는 EC2 인스턴스 프로필을 사용하므로 보안 암호에 액세스하고자 자격 증명을 인스턴스에 저장할 필요가 없다. 인스턴스 프로필에 연결된 IAM 정책을 통해 액세스 권한을 갖게 된다. EC2 인스턴스에서 사용자(또는 애플리케이션)가 보안 암호에 접근할 때마다 STS 서비스에서 임시 세션 자격 증명을 가져와서 `get-secret-value` API를 통해 보안 암호를 검색할 수 있다. EC2 인스턴스 프로필이 인스턴스에 연결돼 있으면 AWS CLI는 자동으로 토큰을 취득한다. 애플리케이션 내에서 AWS SDK를 사용해 이 기능을 구현할 수도 있다.

Secrets Manager를 사용하면 다음과 같은 이점을 얻을 수 있다.

- 고객이 관리하는 KMS 키로 암호를 암호화할 수 있다.
- CloudTrail을 사용해 보안 암호 액세스를 감사할 수 있다.
- 람다를 사용해 보안 암호 교체를 자동화할 수 있다.
- 다른 사용자, 역할, EC2, 람다와 같은 서비스에 대한 액세스 권한 부여를 할 수 있다.
- 고가용성 및 재해 복구를 위해 다른 지역에 비밀 복제를 지원한다.

도전 과제

IAM 역할을 사용해 람다 함수가 보안 암호에 안전하게 액세스할 수 있도록 구성한다.

1.9 S3 버킷에 대한 퍼블릭 액세스 차단

문제 설명

S3 버킷의 퍼블릭 액세스를 차단해야 한다.

해결 방법

Amazon S3 퍼블릭 액세스 차단 기능을 버킷에 적용한 후 Access Analyzer로 상태를 확인한다(그림 1-11 참고).

 AWS가 제공하는 문서[56]에서 S3 storage에서 '퍼블릭(public)'의 기준을 설명한다.

그림 1-11. S3 버킷에 대한 퍼블릭 액세스 차단

준비 사항

- 객체가 있는 퍼블릭으로 구성된 S3 버킷

준비 단계

코드 저장소의 준비 단계를 실행한다.[57]

작업 방법

1. 접근 유효성 검사에 사용할 Access Analyzer를 생성한다.

    ```
    ANALYZER_ARN=$(aws accessanalyzer create-analyzer \
      --analyzer-name awscookbook109\
    ```

---

56 https://oreil.ly/h6Ozf
57 https://github.com/AWSCookbook/Security/tree/main/109-Blocking-Public-Access-for-S3-Buckets

```
      --type ACCOUNT \
      --output text --query arn)
```

2. Access Analyzer로 S3 버킷 스캔을 수행한다.

    ```
    aws accessanalyzer start-resource-scan \
      --analyzer-arn $ANALYZER_ARN \
      --resource-arn arn:aws:s3:::awscookbook109-$RANDOM_STRING
    ```

3. Access Analyzer 스캔 결과를 확인한다.

    ```
    aws accessanalyzer get-analyzed-resource \
      --analyzer-arn $ANALYZER_ARN \
      --resource-arn arn:aws:s3:::awscookbook109-$RANDOM_STRING
    ```

    다음과 유사한 출력에서 isPublic 값을 확인한다

    ```
    {
      "resource": {
      "actions": [
        "s3:GetObject",
        "s3:GetObjectVersion"
      ],
      "analyzedAt": "2021-06-26T17:42:00.861000+00:00",
      "createdAt": "2021-06-26T17:42:00.861000+00:00",
      "isPublic": true,
      "resourceArn": "arn:aws:s3:::awscookbook109-<문자열>",
      "resourceOwnerAccount": "111111111111",
      "resourceType": "AWS::S3::Bucket",
      "sharedVia": [
        "POLICY"
      ],
      "status": "ACTIVE",
      "updatedAt": "2021-06-26T17:42:00.861000+00:00"
      }
    }
    ```

4. 버킷에 대한 퍼블릭 액세스 차단을 설정한다.

    ```
    aws s3api put-public-access-block \
    ```

```
    --bucket awscookbook109-$RANDOM_STRING \
    --public-access-block-configuration \
"BlockPublicAcls=true,IgnorePublicAcls=true,BlockPublicPolicy=true,RestrictPublic Buckets=true"
```

PublicAccessBlock 구성 속성에 대한 내용은 다음 AWS 문서[58]를 참고한다.

유효성 검사. S3 버킷 스캔을 수행한다.

```
aws accessanalyzer start-resource-scan \
  --analyzer-arn $ANALYZER_ARN \
  --resource-arn arn:aws:s3:::awscookbook109-$RANDOM_STRING
```

Access Analyzer 스캔 결과를 확인한다.

```
aws accessanalyzer get-analyzed-resource \
  --analyzer-arn $ANALYZER_ARN \
  --resource-arn arn:aws:s3:::awscookbook109-$RANDOM_STRING
```

다음과 유사한 출력을 확인한다.

```
{
  "resource": {
    "analyzedAt": "2021-06-26T17:46:24.906000+00:00",
    "isPublic": false,
    "resourceArn": "arn:aws:s3:::awscookbook109-<문자열>",
    "resourceOwnerAccount": "111111111111",
    "resourceType": "AWS::S3::Bucket"
  }
}
```

---

58 https://oreil.ly/3jRmO

정리

코드 저장소의 정리 단계를 참고한다.[59]

참고

AWS 계정의 데이터 보안을 위해 항상 데이터에 올바른 보안을 적용하고 있는지 확인해야 한다. S3 버킷의 객체를 퍼블릭으로 설정하면 인터넷의 모든 사람이 객체에 액세스할 수 있다. 클라우드에서 발생하는 가장 흔한 보안 설정 오류 중 하나는 의도치 않은 객체를 퍼블릭으로 공개하는 것이다. S3 객체를 잘못된 구성으로부터 보호하려면 버킷에 대해 `BlockPublicAccess`를 활성화하는 습관을 가져야 한다.

계정 수준에서 퍼블릭 차단 설정을 지정할 수도 있다. 이는 계정의 모든 S3 버킷에 적용된다.

```
aws s3control put-public-access-block \
  --public-access-block-configuration \

  BlockPublicAcls=true,IgnorePublicAcls=true,BlockPublicPolicy =true,RestrictPublicBuckets=true \
  --account-id $AWS_ACCOUNT_ID
```

버킷을 비공개로 유지하더라도 HTTP 및 HTTPS를 통해 인터넷에 S3 콘텐츠를 제공할 수 있다. Amazon CloudFront와 같은 콘텐츠 전송 네트워크^{CDN, Content Delivery Networking}를 사용하고 정적 웹사이트 호스팅을 통해 S3의 객체를 보다 안전하고 효율적이며 비용 효율적인 방법으로 콘텐츠를 제공할 수 있다. S3 버킷에서 정적 콘텐츠를 제공하는 CloudFront 구성의 예제는 레시피 1.10을 참고한다.

도전 과제

VPC 내 S3용 VPC 엔드포인트를 배포하고 이 엔드포인트를 통해서만 S3 버킷에 대한 액세스를 제한하는 버킷 정책을 생성해 보자.

59　https://github.com/AWSCookbook/Security/tree/main/109-Blocking-Public-Access-for-S3-Buckets#clean-up

1.10 CloudFront를 사용해 S3에서 안전하게 웹 콘텐츠 제공

문제 설명

CloudFront를 구성해 S3의 프라이빗 웹 콘텐츠를 제공하고자 한다.

해결 방법

CloudFront 배포를 생성하고 오리진을 S3 버킷으로 설정한다. CloudFront에서만 버킷에 액세스할 수 있도록 원본 액세스 ID^{OAI, Origin Access Identity}를 구성한다(그림 1-12 참고).

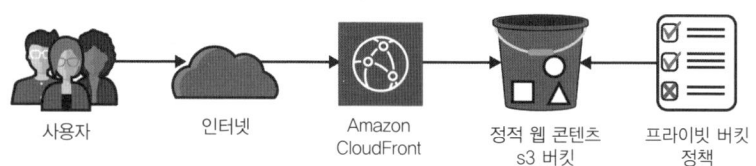

그림 1-12. CloudFront와 S3의 OAI 설정

준비 사항

- 정적 웹 콘텐츠를 가진 S3 버킷

준비 단계

코드 저장소의 준비 단계를 실행한다.[60]

작업 방법

1. S3 버킷 정책이 참고할 CloudFront OAI를 생성한다.

    ```
    OAI=$(aws cloudfront create-cloud-front-origin-access-identity \
      --cloud-front-origin-access-identity-config \
      CallerReference="awscookbook",Comment="AWSCookbook OAI" \
      --query CloudFrontOriginAccessIdentity.Id --output text)
    ```

---

[60] https://github.com/AWSCookbook/Security/tree/main/110-Serving-Web-Content-Securely-from-S3-with-CloudFront

2. sed 명령을 사용해 distribution-configtemplate.json 파일의 값을 CloudFront OAI 및 S3 버킷 이름으로 바꾼다.

```
sed -e "s/CLOUDFRONT_OAI/${OAI}/g" \
  -e "s|S3_BUCKET_NAME|awscookbook110-$RANDOM_STRING|g" \
  distribution-template.json > distribution.json
```

3. 배포 구성을 참고해 CloudFront 배포를 생성한다.

```
DISTRIBUTION_ID=$(aws cloudfront create-distribution \
  --distribution-config file://distribution.json \
  --query Distribution.Id --output text)
```

4. 배포는 몇 분이 소요된다. 다음 명령을 사용해 'Deployed' 상태가 될 때까지 기다린다.

```
aws cloudfront get-distribution --id $DISTRIBUTION_ID \
  --output text --query Distribution.Status
```

5. 저장소의 bucket-policy-template.json 파일을 참고해 다음과 같은 버킷 정책을 사용해 CloudFront의 요청만 허용하도록 S3 버킷 정책을 구성한다.

```
{
  "Version": "2012-10-17",
  "Id": "PolicyForCloudFrontPrivateContent",
  "Statement": [
    {
      "Effect": "Allow",
      "Principal": {
        "AWS": "arn:aws:iam::cloudfront:user/CloudFront Origin Access Identity CLOUDFRONT_OAI"
      },
      "Action": "s3:GetObject",
      "Resource": "arn:aws:s3:::S3_BUCKET_NAME/*"
    }
  ]
}
```

6. sed 명령을 사용해 bucket-policy-template.json 파일의 값을 CloudFront OAI 및 S3 버킷 이름으로 교체한다.

```
sed -e "s/CLOUDFRONT_OAI/${OAI}/g" \
  -e "s|S3_BUCKET_NAME|awscookbook110-$RANDOM_STRING|g" \
  bucket-policy-template.json > bucket-policy.json
```

7. 정적 웹 콘텐츠가 있는 S3 버킷에 버킷 정책을 적용한다.

```
aws s3api put-bucket-policy --bucket awscookbook110-$RANDOM_STRING \
  --policy file://bucket-policy.json
```

8. 생성한 배포의 `DOMAIN_NAME`을 확인한다.

```
DOMAIN_NAME=$(aws cloudfront get-distribution --id $DISTRIBUTION_ID \
  --query Distribution.DomainName --output text)
```

유효성 검사. HTTPS로 S3 버킷에 직접 액세스해 버킷이 콘텐츠를 직접 제공하지 않는지 확인한다.

```
curl https://awscookbook110-$RANDOM_STRING.s3.$AWS_REGION.amazonaws.com/index.html
```

다음과 유사한 출력을 확인한다.

```
$ curl https://awscookbook110-$RANDOM_STRING.s3.$AWS_REGION.amazonaws.com/index.html
<?xml version="1.0" encoding="UTF-8"?>
<Error><Code>AccessDenied</Code><Message>AccessDenied</Message><RequestId>0AKQD0E
FJC9ZHPCC</RequestId><HostId>gfld4qKp9A93G8ee7VPBFrXBZV1HE3jiOb3bNB54fP EPTihit/
OyFh7hF2Nu4+Muv6JEc0ebLL4=</HostId></Error>

110-Optimizing-S3-with-CloudFront:$
```

index.html 파일이 CloudFront를 통해 프라이빗 S3 버킷에서 제공되는지 확인한다.

```
curl $DOMAIN_NAME
```

다음과 유사한 출력을 확인한다.

```
$ curl $DOMAIN_NAME
AWSCookbook
$
```

정리

코드 저장소의 정리 단계를 참고한다.[61]

참고

이 레시피를 사용해 S3 버킷을 비공개로 유지하면서 CloudFront 배포만 버킷의 객체에 액세스할 수 있다. 원본 액세스 ID[62]를 생성하고 S3 콘텐츠에 대한 CloudFront 액세스만 허용하는 버킷 정책을 정의했다. 이를 통해 CloudFront 글로벌 CDN의 추가적인 보호를 통해 S3 버킷을 안전하게 보호할 수 있다.

CDN은 분산 서비스 거부(DDoS, Distributed-Denial-of-Service) 공격으로부터 보호[63]할 뿐만 아니라 최종 사용자에게 가장 짧은 지연 시간으로 콘텐츠를 전달하는 기능을 제공한다. 일반적으로 S3에서 직접 요청을 처리하는 것보다 CloudFront에서 요청을 처리하는 것이 더 저렴하다.

기본적으로 CloudFront는 트래픽을 보호하고자 해당 배포의 기본 호스트 이름에 대한 HTTPS 인증서를 함께 제공한다. CloudFront에서 고유한 사용자 지정 도메인 이름을 설정하고, ACM(AWS Certificate Manager)에서 사용자 지정 인증서를 연결하고, HTTP에서 HTTPS로 리디렉션하거나 HTTPS만 강제할 수 있다. 그리고 캐시 동작을 설정하고, 람다 함수(Lambda @Edge)를 호출하는 등의 작업을 수행할 수 있다.

---

61 https://github.com/AWSCookbook/Security/tree/main/110-Serving-Web-Content-Securely-from-S3-with-CloudFront#clean-up
62 https://oreil.ly/aABzJ
63 https://oreil.ly/mtHSB

도전 과제

CloudFront 배포에 지리적 배포 제한[64]을 추가한다.

---

[64] https://oreil.ly/FMGj0

2장
네트워킹

2.0 들어가며

컴퓨터 비전, 사물 인터넷^{IoT, Internet of Things}, AI 챗봇^{chat bot}과 같은 흥미로운 기술은 모두 안정적이고 안전한 네트워크 기반 위에서 기능한다는 점을 인식해야 한다. AWS 내의 네트워킹 서비스 및 기능은 이 책에서 다루는 거의 모든 서비스의 근간이다. AWS는 여러 가지 훌륭한 서비스를 네트워크 기반으로 쉽게 연결할 수 있는 많은 기능을 제공한다. 네트워킹을 잘 이해하면 클라우드의 더 많은 기능을 더 편안하게 사용할 수 있다.

계속 발전하는 AWS의 새로운 네트워킹 최신 기능들을 따라잡으려면 지속적인 학습이 필요하다. 매년 AWS re:Invent[1]에서는 많은 네트워크 서비스, 기능 및 접근 방식을 발표한다.

AWS re:Invent에서 발표한 2015년 Eric Brandwine의 'Another Day, Another Billion Packets'[2]와 2019년의 'From One to Many: Evolving VPC Design'[3]과 같은 네트워크 관련 내용을 확인해 보자.

2장에서는 필수적인 클라우드 네트워킹 서비스 및 기능에 대해 학습한다. 2장의 레시피는 개인 계정에 적용할 수 있는 현실적인 기능만 다룬다. 더 쉽게 액세스할 수 있는 레시피와 결과에 초점을 맞추고자 AWS Direct Connect와 같은 고급 기능들은 제외했다. 일부 레시피는 단순해 보일 수도 있지만, 이를 통해 중요한 주제와 개념을 논의하겠다.

---

1 https://reinvent.awsevents.com/
2 https://oreil.ly/oB1BN
3 https://oreil.ly/leKi9

설정

28페이지의 'CLI 설정' 단계에 따라 구성을 확인하고 필요한 환경 변수를 설정한 뒤 2장에 해당하는 저장소의 코드를 복제한다.

```
git clone https://github.com/AWSCookbook/Networking
```

2.1 Amazon VPC를 사용해 프라이빗 가상 네트워크 생성

문제 설명

클라우드 리소스를 호스팅할 네트워크를 구축해야 한다.

해결 방법

그림 2-1과 같이 Amazon VPC를 생성하고 이에 대한 CIDR[Classless Inter-Domain Routing] 블록[4]을 구성한다.

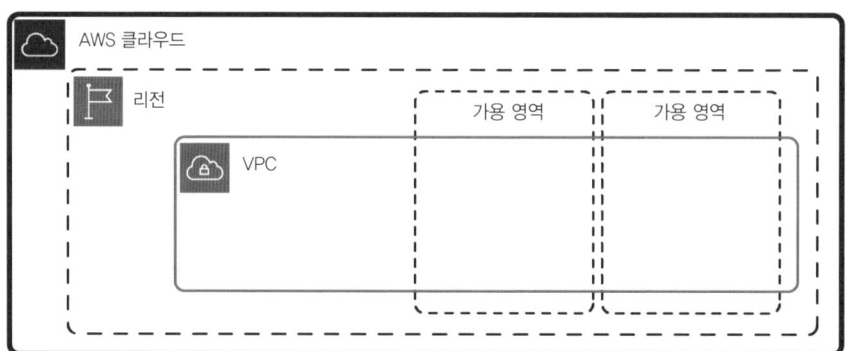

그림 2-1. 리전에 배포된 VPC

---

[4] https://oreil.ly/2GrP7

작업 방법

1. IPv4 CIDR 블록을 가진 VPC를 생성한다. 주소 범위로 10.10.0.0/16을 사용한다. 주소 범위는 필요에 따라 다른 범위로 수정할 수 있다.

   ```
   VPC_ID=$(aws ec2 create-vpc --cidr-block 10.10.0.0/16 \
     --tag-specifications 'ResourceType=vpc,Tags=[{Key=Name,Value=AWSCookbo
   ok201}]' \
     --output text --query Vpc.VpcId)
   ```

 AWS 문서[5]에 따르면 VPC를 생성할 때 VPC IPv4[6] CIDR의 가장 큰 블록 크기는 /16 넷마스크(6만 5,536개의 IP 주소)이며 가장 작은 크기는 /28 넷마스크(16개의 IP 주소)다.

유효성 검사. 다음 명령을 사용해 VPC의 상태를 확인한다.

```
aws ec2 describe-vpcs --vpc-ids $VPC_ID
```

다음과 유사한 출력을 확인한다.

```
{
  "Vpcs": [
  {
    "CidrBlock": "10.10.0.0/16",
    "DhcpOptionsId": "dopt-<문자열>",
    "State": "available",
    "VpcId": "vpc-<문자열>",
    "OwnerId": "111111111111",
    "InstanceTenancy": "default",
    "CidrBlockAssociationSet": [
      {
        "AssociationId": "vpc-cidr-assoc-<문자열>",
        "CidrBlock": "10.10.0.0/16",
        "CidrBlockState": {
          "State": "associated"
```

---

5 https://oreil.ly/ulfsH
6 https://oreil.ly/M0D9Y

```
            }
        }
    ],
    "IsDefault": false,
<중략>
    ...
```

정리

코드 저장소의 정리 단계를 참고한다.[7]

참고

VPC을 생성할 때 CIDR 블록을 신중하게 선택해야 하는 두 가지 이유가 있다.

- CIDR 블록을 한번 VPC와 연결하면 확장할 수는 있지만 수정할 수 없다.[8] CIDR 블록을 수정하려면 블록 및 그 안의 모든 리소스를 삭제하고 다시 만들어야 한다.
- VPC를 피어링(레시피 2.11 참고) 또는 게이트웨이(예: Transit 및 VPN)를 통해 다른 네트워크에 연결하는 경우 IP 범위가 겹치면 문제가 발생할 수 있다.

`aws ec2 Associate-vpc-cidrblock` 명령을 사용해 VPC에 IPv4 공간을 추가할 수 있다. 처음부터 완벽한 설계가 가능하지 않기 때문에 초기에 큰 블록을 할당할 필요가 없다.

다음 명령어로 추가적인 IPv4 CIDR 블록을 VPC에 연결할 수 있다.

```
aws ec2 associate-vpc-cidr-block \
  --cidr-block 10.11.0.0/16 \
  --vpc-id $VPC_ID
```

VPC는 IPv6[9]도 지원한다. `--amazonprovided-ipv6-cidr-block` 옵션을 사용하면 IPv6 CIDR 블록을 구성할 수 있다. 다음 명령어로 IPv6 CIDR을 포함하는 VPC를 생성할 수 있다.

```
aws ec2 create-vpc --cidr-block 10.10.0.0/16 \
```

---

7   https://github.com/AWSCookbook/Networking/tree/main/201-Defining-Your-Private-Virtual-Network#clean-up
8   https://oreil.ly/xUB24
9   https://oreil.ly/sBL99

```
--amazon-provided-ipv6-cidr-block \
--tag-specifications 'ResourceType=vpc,Tags=[{Key=Name,Value=AWSCookbo
ok201-IPv6}]'
```

VPC는 AWS의 각 리전에 귀속되는 서비스다. 리전은 지리적 영역이고 가용 영역은 지역 내에 있는 물리적 데이터 센터다. 리전은 격리된 물리적 데이터 센터의 그룹인 모든 가용 영역AZ, Availability Zone에 걸쳐져 있다. 리전당 AZ 수는 다양하지만 모든 리전은 최소 3개의 AZ를 가진다. AWS 리전 및 AZ에 대한 최신 정보는 '리전 및 가용 영역'[10] 문서를 참고한다.

Amazon VPC 할당량[11]에 따르면 VPC당 IPv4 CIDR 블록의 초기 할당량[12]은 5이며 최대 50까지 늘릴 수 있다. VPC당 허용되는 IPv6 CIDR 블록 수는 1이다.

도전 과제

레시피에서 진행한 것과 다른 CIDR 범위로 VPC를 생성한다.

2.2 서브넷과 라우팅 테이블을 포함한 네트워크 티어 생성

문제 설명

리소스의 분할 및 중복을 위해 개별 IP 공간으로 구성한 VPC 네트워크를 생성해야 한다.

해결 방법

VPC 내에 라우팅 테이블을 생성한다. VPC의 다른 가용 영역에 서브넷 2개를 생성한다. 라우팅 테이블을 서브넷과 연결한다(그림 2-2 참고).

---

10 https://oreil.ly/tJulg
11 https://oreil.ly/Z4MTP
12 https://oreil.ly/wcJPH

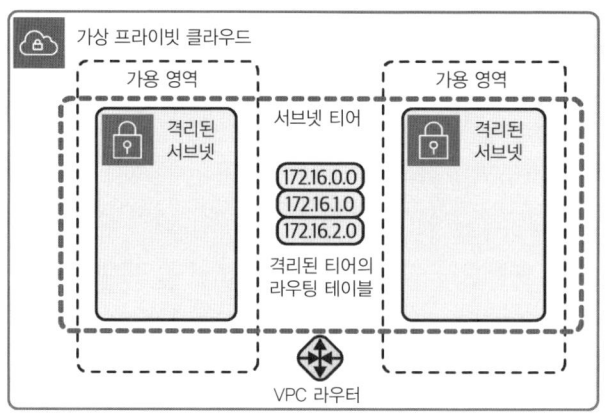

그림 2-2. 격리된 서브넷 티어와 라우팅 테이블

준비 사항

- VPC

준비 단계

코드 저장소의 준비 단계를 실행한다.[13]

작업 방법

1. 라우팅 테이블을 생성한다. 이제 연결된 서브넷에 사용자 지정 트래픽 경로를 만들 수 있다.

    ```
    ROUTE_TABLE_ID=$(aws ec2 create-route-table --vpc-id $VPC_ID \
      --tag-specifications \
      'ResourceType=route-table,Tags=[{Key=Name,Value=AWSCookbook202}]' \
      --output text --query RouteTable.RouteTableId)
    ```

2. 각 AZ에 2개의 서브넷을 생성한다. 이제 VPC용 리소스를 생성하기 위한 주소 공간을 사용할 수 있다.

---

13   https://github.com/AWSCookbook/Networking/tree/main/202-Create-Subnets-and-Route-Tables

```
SUBNET_ID_1=$(aws ec2 create-subnet --vpc-id $VPC_ID \
  --cidr-block 10.10.0.0/24 --availability-zone ${AWS_REGION}a \
  --tag-specifications \
  'ResourceType=subnet,Tags=[{Key=Name,Value=AWSCookbook202a}]' \
  --output text --query Subnet.SubnetId)

SUBNET_ID_2=$(aws ec2 create-subnet --vpc-id $VPC_ID \
  --cidr-block 10.10.1.0/24 --availability-zone ${AWS_REGION}b \
  --tag-specifications \
  'ResourceType=subnet,Tags=[{Key=Name,Value=AWSCookbook202b}]' \
  --output text --query Subnet.SubnetId)
```

--availability-zone의 매개 변수로 us-east-1a와 같이 각 리전의 환경 변수 뒤에 소문자 a 또는 b를 추가해 각 서브넷을 프로비저닝(provisioning)할 논리적 AZ를 지정했다. AWS는 AZ 간에 리소스 균형을 맞추고자 계정별로 이름과 가용 영역을 무작위로 지정한다.

다음 명령을 사용해 가용 영역 ID를 찾을 수 있다.

```
aws ec2 describe-availability-zones --region $AWS_REGION
```

3. 라우팅 테이블을 2개의 서브넷과 연결한다.

```
aws ec2 associate-route-table \
  --route-table-id $ROUTE_TABLE_ID --subnet-id $SUBNET_ID_1

aws ec2 associate-route-table \
  --route-table-id $ROUTE_TABLE_ID --subnet-id $SUBNET_ID_2
```

4. 다음과 유사한 출력을 확인한다.

```
{
  "AssociationId": "rtbassoc-<문자열>",
  "AssociationState": {
    "State": "associated"
  }
}
```

유효성 검사. 동일한 VPC의 두 서브넷이 서로 다른 AZ에 존재하는지 확인한다.

```
aws ec2 describe-subnets --subnet-ids $SUBNET_ID_1
aws ec2 describe-subnets --subnet-ids $SUBNET_ID_2
```

각 describe-subnets 명령에서 다음과 유사한 출력을 확인할 수 있다.

```
{
  "Subnets": [
  {
    "AvailabilityZone": "us-east-1a",
    "AvailabilityZoneId": "use1-az6",
    "AvailableIpAddressCount": 251,
    "CidrBlock": "10.10.0.0/24",
    "DefaultForAz": false,
    "MapPublicIpOnLaunch": false,
    "MapCustomerOwnedIpOnLaunch": false,
    "State": "available",
    "SubnetId": "subnet-<문자열>",
    "VpcId": "vpc-<문자열>",
    "OwnerId": "111111111111",
    "AssignIpv6AddressOnCreation": false,
    "Ipv6CidrBlockAssociationSet": [],
<중략>
...
```

두 서브넷이 라우팅 테이블과 연결돼 있는지 확인한다.

```
aws ec2 describe-route-tables --route-table-ids $ROUTE_TABLE_ID
```

다음과 유사한 출력을 확인한다.

```
{
  "RouteTables": [
  {
    "Associations": [
    {
      "Main": false,
      "RouteTableAssociationId": "rtbassoc-<문자열>",
      "RouteTableId": "rtb-<문자열>",
```

```
      "SubnetId": "subnet-<문자열>",
      "AssociationState": { "State": "associated" }
    }, {
      "Main": false,
      "RouteTableAssociationId": "rtbassoc-<문자열>",
      "RouteTableId": "rtb-<문자열>",
      "SubnetId": "subnet-<문자열>",
      "AssociationState": { "State": "associated" }
    }
  <중략>
  ...
```

정리

코드 저장소의 정리 단계를 참고한다.[14]

참고

서브넷 설계할 때 현재 요구 사항에 맞는 서브넷 크기를 선택하고 애플리케이션의 확장을 고려해야 한다. AWS는 리소스에 대한 탄력적 네트워크 인터페이스[ENI, Elastic Network Interface] 배치[15]를 위해 서브넷을 사용한다. 이는 특정 ENI는 단일 AZ 내에 존재한다는 것을 의미한다.

 라우팅 경로가 겹치는 경우가 생기는 경우 우선순위 결정 방법에 대한 정보[16]를 참고한다.

AWS는 모든 서브넷 CIDR 블록의 처음 4개와 마지막 IP 주소를 특별한 기능을 위해 사용한다. 사용할 수 없는 주소는 다음과 같다. 자세한 사항은 문서[17]를 참고한다.

---

14 https://github.com/AWSCookbook/Networking/tree/main/202-Create-Subnets-and-Route-Tables#clean-up
15 https://oreil.ly/KULJn
16 https://oreil.ly/j1RWe
17 https://oreil.ly/qbkcf

.0	네트워크 주소.
.1	VPC 라우터용으로 AWS에서 사용한다.
.2	DNS 서버의 IP 주소에 대해 AWS에서 사용한다. 이것은 항상 VPC 네트워크 범위에 2를 더한 값으로 설정된다.
.3	향후 사용을 위해 AWS에서 예약한다.
.255	네트워크 브로드캐스트 주소. VPC는 브로드캐스트를 지원하지 않는다.

서브넷은 하나의 라우팅 테이블을 가진다. 라우팅 테이블은 하나 이상의 서브넷과 연결될 수 있으며 선택한 대상으로 트래픽을 보낼 수 있다(NAT 게이트웨이, 인터넷 게이트웨이, 전송 게이트웨이는 다른 레시피에서 자세히 설명한다). 라우팅 테이블 내의 항목을 경로route라고 하며 대상과 대상 쌍으로 정의한다. 라우팅 테이블을 생성할 때 VPC 내 트래픽을 처리하는 기본 로컬 경로가 자동으로 추가돼 있다. 필요에 따라 사용자 지정 경로를 생성할 수 있다. 라우팅 테이블 내에서 사용할 수 있는 대상의 전체 목록은 제공 문서[18]를 참고한다.

ENI는 VPC 내의 AWS 관리형 DHCP 서버에서 IP 주소를 수신한다. DHCP 옵션 세트는 사용자가 정의한 서브넷 내에서 주소를 할당하기 위한 기본값으로 자동 구성된다. DHCP 옵션 집합에 대한 자세한 내용과 고유한 DHCP 옵션 집합을 만드는 방법은 제공 문서[19]를 참고한다.

리전에서 VPC를 생성할 때 해당 네트워크 계층의 AZ에 서브넷을 분산하는 것이 모범 사례다. 리전마다 보통 3개 이상의 AZ를 갖고 있다. 그림 2-3은 퍼블릭 티어와 격리된 티어의 각각 2개의 AZ에 총 4개의 서브넷을 나타낸다.

---

18 https://oreil.ly/oKVq1
19 https://oreil.ly/OsebX

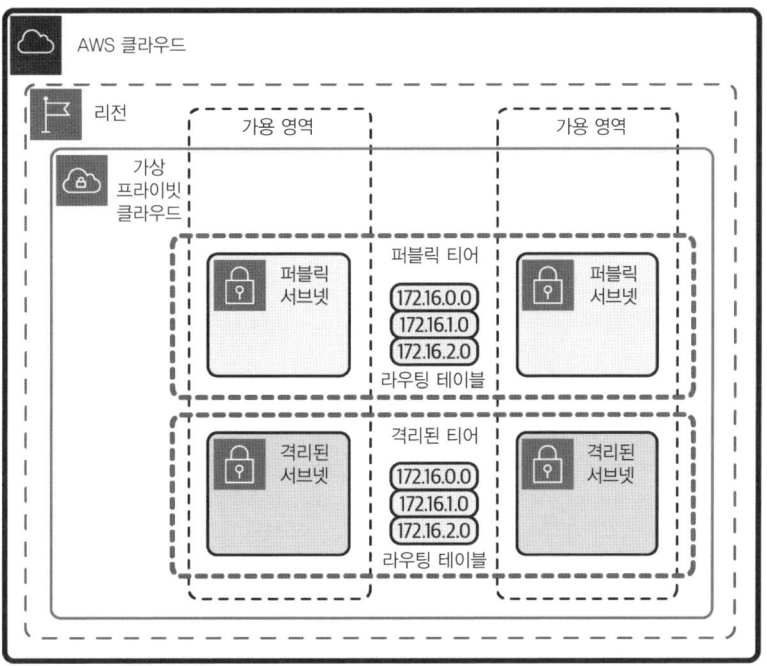

그림 2-3. 격리된 서브넷 티어, 퍼블릭 서브넷 티어 및 라우팅 테이블

도전 과제

두 번째 라우팅 테이블을 만들고 $SUBNET_ID_2와 연결한다. 각 AZ에 서로 다른 라우팅 테이블을 구성한다.

2.3 인터넷 게이트웨이를 사용해 VPC를 인터넷에 연결

문제 설명

VPC의 서브넷에서 기존에 실행 중인 EC2 인스턴스가 인터넷을 통해 클라이언트와 통신해야 한다.

해결 방법

인터넷 게이트웨이를 생성해 VPC에 연결한다. EC2 인스턴스의 서브넷에서 인터넷 게이트웨이로 트래픽을 보내는 경로를 추가한다. 마지막으로, 그림 2-4와 같이 탄력적 IP 주소EIP, Elastic IP를 생성해 인스턴스와 연결한다.

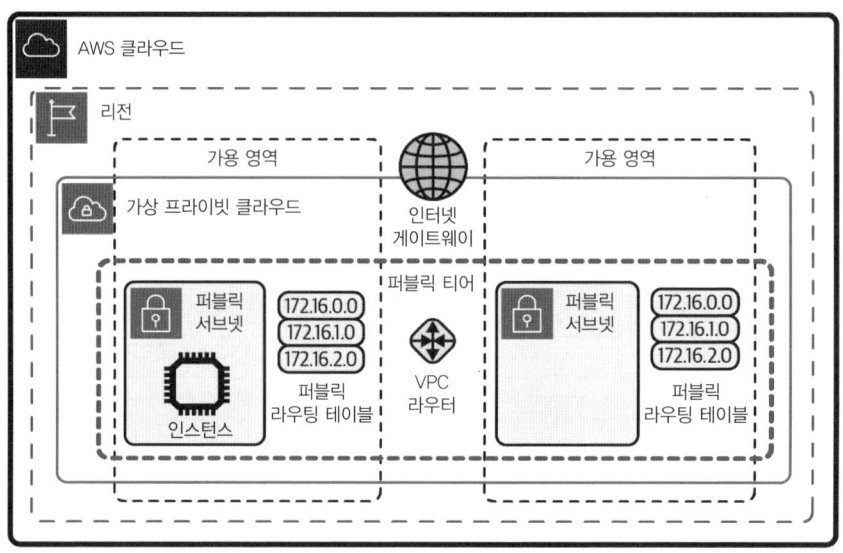

그림 2-4. 퍼블릭 서브넷 티어, 인터넷 게이트웨이, 라우팅 테이블

준비 사항

- VPC에서 2개의 AZ에 배포된 서브넷과 라우팅 테이블
- 기존에 실행 중인 EC2 인스턴스. 테스트를 위해 연결할 수 있어야 한다.

준비 단계

코드 저장소의 준비 단계를 실행한다.[20]

---

20 https://github.com/AWSCookbook/Networking/tree/main/203-Utilizing-Internet-Gateways

작업 방법

1. 인터넷 게이트웨이^{IGW, Internet Gateway}를 생성한다.

   ```
   INET_GATEWAY_ID=$(aws ec2 create-internet-gateway \
     --tag-specifications \
     'ResourceType=internet-gateway,Tags=[{Key=Name,Value=AWSCookbook202}]' \
     --output text --query InternetGateway.InternetGatewayId)
   ```

2. 인터넷 게이트웨이를 기존 VPC에 연결한다.

   ```
   aws ec2 attach-internet-gateway \
     --internet-gateway-id $INET_GATEWAY_ID --vpc-id $VPC_ID
   ```

3. VPC의 각 라우팅 테이블에서 기본 경로 대상을 인터넷 게이트웨이로 설정하는 경로를 생성한다.

   ```
   aws ec2 create-route --route-table-id $ROUTE_TABLE_ID_1 \
     --destination-cidr-block 0.0.0.0/0 --gateway-id $INET_GATEWAY_ID

   aws ec2 create-route --route-table-id $ROUTE_TABLE_ID_2 \
     --destination-cidr-block 0.0.0.0/0 --gateway-id $INET_GATEWAY_I
   ```

   각 명령에 대해 다음과 유사한 출력을 확인한다.

   ```
   {
     "Return": true
   }
   ```

4. EIP를 생성한다.

   ```
   ALLOCATION_ID=$(aws ec2 allocate-address --domain vpc \
     --output text --query AllocationId)
   ```

   AWS 문서[21]에서 탄력적 IP 주소(EIP)는 '동적 클라우드 컴퓨팅을 위해 고안된 정적 IPv4 주소다. 탄력적 IP 주소는 AWS 계정에 할당되며 릴리스할 때까지 할당된 상태로 유지된다'라고 설명한다.

21　https://oreil.ly/FCrvT

5. EIP를 기존 EC2 인스턴스와 연결한다.

```
aws ec2 associate-address \
  --instance-id $INSTANCE_ID --allocation-id $ALLOCATION_ID
```

다음과 유사한 출력을 확인한다.

```
{
  "AssociationId": "eipassoc-<문자열>"
}
```

유효성 검사. SSM Session Manager를 사용해 EC2 인스턴스에 연결한다(레시피 1.6 참고).

```
aws ssm start-session --target $INSTANCE_ID
```

인터넷 연결을 테스트하고자 인터넷에서 다음 호스트를 핑ping한다.

```
ping -c 4 homestarrunner.com
```

다음과 유사한 출력을 확인할 수 있다.

```
sh-4.2$ ping -c 4 homestarrunner.com
PING homestarrunner.com (72.10.33.178) 56(84) bytes of data.
64 bytes from homestarrunner.com (72.10.33.178): icmp_seq=1 ttl=49 time=2.12 ms
64 bytes from homestarrunner.com (72.10.33.178): icmp_seq=2 ttl=49 time=2.04 ms
64 bytes from homestarrunner.com (72.10.33.178): icmp_seq=3 ttl=49 time=2.05 ms
64 bytes from homestarrunner.com (72.10.33.178): icmp_seq=4 ttl=49 time=2.08 ms ---
homestarrunner.com ping statistics ---
4 packets transmitted, 4 received, 0% packet loss, time 3002ms
rtt min/avg/max/mdev = 2.045/2.078/2.127/0.045 ms
sh-4.2$
```

EC2 인스턴스의 퍼블릭 IP는 OS 구성의 일부가 아니다. 인스턴스의 메타데이터(metadata)[22]를 통해 퍼블릭 IP를 검색하려면 다음 명령을 사용한다.

```
curl http://169.254.169.254/latest/meta-data/public-ipv4
```

---

22 https://oreil.ly/lmZ1U

Session Manager 세션을 종료한다.

```
exit
```

정리

코드 저장소의 정리 단계를 참고한다.[23]

참고

레시피에서 생성한 경로를 통해 모든 외부 트래픽을 VPC의 인터넷 연결을 제공하는 IGW로 보낸다. 기존에 실행 중인 EC2 인스턴스로 작업하고 있었기 때문에 탄력적 IP 주소를 생성하고 인스턴스와 연결했다. 이러한 단계를 통해 인스턴스와 상호 작용할 필요 없이 인터넷과 통신할 수 있도록 설정했다. 서브넷에서 새로 시작한 인스턴스에 대해 퍼블릭 IPv4 주소의 자동 할당[24]을 활성화하는 옵션이 있다. 그러나 자동 할당을 활용하면 인스턴스가 재부팅될 때마다 퍼블릭 IP가 변경된다. 인스턴스와 연결된 EIP는 재부팅 후에도 변경되지 않는다.

라우팅 테이블은 가장 구체적인 경로부터 우선순위를 부여한다. AWS에서는 기본 로컬 경로보다 더 구체적인 경로를 생성할 수 있다. 이를 통해 정교한 네트워크 흐름을 제어할 수 있다. 경로 우선순위에 대한 자세한 내용은 AWS 설명서[25]에서 확인할 수 있다.

인스턴스와 연결된 보안 그룹은 인바운드 트래픽을 허용하지 않는다. 퍼블릭 서브넷의 인스턴스에 대한 인바운드 인터넷 액세스를 허용하려면 이에 대한 보안 그룹 수신 규칙을 구성해야 한다.

IGW와 연결된 경로가 0.0.0.0/0인 서브넷은 퍼블릭 서브넷으로 간주한다. 공용 인터넷에서 인바운드 액세스가 필요한 계층에만 인스턴스를 배치하는 것이 보안 모범 사례다. 최종 사용자용 로드 밸런서는 일반적으로 퍼블릭 서브넷에 배치한다. 퍼블릭 서브넷은

---

23 https://github.com/AWSCookbook/Networking/tree/main/203-Utilizing-Internet-Gateways#clean-up
24 https://oreil.ly/disUG
25 https://oreil.ly/DKpNO

애플리케이션 서버나 데이터베이스에 이상적인 선택이 아니다. 이러한 경우 적절한 라우팅을 사용해 필요에 맞게 프라이빗 티어 또는 격리된 티어를 만들고 NAT 게이트웨이를 사용해 아웃바운드 인터넷 액세스가 필요한 경우에만 해당 서브넷 트래픽을 인터넷 게이트웨이로 보낼 수 있다.

도전 과제

EC2 인스턴스에 웹 서버를 설치하고, 보안 그룹을 수정하고, 인스턴스에 연결한다. 로드 밸런서^{load balancer}를 사용해 프라이빗 서브넷의 인스턴스에 대한 인터넷 액세스를 구성하는 방법의 예는 레시피 2.7을 참고한다.

2.4 NAT 게이트웨이 사용한 프라이빗 서브넷의 외부 인터넷 접근

문제 설명

인터넷 게이트웨이에 대한 경로를 가진 퍼블릭 서브넷을 활용해 프라이빗 서브넷의 인스턴스에 외부 인터넷 접근을 허용해야 한다.

해결 방법

퍼블릭 서브넷 중 하나에 NAT 게이트웨이를 생성한다. 그런 다음 탄력적 IP 주소를 생성하고 NAT 게이트웨이와 연결한다. 프라이빗 서브넷과 연결한 라우팅 테이블에 NAT 게이트웨이를 대상으로 하는 인터넷 트래픽에 대한 경로를 추가한다(그림 2-5 참고).

준비 사항

- 2개의 AZ에 배포된 퍼블릭 서브넷과 라우팅 테이블

- 2개의 AZ에 배포된 격리된 서브넷과 라우팅 테이블(이를 프라이빗 서브넷으로 전환할 예정)

- 격리된 서브넷에서 기존에 실행 중인 EC2 인스턴스. 테스트를 위해 인스턴스에 연결할 수 있어야 한다.

준비 단계

코드 저장소의 준비 단계를 실행한다.[26]

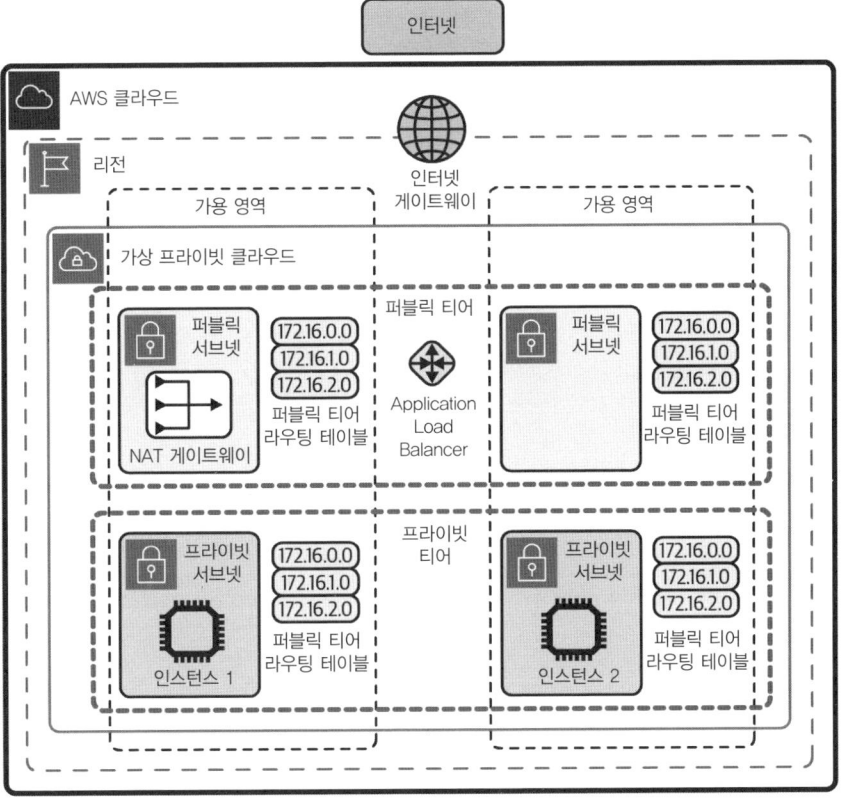

그림 2-5. NAT 게이트웨이를 사용한 프라이빗 서브넷에 대한 인터넷 액세스 제공

작업 방법

1. NAT 게이트웨이에 사용할 탄력적 IP 주소를 생성한다.

    ```
    ALLOCATION_ID=$(aws ec2 allocate-address --domain vpc \
      --output text --query AllocationId)
    ```

---

26 https://github.com/AWSCookbook/Networking/tree/main/204-Using-A-Nat-Gateway

2. AZ1의 퍼블릭 서브넷 내에 NAT 게이트웨이를 생성한다.

   ```
   NAT_GATEWAY_ID=$(aws ec2 create-nat-gateway \
     --subnet-id $VPC_PUBLIC_SUBNET_1 \
     --allocation-id $ALLOCATION_ID \
     --output text --query NatGateway.NatGatewayId)
   ```

3. NAT 게이트웨이를 사용할 수 있게 되려면 몇 분 정도 소요된다. 다음 명령어로 상태를 확인할 수 있다.

   ```
   aws ec2 describe-nat-gateways \
     --nat-gateway-ids $NAT_GATEWAY_ID \
     --output text --query NatGateways[0].State
   ```

4. NAT 게이트웨이의 0.0.0.0/0에 대한 기본 경로를 프라이빗 티어의 두 라우팅 테이블에 추가한다. 기본 경로는 더 구체적인 경로가 없다면 모든 트래픽을 지정된 대상으로 보낸다.

   ```
   aws ec2 create-route --route-table-id $PRIVATE_RT_ID_1 \
     --destination-cidr-block 0.0.0.0/0 \
     --nat-gateway-id $NAT_GATEWAY_ID

   aws ec2 create-route --route-table-id $PRIVATE_RT_ID_2 \
     --destination-cidr-block 0.0.0.0/0 \
     --nat-gateway-id $NAT_GATEWAY_ID
   ```

   4단계의 각 명령에 대해 다음과 유사한 출력을 확인한다.

   ```
   {
       "Return": true
   }
   ```

유효성 검사. SSM Session Manager를 사용해 EC2 인스턴스 1에 연결한다(레시피 1.6 참고).

```
aws ssm start-session --target $INSTANCE_ID_1
```

ping 명령어로 인터넷 연결을 확인한다.

```
ping -c 4 homestarrunner.com
```

다음과 유사한 출력을 확인한다.

```
sh-4.2$ ping -c 4 homestarrunner.com

PING homestarrunner.com (72.10.33.178) 56(84) bytes of data.
64 bytes frohomestarrunner.com (72.10.33.178): icmp_seq=1 ttl=47 time=2.95 ms
64 bytes from  homestarrunner.com (72.10.33.178): icmp_seq=2 ttl=47 time=2.16 ms
64 bytes from homestarrunner.com (72.10.33.178): icmp_seq=3 ttl=47 time=2.13 ms
64 bytes from homestarrunner.com (72.10.33.178): icmp_seq=4 ttl=47 time=2.13 ms

--- homestarrunner.com ping statistics ---
4 packets transmitted, 4 received, 0% packet loss, time 3003ms
rtt min/avg/max/mdev = 2.134/2.348/2.958/0.356 ms
sh-4.2$
```

Session Manager 세션을 종료한다.

```
exit
```

인스턴스 2에서 같은 검사를 반복한다.

정리

코드 저장소의 정리 단계를 참고한다.[27]

참고

이 레시피에서는 외부 인터넷의 아웃바운드outbound 액세스를 허용하면서 내부의 리소스에 대한 인바운드inbound 액세스는 허용하지 않는 서브넷 계층의 네트워크 아키텍처를 구성한다. 프라이빗 서브넷의 리소스에서 실행하는 서비스에 인터넷 인바운드 액세스를 허용하려면 퍼블릭 서브넷의 로드 밸런서를 사용해야 한다. 이러한 유형의 구성은 레시

---

27 https://github.com/AWSCookbook/Networking/tree/main/204-Using-A-Nat-Gateway#clean-up

피 2.7에서 자세히 살펴본다.

NAT 게이트웨이를 통과하는 모든 통신은 연결한 EIP 주소를 가진다. 예를 들어 외부 공급업체의 허용 목록에 IP를 추가해야 하는 경우 NAT 게이트웨이의 EIP를 화이트리스트whitelist로 등록할 수 있다. EIP는 계정 내에서 프로비저닝된 상태를 유지하는 한 바뀌지 않는다.

IPv6를 지원하는 VPC를 생성한 경우 AWS 문서[28]를 참고해 프라이빗 서브넷에 대한 아웃바운드 트래픽을 허용하는 아웃바운드 전용 인터넷 게이트웨이를 생성할 수 있다.

앞서 생성한 NAT 게이트웨이는 하나의 AZ에 배포했었다. 이는 프라이빗 서브넷에서 아웃바운드 인터넷 액세스를 달성하기 위한 비용 효율적인 방법이지만 프로덕션 및 미션 크리티컬 애플리케이션의 경우 탄력성을 제공하고 교차 AZ 트래픽 양을 줄이고자 각 AZ에 NAT 게이트웨이를 프로비저닝하는 것을 고려해야 한다. 또한 0.0.0.0/0 트래픽을 특정 서브넷의 AZ에 있는 NAT 게이트웨이로 보낼 수 있도록 각 프라이빗 서브넷에 대한 라우팅 테이블을 생성해야 한다. 이에 관련해 '도전 과제'를 참고한다.

아웃바운드 라우팅을 보다 세부적으로 제어하려는 경우 NAT 인스턴스를 만들 수 있다. NAT 게이트웨이와 NAT 인스턴스의 비교는 제공 문서[29]를 참고한다.

도전 과제

AZ2의 퍼블릭 서브넷에 두 번째 NAT 게이트웨이를 생성한다. 그 후 AZ2의 프라이빗 서브넷과 연결된 라우팅 테이블에서 기본 경로를 수정한다. 대상을 새로 생성한 NAT 게이트웨이로 변경한다.

---

28 https://oreil.ly/RxlYN
29 https://oreil.ly/roLbq

2.5 보안 그룹을 참고해 동적으로 접근 권한 부여

문제 설명
2개의 인스턴스로 구성한 애플리케이션 그룹 사이에 SSH^{Secure Shell}를 허용해야 한다. 향후 인스턴스 수가 증가해도 이를 손쉽게 적용할 수 있어야 한다.

해결 방법

 동일한 보안 그룹을 여러 EC2 인스턴스의 ENI에 연결하더라도 이들 간의 통신은 불가능하다 (그림 2-6 참고).

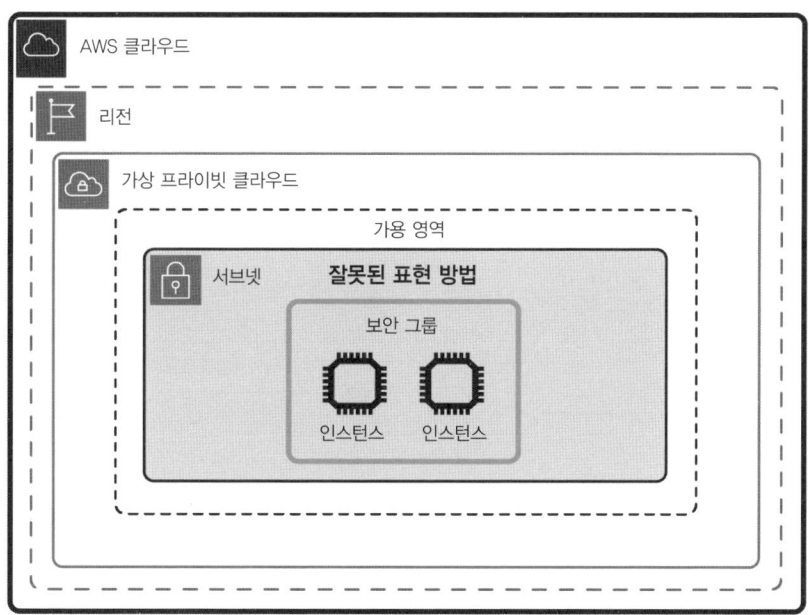

그림 2-6. 동일한 보안 그룹을 사용하는 두 인스턴스의 잘못된 표현 방법

이 레시피에서는 보안 그룹을 생성하고 두 EC2 인스턴스의 ENI에 연결한다. 마지막으로, 보안 그룹이 TCP 포트 22에 도달하도록 승인하는 수신 규칙을 생성한다(그림 2-7 참고).

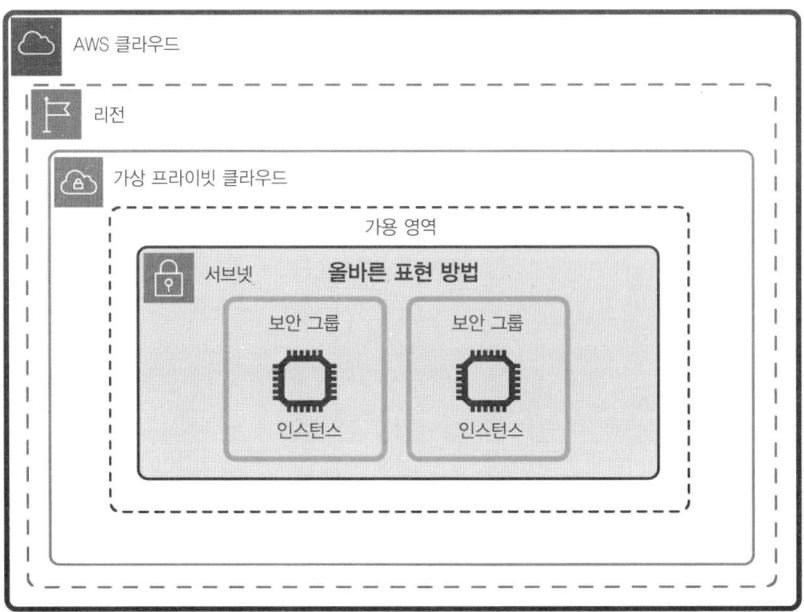

그림 2-7. 동일한 보안 그룹을 사용해 두 인스턴스의 ENI를 올바르게 표현한 그림

준비 사항

- VPC에 생성한 서브넷 및 라우팅 테이블
- 격리된 서브넷에서 기존에 실행 중인 EC2 인스턴스. 테스트를 위해 연결할 수 있어야 한다.

준비 단계

코드 저장소의 준비 단계를 실행한다.[30]

작업 방법

1. EC2 인스턴스에 대한 새 보안 그룹을 생성한다.

---

30 https://github.com/AWSCookbook/Networking/tree/main/205-Using-Security-Group-References

```
SG_ID=$(aws ec2 create-security-group \
  --group-name AWSCookbook205Sg \
  --description "Instance Security Group" --vpc-id $VPC_ID \
  --output text --query GroupId)
```

2. 보안 그룹을 인스턴스 1과 2에 연결한다.

```
aws ec2 modify-instance-attribute --instance-id $INSTANCE_ID_1 \
  --groups $SG_ID
```

```
aws ec2 modify-instance-attribute --instance-id $INSTANCE_ID_2 \
  --groups $SG_ID
```

modify-instance-attribute 명령을 사용해 새 보안 그룹을 EC2 인스턴스의 ENI에 연결한다. EC2 인스턴스의 ENI와 연결된 보안 그룹을 확인하려면 EC2 콘솔에서 인스턴스 세부 정보의 보안 탭 아래에 있는 목록을 확인하거나 다음 명령을 사용한다.

```
aws ec2 describe-security-groups --group-ids \
    $(aws ec2 describe-instances --instance-id $INSTANCE_ID_1 \
    --query "Reservations[].Instances[].SecurityGroups[].GroupId[]" \
    --output text) --output text
```

3. TCP 포트 22에 대한 액세스를 허용하는 인바운드 규칙을 보안 그룹에 추가한다.

```
aws ec2 authorize-security-group-ingress \
    --protocol tcp --port 22 \
    --source-group $SG_ID \
    --group-id $SG_ID \
```

보안 그룹 규칙을 생성할 때 권한 부여 시 의도를 확인할 수 있도록 설명을 추가하는 습관을 가져야 한다.

다음과 유사한 출력을 확인한다.

```
{
  "Return": true,
  "SecurityGroupRules": [
```

```
        {
          "SecurityGroupRuleId": "sgr-<문자열>",
          "GroupId": "sg-<문자열>",
          "GroupOwnerId": "111111111111",
          "IsEgress": false,
          "IpProtocol": "tcp",
          "FromPort": 22,
          "ToPort": 22,
          "ReferencedGroupInfo": { "GroupId": "sg-<문자열>" }
        }
      ]
    }
```

 이러한 유형의 보안 그룹 규칙을 자체 참고 규칙(self-referencing rule)이라 한다. 동일한 보안 그룹이 연결된 ENI(IP의 정적 범위가 아님)에서 발생하는 트래픽에서 특정 포트에 대한 액세스를 허용한다.

유효성 검사. 인스턴스 2의 프라이빗 IP 주소를 확인한다.

```
aws ec2 describe-instances --instance-ids $INSTANCE_ID_2 \
  --output text \
  --query Reservations[0].Instances[0].PrivateIpAddress
```

SSM 세션 관리자를 사용해 인스턴스 1에 연결한다(레시피 1.6 참고).

```
aws ssm start-session --target $INSTANCE_ID_1
```

Ncat을 설치한다.

```
sudo yum -y install nc
```

인스턴스 2에 대한 SSH 연결을 테스트한다(위에서 확인한 인스턴스 2의 IP를 사용한다).

```
nc -vz $INSTANCE_IP_2 22
```

다음과 유사한 출력을 확인한다.

```
Ncat: Version 7.50 ( https://nmap.org/ncat )
Ncat: Connected to 10.10.0.48:22.
Ncat: 0 bytes sent, 0 bytes received in 0.01 seconds.
sh-4.2$
```

Session Manager 세션을 종료한다.

```
exit
```

위와 같은 방법으로 인스턴스 2에서 인스턴스 1에 대한 연결을 확인한다.

정리

코드 저장소의 정리 단계를 참고한다.[31]

참고

클라우드의 온디맨드on-demand 특성(예: 자동 크기 조정)은 탄력성을 제공한다. 이에 따라 네트워크 보안도 보안 그룹 참고와 같은 방법을 사용해 탄력성에 대응해야 한다. 전통적으로 정적 참고 방식으로 CIDR 범위를 조정해 방화벽을 구성했지만 이런 방식은 인스턴스를 추가하거나 제거할 때 동적으로 변경할 수 없기 때문에 확장에 적합하지 않다.

보안 그룹[32]은 ENI를 위한 Stateful 가상 방화벽 역할을 한다. 보안 그룹의 기본 동작은 모든 송신을 허용하면서 모든 수신을 암시적으로 차단하는 것이다. 여러 보안 그룹을 하나의 ENI와 연결할 수 있다. 각 ENI당 5개의 보안 그룹과 보안 그룹당 60개의 규칙(인바운드 또는 아웃바운드)의 초기 할당량[33]을 설정할 수 있다.

CIDR 표기법으로 권한 부여를 지정할 수도 있다. 다음과 같은 명령어로 특정 IP 범위에 대한 RDP 액세스를 허용할 수 있다.

---

31 https://github.com/AWSCookbook/Security
32 https://oreil.ly/rYohM
33 https://oreil.ly/FR5J1

```
aws ec2 authorize-security-group-ingress \
  --group-id sg-1234567890abcdef0 \
  --ip-permissions IpProtocol=tcp,FromPort=3389,ToPort=3389,IpRanges='[{CidrIp=XXX.
XXX.XXX.XXX/ 24,Description="RDP access from NY office"}]'
```

다음과 같은 경우 보안 그룹을 삭제할 수 없다.

- 현재 ENI에 연결돼 있는 경우
- 다른 보안 그룹(자신 포함)에서 참고하고 있는 경우

도전 과제

저장소의 코드를 참고해 세 번째 EC2 인스턴스를 생성하고 동일한 보안 그룹을 사용해 접근을 테스트한다.

2.6 VPC Reachability Analyzer를 활용한 네트워크 경로 확인 및 문제 해결

문제 설명

격리된 서브넷에 SSH 연결이 안 되는 2개의 EC2 인스턴스가 배포돼 있다. SSH 연결 문제를 해결해야 한다.

해결 방법

VPC Reachability Analyzer를 사용해 네트워크 인사이트 경로^{network insight path}를 생성하고 분석한다. 결과를 확인하고 인스턴스 1의 보안 그룹에서 SSH 포트(TCP 포트 22)를 허용하는 규칙을 인스턴스 2의 보안 그룹에 추가한다. VPC Reachability Analyzer를 다시 실행하고 결과를 확인한다(그림 2-8 참고).

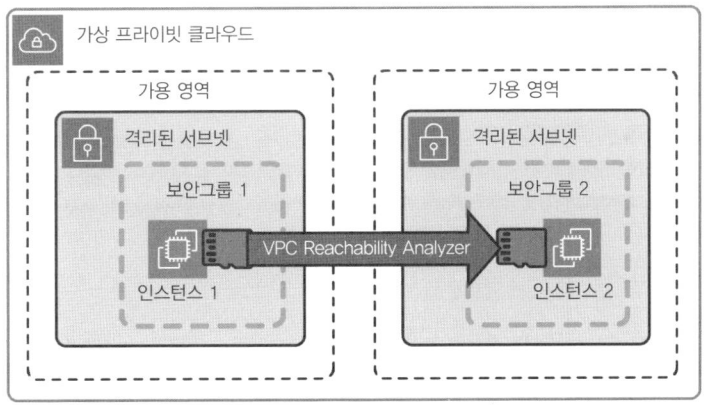

그림 2-8. VPC Reachability Analyzer

준비 사항

- 2개의 AZ에 생성한 격리된 서브넷 및 라우팅 테이블
- 격리된 서브넷에서 기존에 실행 중인 EC2 인스턴스. 테스트를 위해 연결할 수 있어야 한다.

준비 단계

코드 저장소의 준비 단계를 실행한다.[34]

작업 방법

1. EC2 인스턴스와 TCP 포트 22를 지정하는 네트워크 인사이트 경로를 생성한다.

   ```
   INSIGHTS_PATH_ID=$(aws ec2 create-network-insights-path \
     --source $INSTANCE_ID_1 --destination-port 22 \
     --destination $INSTANCE_ID_2 --protocol tcp \
     --output text --query NetworkInsightsPath.NetworkInsightsPathId)
   ```

---

[34] https://github.com/AWSCookbook/Networking/tree/main/206-VPC-Reachability-Analyzer

2. 이전 단계에서 생성한 INSIGHTS_PATH_ID를 사용해 두 인스턴스 간의 네트워크 인사이트 분석을 시작한다.

   ```
   ANALYSIS_ID_1=$(aws ec2 start-network-insights-analysis \
     --network-insights-path-id $INSIGHTS_PATH_ID --output text \
     --query NetworkInsightsAnalysis.NetworkInsightsAnalysisId)
   ```

3. 분석 실행이 완료될 때까지 기다린 다음 결과를 확인한다.

   ```
   aws ec2 describe-network-insights-analyses \
     --network-insights-analysis-ids $ANALYSIS_ID_1
   ```

   다음과 유사한 출력을 확인한다(NetworkPathFound 및 ExplanationCode 필드를 확인한다).

   ```
   {
     "NetworkInsightsAnalyses": [
       {
         "NetworkInsightsAnalysisId": "nia-<문자열>",
         "NetworkInsightsAnalysisArn": "arn:aws:ec2:us-east-1:111111111111:networkinsights-analysis/nia-<",
         "NetworkInsightsPathId": "nip-<문자열>",
         "StartDate": "2020-12-22T02:12:36.836000+00:00",
         "Status": "succeeded",
         "NetworkPathFound": false,
         "Explanations": [
           {
             "Direction": "ingress",
             "ExplanationCode": "ENI_SG_RULES_MISMATCH",
             "NetworkInterface": {
               "Id": "eni-<문자열>",
               "Arn": "arn:aws:ec2:us-east-1:11111111111:network-interface/eni-<문자열>"
             },
   ```

4. 인스턴스 2에 연결된 보안 그룹을 업데이트한다. 인스턴스 1의 보안 그룹에서 TCP 포트 22(SSH)로의 액세스를 허용하는 규칙을 추가한다.

```
aws ec2 authorize-security-group-ingress \
  --protocol tcp --port 22 \
  --source-group $INSTANCE_SG_ID_1 \
  --group-id $INSTANCE_SG_ID_2
```

다음과 유사한 출력을 확인한다.

```
{
  "Return": true,
  "SecurityGroupRules": [
    {
      "SecurityGroupRuleId": "sgr-<문자열>",
      "GroupId": "sg-<문자열>",
      "GroupOwnerId": "111111111111",
      "IsEgress": false,
      "IpProtocol": "tcp",
      "FromPort": 22,
      "ToPort": 22,
      "ReferencedGroupInfo": {
        "GroupId": "sg-<문자열>"
      }
    }
  ]
}
```

5. 네트워크 인사이트 분석을 다시 실행한다. 이전에 사용한 것과 동일한 INSIGHTS_PATH_ID를 사용한다.

```
ANALYSIS_ID_2=$(aws ec2 start-network-insights-analysis \
  --network-insights-path-id $INSIGHTS_PATH_ID --output text \
  --query NetworkInsightsAnalysis.NetworkInsightsAnalysisId)
```

6. 새 분석 결과를 확인한다.

```
aws ec2 describe-network-insights-analyses \
  --network-insights-analysis-ids $ANALYSIS_ID_2
```

다음과 유사한 출력을 확인한다(NetworkPathFound 필드를 참고한다).

```
{
  "NetworkInsightsAnalyses": [
    {
      "NetworkInsightsAnalysisId": "nia-<문자열>",
      "NetworkInsightsAnalysisArn": "arn:aws:ec2:us-east-1:111111111111:networkinsights-analysis/nia-<문자열>",
      "NetworkInsightsPathId": "nip-<문자열>",
      "StartDate": "2020-12-22T02:12:36.836000+00:00",
      "Status": "succeeded",
      "NetworkPathFound": true,
      "ForwardPathComponents": [
        {
          "SequenceNumber": 1,
          "Component": {
            "Id": "i-<문자열>",
            ...
```

유효성 검사.   인스턴스 2의 IP 주소를 확인한다.

```
aws ec2 describe-instances --instance-ids $INSTANCE_ID_2 \
  --output text \
  --query Reservations[0].Instances[0].PrivateIpAddress
```

SSM Session Manager를 사용해 EC2 인스턴스 1에 연결한다(레시피 1.6 참고).

```
aws ssm start-session --target $INSTANCE_ID_1
```

Ncat 유틸리티를 설치한다.

```
sudo yum -y install nc
```

인스턴스 2에 대한 SSH 연결을 테스트한다(위에서 확인한 인스턴스 2의 IP를 사용한다).

```
nc -vz $INSTANCE_IP_2 22
```

다음과 유사한 출력을 확인한다.

```
Ncat: Version 7.50 ( https://nmap.org/ncat )
Ncat: Connected to 10.10.0.48:22.
Ncat: 0 bytes sent, 0 bytes received in 0.01 seconds.
sh-4.2$
```

Session Manager 세션을 종료한다.

```
exit
```

정리

코드 저장소의 정리 단계를 참고한다.[35]

참고

네트워크 연결을 네트워크 인사이트 경로로 정의해 테스트할 수 있다. 처음에는 대상(인스턴스 2)의 보안 그룹이 액세스를 허용하지 않았기 때문에 인스턴스 간에 SSH 연결을 할 수 없었다. 인스턴스 2의 보안 그룹을 업데이트하고 분석을 다시 실행하면 SSH 연결을 확인할 수 있었다. VPC Reachability Analyzer[36]는 인프라를 프로비저닝할 필요가 없기 때문에 서버리스serverless 방식으로 네트워크 문제 해결 및 구성의 유효성 검증을 위한 효율적인 도구다.

VPC Reachability Analyzer는 VPC 내의 광범위한 대상의 리소스의 소스(source)와 대상(destination)을 지원한다. 지원하는 소스 및 대상의 전체 목록은 제공 문서[37]를 확인한다.

VPC Reachability Analyzer는 네트워크 경로 분석 결과를 설명하는 설명 코드explanation code를 반환한다. 이 레시피에서는 보안 그룹이 소스와 대상 간의 트래픽을 허용하지 않음을 나타내는 `ENI_SG_RULES_MISMATCH` 코드를 확인했다. 설명 코드의 전체 목록은 제

---

35 https://github.com/AWSCookbook/Networking/tree/main/206-VPC-Reachability-Analyzer#clean-up
36 https://oreil.ly/szPNC
37 https://oreil.ly/boPoh

공 문서[38]에서 확인할 수 있다.

도전 과제

VPC에 인터넷 게이트웨이를 추가하고 인스턴스에서 인터넷 접근을 테스트해 본다.

2.7 Application Load Balancer를 사용해 HTTP 트래픽을 HTTPS로 리디렉션

문제 설명

프라이빗 서브넷에서 컨테이너화된 애플리케이션을 구동하고 있다. 인터넷 사용자가 애플리케이션에 액세스할 때 HTTP의 모든 요청을 HTTPS로 리디렉션해야 한다.

해결 방법

ALB^{Application Load Balancer}를 생성한다. 그런 다음 ALB에서 포트 80과 포트 443에 대한 리스너를 생성하고 컨테이너화된 애플리케이션의 대상 그룹^{target group} 및 리스너 규칙^{listener rule}을 작성한다. 그림 2-9와 같이 대상 그룹에 트래픽을 보내도록 리스너 규칙을 구성한다. 마지막으로, 요청의 URL을 유지하면서 포트 80(HTTP)의 트래픽을 HTTP 301 응답 코드를 통해 포트 443(HTTPS)으로 리디렉션하는 작업을 구성한다(그림 2-10 참고).

---

38 https://oreil.ly/v6o18

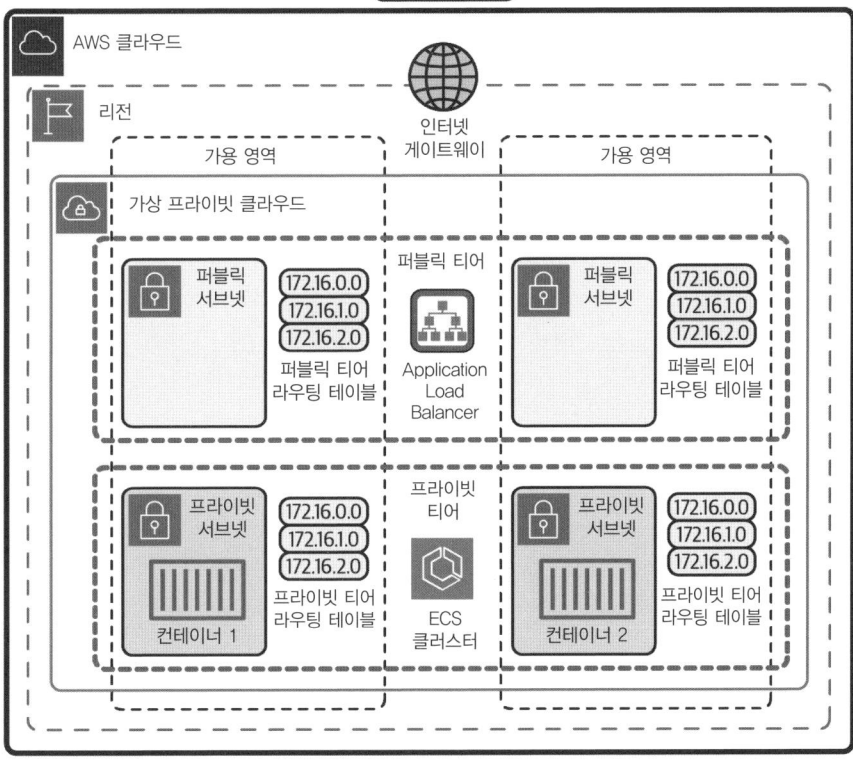

그림 2-9. 프라이빗 서브넷의 컨테이너에 인터넷 트래픽을 제공하는 ALB가 있는 VPC

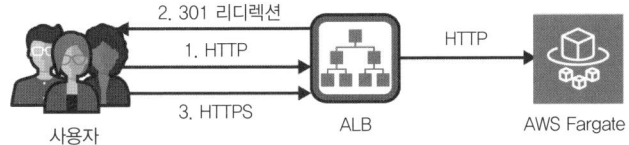

그림 2-10. ALB를 사용해 HTTP와 HTTPS를 HTTP로 리디렉션

준비 사항

- 2개의 AZ에 배포된 퍼블릭 서브넷과 라우팅 테이블
- 2개의 AZ에 배포된 프라이빗 서브넷과 라우팅 테이블

2장 | 네트워킹

- ECS 클러스터 및 포트 80에서 웹 애플리케이션을 노출하는 컨테이너
- ECS Fargate 서비스
- OpenSSL(brew install openssl 또는 yum install openssl을 사용해 설치할 수 있다.)

준비 단계

코드 저장소의 준비 단계를 실행한다.[39]

작업 방법

1. 인증서에 사용할 새로운 개인 키를 생성한다.

    ```
    openssl genrsa 2048 > my-private-key.pem
    ```

    다음과 유사한 출력을 확인한다.

    ```
    Generating RSA private key, 2048 bit long modulus ..........................
    .......................................+++ .......................................
    .................................+++ e is 65537 (0x10001)
    ```

2. OpenSSL CLI를 사용해 자체 서명된 인증서를 생성한다.

    ```
    openssl req -new -x509 -nodes -sha256 -days 365 \
    -key my-private-key.pem -outform PEM -out my-certificate.pem
    ```

    다음과 유사한 출력을 확인한다.

    ```
    You are about to be asked to enter information that will be incorporated into
    your certificate request.
    What you are about to enter is what is called a Distinguished Name or a DN.
    There are quite a few fields but you can leave some blank
    For some fields there will be a default value,
    If you enter '.', the field will be left blank.
    -----
    Country Name (2 letter code) []:US
    ```

---

[39] https://github.com/AWSCookbook/Networking/tree/main/207-Using-Load-Balancers-for-HTTPS-Redirection

```
State or Province Name (full name) []:Pennsylvania
Locality Name (eg, city) []:Scranton
Organization Name (eg, company) []:AWS Cookbook Inc
Organizational Unit Name (eg, section) []:Cloud Team
Common Name (eg, fully qualified host name) []:mytest.com
Email Address []:you@youremail.com
```

이 레시피에서는 자체 서명 인증서를 사용한다. 레시피에서 생성한 로드 밸런서의 DNS에 액세스할 때 대부분의 브라우저에서 경고가 발생할 수 있다. ACM(AWS Certificate Manager)[40]를 사용해 자체 DNS 레코드에 대한 신뢰할 수 있는 인증서를 생성할 수 있다.

3. 생성된 인증서를 IAM에 업로드한다.

```
CERT_ARN=$(aws iam upload-server-certificate \
    --server-certificate-name AWSCookbook207 \
    --certificate-body file://my-certificate.pem \
    --private-key file://my-private-key.pem \
    --query ServerCertificateMetadata.Arn --output text)
```

4. ALB에 사용할 보안 그룹을 생성한다.

```
ALB_SG_ID=$(aws ec2 create-security-group --group-name Cookbook207SG \
    --description "ALB Security Group" --vpc-id $VPC_ID \
    --output text --query GroupId)
```

5. 보안 그룹에 HTTP 및 HTTPS 트래픽을 허용하는 규칙을 추가한다.

```
aws ec2 authorize-security-group-ingress \
    --protocol tcp --port 443 \
    --cidr '0.0.0.0/0' \
    --group-id $ALB_SG_ID

aws ec2 authorize-security-group-ingress \
    --protocol tcp --port 80 \
    --cidr '0.0.0.0/0' \
    --group-id $ALB_SG_ID
```

---

40 https://oreil.ly/Sa88c

다음과 유사한 출력을 확인한다.

```
{
    "Return": true,
    "SecurityGroupRules": [
        {
            "SecurityGroupRuleId": "sgr-<문자열>",
            "GroupId": "sg-<문자열>",
            "GroupOwnerId": "111111111111",
            "IsEgress": false,
            "IpProtocol": "tcp",
            "FromPort": 80,
            "ToPort": 80,
            "CidrIpv4": "0.0.0.0/0"
        }
    ]
}
```

6. ALB에서 들어오는 트래픽을 허용하도록 컨테이너의 보안 그룹에 권한을 부여한다.

    ```
    aws ec2 authorize-security-group-ingress \
      --protocol tcp --port 80 \
      --source-group $ALB_SG_ID \
      --group-id $APP_SG_ID
    ```

7. 퍼블릭 서브넷에 ALB를 생성하고 이전에 생성한 보안 그룹을 연결한다.

    ```
    LOAD_BALANCER_ARN=$(aws elbv2 create-load-balancer \
      --name aws-cookbook207-alb \
      --subnets $VPC_PUBLIC_SUBNETS --security-groups $ALB_SG_ID \
      --scheme internet-facing \
      --output text --query LoadBalancers[0].LoadBalancerArn)
    ```

8. 로드 밸런서에 적용할 대상 그룹을 생성한다.

    ```
    TARGET_GROUP=$(aws elbv2 create-target-group \
      --name aws-cookbook207-tg --vpc-id $VPC_ID \
      --protocol HTTP --port 80 --target-type ip \
      --query "TargetGroups[0].TargetGroupArn" \
    ```

```
    --output text)
```

9. 애플리케이션을 실행하는 컨테이너의 IP를 확인한다.

    ```
    TASK_ARN=$(aws ecs list-tasks --cluster $ECS_CLUSTER_NAME \
      --output text --query taskArns)

    CONTAINER_IP=$(aws ecs describe-tasks --cluster $ECS_CLUSTER_NAME \
      --task $TASK_ARN --output text \
      --query tasks[0].attachments[0].details[4] | cut -f 2)
    ```

10. 대상 그룹에 컨테이너를 등록한다.

    ```
    aws elbv2 register-targets --targets Id=$CONTAINER_IP \
      --target-group-arn $TARGET_GROUP
    ```

> 이 레시피에서는 로드 밸런서를 사용해 ECS 서비스 내 ECS 태스크의 IP 주소를 등록한다. 다른 방법으로 ECS 서비스 생성 시 ECS 서비스를 Application Load Balancer와 직접 연결할 수 있다. 자세한 내용은 제공 문서[41]를 참고한다.

11. ALB에 앞서 생성한 인증서를 사용하며 트래픽을 대상 그룹으로 전달하는 리스너를 생성한다.

    ```
    HTTPS_LISTENER_ARN=$(aws elbv2 create-listener \
      --load-balancer-arn $LOAD_BALANCER_ARN \
      --protocol HTTPS --port 443 \
      --certificates CertificateArn=$CERT_ARN \
      --default-actions Type=forward,TargetGroupArn=$TARGET_GROUP \
      --output text --query Listeners[0].ListenerArn)
    ```

12. 포트 443의 리스너에 대한 규칙을 추가해 생성한 대상 그룹으로 트래픽을 전달한다.

    ```
    aws elbv2 create-rule \
      --listener-arn $HTTPS_LISTENER_ARN \
    ```

---

41 https://oreil.ly/wF1si

```
    --priority 10 \
    --conditions '{"Field":"path-pattern","PathPatternConfig":{"Values":
["/*"]}}' \
    --actions Type=forward,TargetGroupArn=$TARGET_GROUP
```

다음과 유사한 출력을 확인한다.

```
{
  "Rules": [
    {
      "RuleArn": "arn:aws:elasticloadbalancing:us-east-
1:111111111111:listenerrule/app/aws-cookbook207-alb/<문자열>",
      "Priority": "10",
      "Conditions": [
        {
          "Field": "path-pattern",
          "Values": [
            "/*"
          ],
          "PathPatternConfig": {
          "Values": [
            "/*"
          ]
          }
        ],
        "Actions": [
          {
            "Type": "forward",
    ...
```

13. HTTPS 리디렉션에 대한 전체 URL을 유지하면서 브라우저에 301 응답을 보내는 모든 HTTP 트래픽에 리디렉션을 생성한다.

```
aws elbv2 create-listener --load-balancer-arn $LOAD_BALANCER_ARN \
  --protocol HTTP --port 80 \
  --default-actions \ "Type=redirect,RedirectConfig={Protocol=HTTPS,Port=443,
Host='#{host}',Query='#{qu ery}',Path='/#{path}', StatusCode=HTTP_301}"
```

다음과 유사한 출력을 확인한다.

```
{
  "Listeners": [
    {
      "ListenerArn": "arn:aws:elasticloadbalancing:useast-1:111111111111:listener/app/aws-cookbook207-alb/<문자열>",
      "LoadBalancerArn": "arn:aws:elasticloadbalancing:useast-1:111111111111:loadbalancer/app/aws-cookbook207-alb/<문자열>",
      "Port": 80,
      "Protocol": "HTTP",
      "DefaultActions": [
        {
          "Type": "redirect",
          "RedirectConfig": {
            "Protocol": "HTTPS",
            "Port": "443",
            "Host": "#{host}",
            "Path": "/#{path}",
            "Query": "#{query}",
            "StatusCode": "HTTP_301"
          }
        }
    ...
```

14. 대상의 상태를 확인한다.

```
aws elbv2 describe-target-health --target-group-arn $TARGET_GROUP \
  --query TargetHealthDescriptions[*].TargetHealth.State
```

다음과 유사한 출력을 확인한다.

```
[
  "healthy"
]
```

유효성 검사.   테스트를 위해 로드 밸런서의 URL을 확인한다.

```
LOAD_BALANCER_DNS=$(aws elbv2 describe-load-balancers \
  --names aws-cookbook207-alb \
  --output text --query LoadBalancers[0].DNSName)
```

브라우저에서 URL을 테스트한다. HTTPS로 리디렉션되는 것을 확인한다. 자체 서명된 인증서이기 때문에 브라우저에서 경고를 반환할 수 있다.

```
echo $LOAD_BALANCER_DNS
```

다른 방법으로는 명령줄에서 cURL을 사용해 301 코드를 확인할 수 있다.

```
curl -v http://$LOAD_BALANCER_DNS
```

다음 명령어로 HTTPS 리디렉션을 따르도록 지정할 수 있다.

```
curl -vkL http://$LOAD_BALANCER_DNS
```

정리

코드 저장소의 정리 단계를 참고한다.[42]

참고

포트 80 리스너에 301 리디렉션 규칙을 추가해 사용자의 요청이 포트 443으로 리디렉션되도록 구성할 수 있다. 리디렉션 규칙은 원래 요청의 URL 경로도 유지한다.

Application Load Balancer는 OSI 모델의 7계층에서 작동한다. ALB 문서[43]는 EC2 인스턴스, IP 주소, 람다 함수 등을 포함한 사용할 수 있는 대상 유형을 명시한다. 인터넷에 연결된 ALB(VPC에 인터넷 게이트웨이가 연결된 경우) 또는 내부 네트워크 내에서만 사용할 수 있는 내부 ALB(internal ALB)를 생성할 수 있다. ALB는 서비스와 통신하기 위해 선택한 서브넷 내에 IP 주소를 가진 ENI를 프로비저닝한다. ALB는 연결된 대상 그룹의 구성원에 대해 상태 확인을 지속적으로 실행해 ALB가 트래픽을 라우팅할 애플리케이션의 정상적인 구성 요소를 감지할 수 있다. ALB를 사용하면 애플리케이션에 직접 연결하지 않아도 되기 때문에 안전하게 애플리케이션 계층을 격리할 수 있다.

---

42 https://github.com/AWSCookbook/Networking/tree/main/207-Using-Load-Balancers-for-HTTPS-Redirection#clean-up
43 https://oreil.ly/bJZsg

AWS는 여러 유형의 로드 밸런서를 제공하므로 요구 사항에 가장 적합한 로드 밸런서를 선택해야 한다. 예를 들어 고정 IP 주소 기능을 가진 고성능 레이어 4 로드 밸런싱이 필요한 경우 네트워크 로드 밸런서Network Load Balancer를 선택한다. 가상 방화벽 및 보안 어플라이언스와 같은 네트워크 가상 어플라이언스NVA, Network Virtual Appliance의 경우 게이트웨이 로드 밸런서Gateway Load Balancer를 고려할 수 있다. AWS에서 사용할 수 있는 로드 밸런서 유형에 대한 자세한 내용 및 비교는 제공 문서[44]를 확인한다.

도전 과제
SSL 인증서를 새로운 인증서로 업데이트한다.

2.8 접두사 목록을 활용한 보안 그룹의 CIDR 관리

문제 설명
퍼블릭 서브넷의 인스턴스에서 특정 액세스 요구 사항을 가진 2개의 애플리케이션을 호스팅하고 있다. 대부분의 작동 시간 중에는 다른 리전의 가상 데스크톱에서 액세스하지만 테스트 기간에는 집 PC에서 접근해야 한다.

해결 방법
AWS가 제공하는 IP 주소 범위 목록을 사용해 해당 리전의 WorkSpaces 게이트웨이의 CIDR 범위 목록을 포함하는 관리형 접두사 목록managed prefix list을 각각 만들어 보안 그룹에 연결한다. 테스트를 위해서는 임시로 집의 IP 주소를 접두사 목록에 추가했다가 테스트 종료 시 IP 주소를 삭제한다(그림 2-11 참고).

준비 사항
- 2개의 AZ에 배포된 퍼블릭 서브넷과 라우팅 테이블

---

44 https://oreil.ly/8G9xc

- 각 퍼블릭 서브넷의 EC2 인스턴스에서 실행되는 웹 서버
- 각 EC2 인스턴스와 연결된 보안 그룹

준비 단계

코드 저장소의 준비 단계를 실행한다.[45]

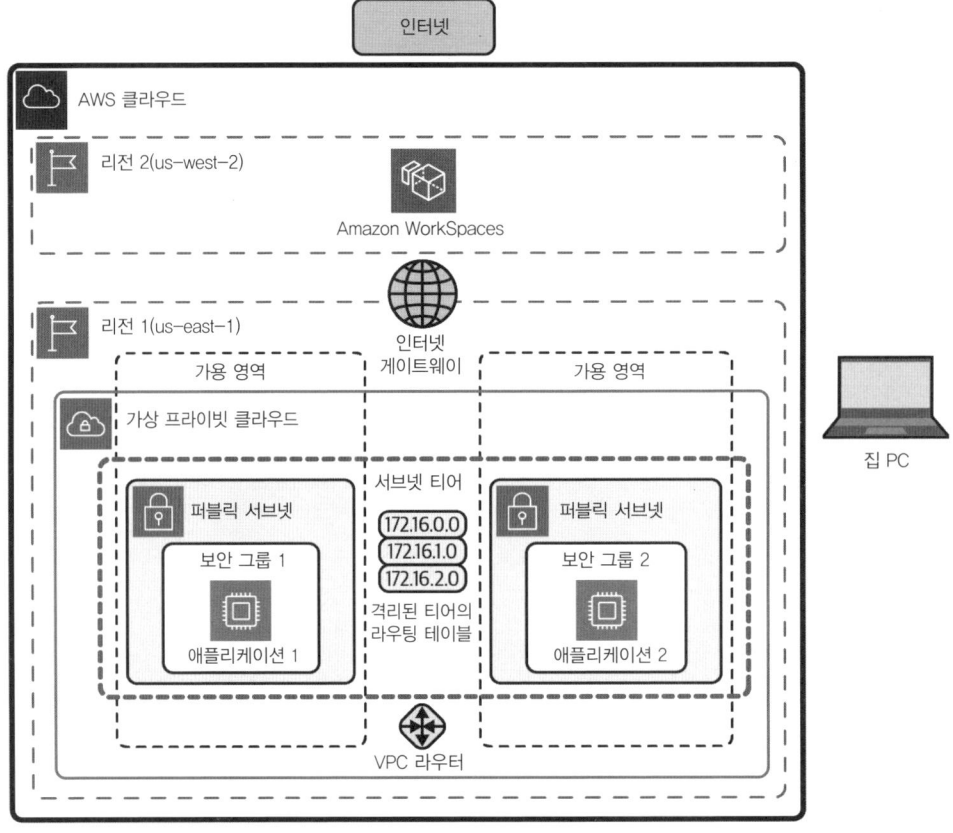

그림 2-11. 보안 그룹으로 보호되고 있는 퍼블릭 서브넷의 애플리케이션

---

45 https://github.com/AWSCookbook/Networking/tree/main/208-Leveraging-Managed-Prefix-Lists

작업 방법

1. AWS IP 주소 범위를 가진 JSON 파일을 다운로드한다.

    ```
    curl -o ip-ranges.json https://ip-ranges.amazonaws.com/ip-ranges.json
    ```

jq 유틸리티가 필요하다(MacOS의 경우 `brew install jq`를 실행해 설치한다).

2. us-west-2 리전에서 Amazon WorkSpaces 게이트웨이에 대한 CIDR 범위 목록을 생성한다.

    ```
    jq -r '.prefixes[] | select(.region=="us-west-2") | select(.service=="WORKSPACES_GATEWAYS") | .ip_prefix' < ip-ranges.json
    ```

AWS IP 주소 범위에 대한 자세한 정보는 제공 문서[46]를 참고한다.

3. Amazon WorkSpaces에 대한 IP 범위로 관리형 접두사 목록을 생성한다.

    ```
    PREFIX_LIST_ID=$(aws ec2 create-managed-prefix-list \
      --address-family IPv4 \
      --max-entries 15 \
      --prefix-list-name allowed-us-east-1-cidrs \
      --output text --query "PrefixList.PrefixListId" \
      --entries Cidr=44.234.54.0/23,Description=workspaces-us-west-2-cidr1 Cidr=54.244.46.0/23,Description=workspaces-us-west-2-cidr2)
    ```

이 시점에서 사용자는 두 인스턴스에 직접 연결할 수 없어야 한다. 다음 명령 중 하나를 시도하면 'Connection timed out' 오류를 볼 수 있다.

```
curl -m 2 $INSTANCE_IP_1
curl -m 2 $INSTANCE_IP_2
```

---

46 https://oreil.ly/iQrPY

4. 사용자의 퍼블릭 IPv4 주소를 확인한다.

   ```
   MY_IP_4=$(curl myip4.com | tr -d ' ')
   ```

5. 관리형 접두사 목록에 사용자의 퍼블릭 IPv4 주소를 추가한다(그림 2-12 참고).

   ```
   aws ec2 modify-managed-prefix-list \
     --prefix-list-id $PREFIX_LIST_ID \
     --current-version 1 \
     --add-entries Cidr=${MY_IP_4}/32,Description=my-workstation-ip
   ```

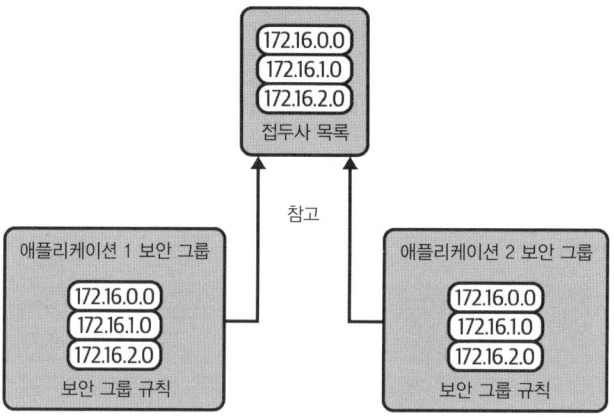

그림 2-12. 접두사 목록을 참고하는 보안 그룹 규칙

S3의 AWS 관리 접두사 목록은 제공 문서[47]에서 확인할 수 있다.

다음과 유사한 출력을 확인한다.

```
{
  "PrefixList": {
    "PrefixListId": "pl-013217b85144872d2",
    "AddressFamily": "IPv4",
```

---

47 https://oreil.ly/wcdzB

```
        "State": "modify-in-progress",
        "PrefixListArn": "arn:aws:ec2:us-east-1:111111111111:prefix-list/ pl-
    013217b85144872d2",
        "PrefixListName": "allowed-us-east-1-cidrs",
        "MaxEntries": 10,
        "Version": 1,
        "OwnerId": "111111111111"
    }
}
```

6. 각 애플리케이션의 보안 그룹의 접두사 목록에 TCP 포트 80의 액세스를 허용하는 인바운드 규칙을 추가한다.

```
aws ec2 authorize-security-group-ingress \
  --group-id $INSTANCE_SG_1 --ip-permissions \
  IpProtocol=tcp,FromPort=80,ToPort=80,PrefixListIds="[{Description=http-
fromprefix-list,PrefixListId=$PREFIX_LIST_ID}]"

aws ec2 authorize-security-group-ingress \
  --group-id $INSTANCE_SG_2 --ip-permissions \
  IpProtocol=tcp,FromPort=80,ToPort=80,PrefixListIds="[{Description=http-
fromprefix-list,PrefixListId=$PREFIX_LIST_ID}]"
```

다음 명령을 사용해 어디서 관리형 접두사 목록을 사용하는지 확인할 수 있다.

```
aws ec2 get-managed-prefix-list-associations \
   --prefix-list-id $PREFIX_LIST_ID
```

유효성 검사. 사용자의 PC에서 두 인스턴스에 대한 액세스를 테스트한다.

```
curl -m 2 $INSTANCE_IP_1

curl -m 2 $INSTANCE_IP_2
```

정리

코드 저장소의 정리 단계를 참고한다.[48]

참고

인스턴스에 대한 인바운드 통신을 허용하는 CIDR 블록 목록을 업데이트해야 하는 경우 보안 그룹 대신 접두사 목록을 업데이트하는 것이 다수의 보안 그룹을 관리할 때 오버헤드overhead를 줄일 수 있다. 아웃바운드 보안 그룹 권한 부여에도 접두사 목록을 사용할 수 있다.

접두사 목록은 라우팅 테이블routing table과 연결할 수 있으며 트래픽 블랙홀(특정 IP 주소 및 CIDR 블록 목록에 대한 액세스 금지)에 유용하며 라우팅 테이블 구성을 단순화한다. 예를 들어 특정 사무실에 대한 CIDR 범위의 접두사 목록을 유지 관리하고 이를 사용하고 라우팅 및 보안 그룹 권한 부여를 구현해 네트워크 흐름 및 보안 구성에 대한 관리를 단순화할 수 있다. 다음 명령어는 접두사 목록을 라우팅 테이블과 연결하는 예시다.

```
aws ec2 create-route --route-table-id $Sub1RouteTableID \
  --destination-prefix-list-id  $PREFIX_LIST_ID \
  --instance-id $INSTANCE_ID
```

접두사 목록은 버전 관리 메커니즘[49]을 제공한다. 접두사 목록을 업데이트한 뒤 기존 기능이 중단된 경우 오류의 원인을 파악하는 동안 이전 버전으로 롤백roll back해 이전 기능을 복원할 수 있다. 다음 명령어로 현재 접두사 목록의 버전을 확인할 수 있다.

```
aws ec2 describe-prefix-lists --prefix-list-ids $PREFIX_LIST_ID
```

도전 과제

사용자가 애플리케이션에 액세스할 수 없도록 이전 버전의 접두사 목록으로 되돌린다.

---

48 https://github.com/AWSCookbook/Networking/tree/main/208-Leveraging-Managed-Prefix-Lists#clean-up
49 https://oreil.ly/KgSne

2.9 VPC 엔드포인트를 사용한 S3 접근

문제 설명
VPC 내의 리소스의 대역폭 비용을 낮게 유지하면서 보안을 위해 외부 인터넷을 사용하지 않고 특정 S3 버킷에 접근해야 한다.

해결 방법
S3용 게이트웨이 VPC 엔드포인트를 생성하고 라우팅 테이블과 연결한 뒤 정책 문서를 업데이트한다(그림 2-13 참고).

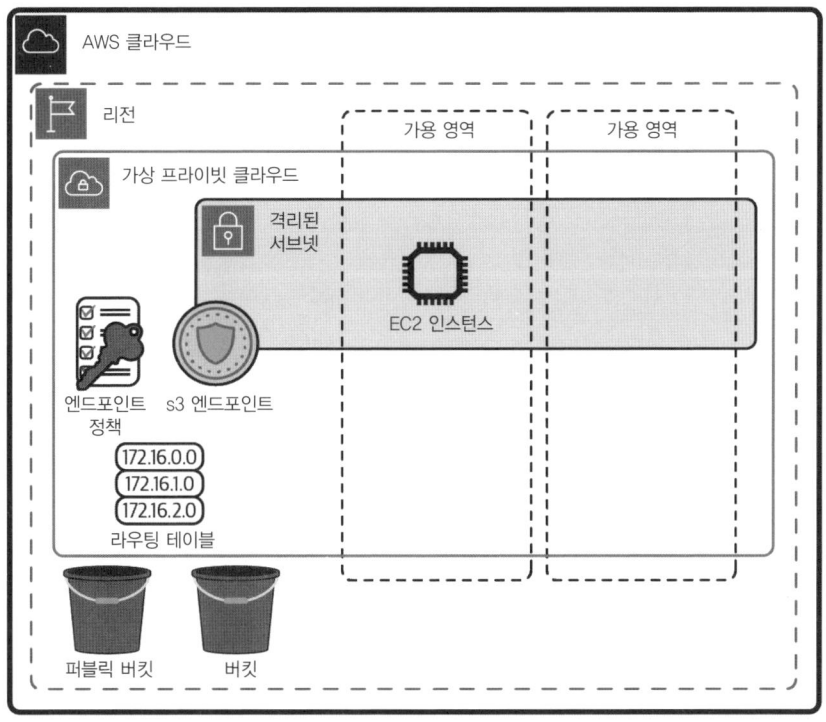

그림 2-13. 게이트웨이 엔드포인트를 사용한 S3 접근 제어

준비 사항

- 2개의 AZ에 격리된 서브넷과 라우팅 테이블
- 테스트를 위해 접근할 수 있는 퍼블릭 서브넷의 EC2 인스턴스
- 접근 권한을 제어가 필요한 S3 버킷

준비 단계

코드 저장소의 준비 단계를 실행한다.[50]

작업 방법

1. VPC에 게이트웨이 엔드포인트를 생성하고 엔드포인트를 라우팅 테이블과 연결한다.

    ```
    END_POINT_ID=$(aws ec2 create-vpc-endpoint \
      --vpc-id $VPC_ID \
      --service-name com.amazonaws.$AWS_REGION.s3 \
      --route-table-ids $RT_ID_1 $RT_ID_2 \
      --query VpcEndpoint.VpcEndpointId --output text)
    ```

2. 저장소의 코드를 참고해 policy-template.json이라는 엔드포인트 정책 파일을 생성한다. 다음 정책은 특정 S3 버킷으로만 접근을 제한한다.

    ```
    {
      "Statement": [
        {
          "Sid": "RestrictToOneBucket",
          "Principal": "*",
          "Action": [
            "s3:GetObject",
            "s3:PutObject"
          ],
          "Effect": "Allow",
    ```

---

[50] https://github.com/AWSCookbook/Networking/tree/main/209-Using-Gateway-VPC-Endpoints-with-S3

```
            "Resource": [
              "arn:aws:s3:::S3BucketName",
              "arn:aws:s3:::S3BucketName/*"
            ]
          }
        ]
      }
```

3. policy-template.json 파일의 `S3_BUCKET_NAME`값을 치환해 policy.json 파일을 생성한다.

   ```
   sed -e "s/S3BucketName/${BUCKET_NAME}/g" \
     policy-template.json > policy.json
   ```

4. 다음 명령어를 통해 엔드포인트의 정책 문서를 수정한다. 엔드포인트 정책을 사용해 VPC 엔드포인트를 통해 액세스할 수 있는 리소스를 제한할 수 있다.

   ```
   aws ec2 modify-vpc-endpoint \
     --policy-document file://policy.json \
     --vpc-endpoint-id $END_POINT_ID
   ```

유효성 검사. EC2 인스턴스에서 연결할 때 참고할 수 있도록 S3 버킷의 이름을 확인한다.

```
echo $BUCKET_NAME
```

SSM Session Manager를 사용해 EC2 인스턴스에 연결한다(레시피 1.6 참고).

```
aws ssm start-session --target $INSTANCE_ID
```

인스턴스의 메타데이터 값으로 리전을 설정한다.

```
export AWS_DEFAULT_REGION=$(curl \
  --silent http://169.254.169.254/latest/dynamic/instance-identity/document \
  | awk -F'"' ' /region/ {print $4}')
```

정책에 사용한 S3 버킷 이름을 가져온다.

```
BUCKET=$(aws ssm get-parameters \
  --names "Cookbook209S3Bucket" \
  --query "Parameters[*].Value" --output text)
```

S3 버킷의 파일을 복사해 접근이 가능한지 확인한다.

```
aws s3 cp s3://${BUCKET_NAME}/test_file /home/ssm-user/
```

다음과 유사한 출력을 확인할 수 있다.

```
download: s3://cdk-aws-cookbook-209-awscookbookrecipe20979239201-115xoj77fgxoh/ test_
file to ./test_file
```

 다음 명령어로 퍼블릭 S3 버킷을 나열할 수 있다. 하지만 앞서 구성한 엔드포인트 정책으로 인해 다음 명령어는 에러를 반환한다.

OpenStreetMap Foundation Public Dataset Initiative 정보를 가진 퍼블릭 S3 버킷의 내용을 나열해 본다.

```
aws s3 ls s3://osm-pds/
```

다음과 유사한 출력을 확인한다.

```
An error occurred (AccessDenied) when calling the ListObjectsV2 operation: Access
Denied
```

Session Manager 세션을 종료한다.

```
exit
```

정리

코드 저장소의 정리 단계를 참고한다.[51]

참고

S3 버킷에 대한 액세스를 제한하기 위해 엔드포인트 정책을 사용할 수 있다. 계정이 소유한 S3 버킷뿐만 아니라 AWS의 모든 S3 버킷에도 적용할 수 있다.

최근 AWS는 S3 인터페이스 엔드포인트[52]에 대한 지원을 발표했다. 보안 그룹으로 트래픽을 제어하려는 경우와 같은 일부 사용 사례에는 적합한 기능이지만 비용이 발생하기 때문에 이상적인 솔루션은 아니다.[53]

게이트웨이 엔드포인트 문서[54]에 따르면 게이트웨이 VPC 엔드포인트는 무료이며 인터넷을 통과하지 않고 AWS 백본 네트워크 내에서 트래픽을 유지하고자 VPC의 라우팅 테이블을 참고한다. 따라서 S3 및 DynamoDB와 같은 다른 AWS 서비스에 액세스해야 하는 애플리케이션이 인터넷 게이트웨이 없이 VPC 내에서 해당 서비스에 접근할 수 있다. VPC 엔드포인트의 라우팅 테이블 항목이 기본 0.0.0.0/0 경로보다 더 구체적이기 때문에 이러한 서비스에 바인딩된 모든 트래픽은 퍼블릭 인터넷 경로가 아닌 VPC 엔드포인트로 전달된다.

S3 VPC 엔드포인트 정책은 필요에 따라 세분화할 수 있는 JSON 정책 문서를 활용한다. 조건문, 소스 IP 주소, VPC 엔드포인트 ID, S3 버킷 이름 등을 사용할 수 있다. 사용할 수 있는 정책 요소에 대한 자세한 내용은 지원 문서[55]를 참고한다.

---

51 https://github.com/AWSCookbook/Networking/tree/main/209-Using-Gateway-VPC-Endpoints-with-S3#clean-up
52 https://oreil.ly/mBBsN
53 https://oreil.ly/1WUGl
54 https://oreil.ly/LAWFo
55 https://oreil.ly/M8q8J

도전 과제

VPC 엔드포인트에서만 액세스를 허용하도록 S3 버킷에 대한 버킷 정책을 수정한다. 이에 대한 가이드는 S3 사용자 가이드[56]에서 확인할 수 있다.

2.10 트랜짓 게이트웨이를 사용해 전이 라우팅 연결 활성화

문제 설명

NAT 게이트웨이의 수를 줄이려고 모든 VPC에 전이 라우팅transitive routing을 적용해 외부 인터넷 트래픽을 하나의 공유 서비스shared service VPC를 통해 사용하고자 한다.

해결 방법

AWS TGW Transit Gateway를 배포하고 모든 VPC에 대한 전송 게이트웨이 VPC 연결을 구성한다. 각 VPC의 라우팅 테이블을 모든 외부 트래픽을 트랜짓 게이트웨이transit gateway로 보내도록 설정하고 모든 스포크spoke VPC가 공유 서비스 VPC의 NAT 게이트웨이를 사용할 수 있도록 설정한다(그림 2-14 참고).

---

56 https://oreil.ly/tEajj

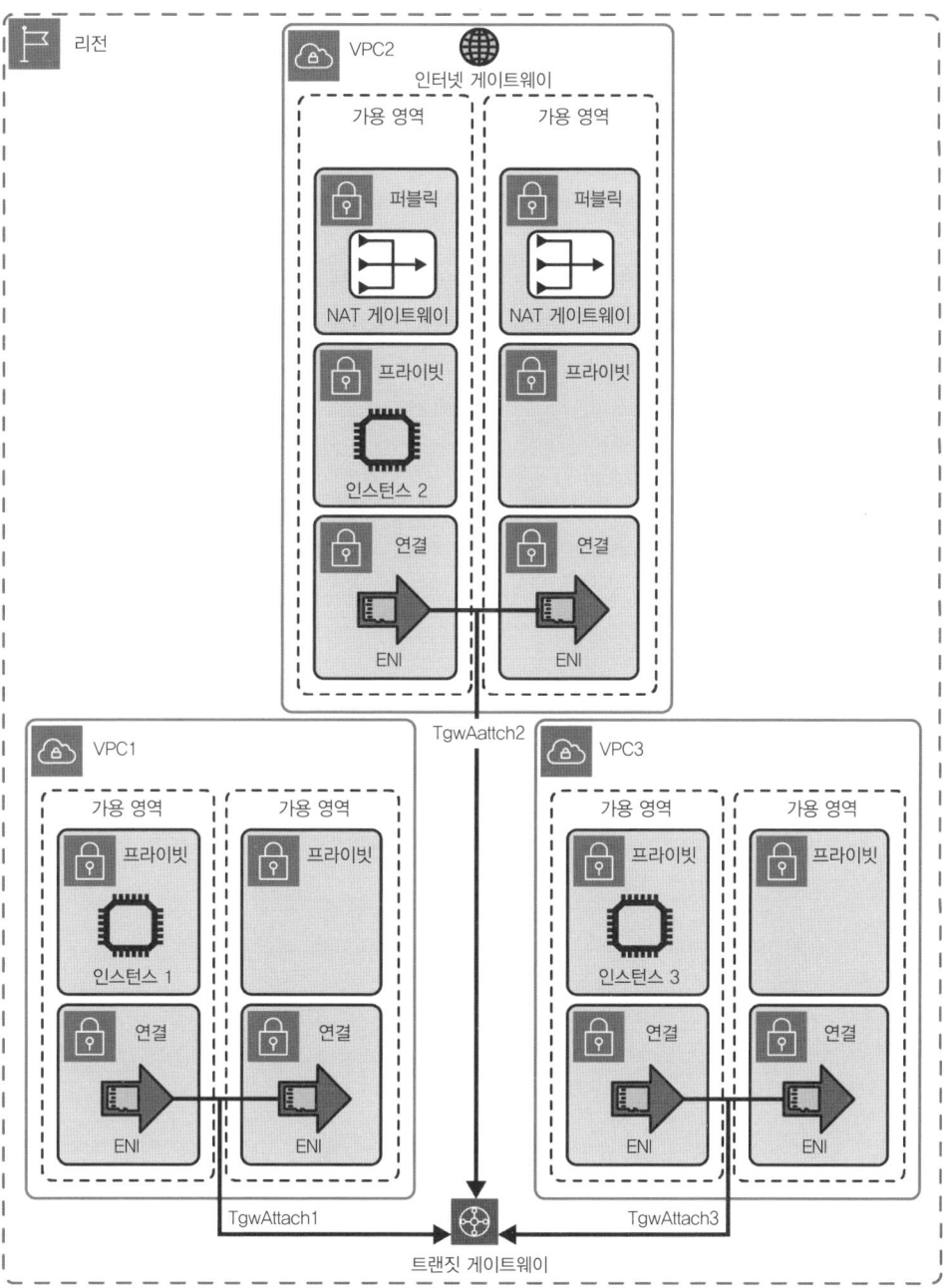

그림 2-14. 3개의 VPC로 구성된 AWS TGA

 각 계정 VPC의 리전당 초기 할당량은 5개[57]다. 이 레시피에서는 3개의 VPC를 사용한다. 이미 3개 이상의 VPC가 배포돼 있다면 다른 리전에 배포하거나 기존 VPC를 삭제 또는 테스트 계정을 사용하거나 VPC 할당량 증가를 요청해야 한다.[58]

준비 사항

- 동일한 리전에 프라이빗 및 격리된 서브넷 계층을 가진 3개의 VPC
- VPC에 연결된 인터넷 게이트웨이(이 예에서는 VPC2)
  — 퍼블릭 서브넷에 배포된 NAT 게이트웨이

준비 단계

코드 저장소의 준비 단계를 실행한다.[59]

작업 방법

1. 트랜짓 게이트웨이를 생성한다.

    ```
    TGW_ID=$(aws ec2 create-transit-gateway \
      --description AWSCookbook210 \
    -- options=AmazonSideAsn=65010,AutoAcceptSharedAttachments=enable,DefaultRout
    eTableA ssociation=enable,\
      DefaultRouteTablePropagation=enable,VpnEcmpSupport=enable,DnsSupport=enable \
    --output text --query TransitGateway.TransitGatewayId)
    ```

2. 트랜짓 게이트웨이의 상태가 available로 변경될 때까지 기다린다.

    ```
    aws ec2 describe-transit-gateways \
      --transit-gateway-ids $TGW_ID \
      --output text --query TransitGateways[0].State
    ```

3. VPC1에 전송 게이트웨이 연결을 생성한다.

---

57 https://oreil.ly/T4WD8
58 https://oreil.ly/cFRs5
59 https://github.com/AWSCookbook/Networking/tree/main/210-Using-a-Transit-Gateway

```
TGW_ATTACH_1=$(aws ec2 create-transit-gateway-vpc-attachment \
  --transit-gateway-id $TGW_ID \
  --vpc-id $VPC_ID_1 \
  --subnet-ids $ATTACHMENT_SUBNETS_VPC_1 \
  --query TransitGatewayVpcAttachment.TransitGatewayAttachmentId \
  --output text)
```

4. VPC2에 전송 게이트웨이 연결을 생성한다.

```
TGW_ATTACH_2=$(aws ec2 create-transit-gateway-vpc-attachment \
  --transit-gateway-id $TGW_ID \
  --vpc-id $VPC_ID_2 \
  --subnet-ids $ATTACHMENT_SUBNETS_VPC_2 \
  --query TransitGatewayVpcAttachment.TransitGatewayAttachmentId \
  --output text)
```

5. VPC3에 전송 게이트웨이 연결을 생성한다.

```
TGW_ATTACH_3=$(aws ec2 create-transit-gateway-vpc-attachment \
  --transit-gateway-id $TGW_ID \
  --vpc-id $VPC_ID_3 \
  --subnet-ids $ATTACHMENT_SUBNETS_VPC_3 \
  --query TransitGatewayVpcAttachment.TransitGatewayAttachmentId \
  --output text)
```

6. VPC1과 VPC3의 모든 프라이빗 서브넷에 0.0.0.0/0에 대한 경로를 TGW를 대상으로 추가한다. 이를 통해 다른 VPC의 인터넷 트래픽을 VPC2의 NAT 게이트웨이를 통한 전이 라우팅이 가능하다.

```
aws ec2 create-route --route-table-id $VPC_1_RT_ID_1 \
  --destination-cidr-block 0.0.0.0/0 \
  --transit-gateway-id $TGW_ID

aws ec2 create-route --route-table-id $VPC_1_RT_ID_2 \
  --destination-cidr-block 0.0.0.0/0 \
  --transit-gateway-id $TGW_ID

aws ec2 create-route --route-table-id $VPC_3_RT_ID_1 \
  --destination-cidr-block 0.0.0.0/0 \
  --transit-gateway-id $TGW_ID
```

```
aws ec2 create-route --route-table-id $VPC_3_RT_ID_2 \
  --destination-cidr-block 0.0.0.0/0 \
  --transit-gateway-id $TGW_ID
```

7. 이제 VPC2의 프라이빗 서브넷과 연결된 라우팅 테이블에 10.10.0.0/24 슈퍼넷[60]에 대한 경로를 추가해 대상이 전송 게이트웨이를 가리키도록 설정한다. 이 경로는 0.0.0.0/0 대상보다 더 구체적이기 때문에 우선적인 라우팅 순위를 갖게 돼 VPC1, 2, 3의 트래픽을 TGW로 보낸다.

```
aws ec2 create-route --route-table-id $VPC_2_RT_ID_1 \
  --destination-cidr-block 10.10.0.0/24 \
  --transit-gateway-id $TGW_ID

aws ec2 create-route --route-table-id $VPC_2_RT_ID_2 \
  --destination-cidr-block 10.10.0.0/24 \
  --transit-gateway-id $TGW_ID
```

8. 사용 중인 NAT 게이트웨이의 정보를 가져와 인터넷 트래픽에 대한 경로를 추가한다.

```
NAT_GW_ID_1=$(aws ec2 describe-nat-gateways \
  --filter "Name=subnet-id,Values=$VPC_2_PUBLIC_SUBNET_ID_1" \
  --output text --query NatGateways[*].NatGatewayId)

NAT_GW_ID_2=$(aws ec2 describe-nat-gateways \
  --filter "Name=subnet-id,Values=$VPC_2_PUBLIC_SUBNET_ID_2" \
  --output text --query NatGateways[*].NatGatewayId)
```

9. 인터넷 트래픽을 NAT 게이트웨이로 보내고자 VPC2의 서브넷에 대한 경로를 추가한다.

```
aws ec2 create-route --route-table-id $VPC_2_ATTACH_RT_ID_1 \
  --destination-cidr-block 0.0.0.0/0 \
  --nat-gateway-id $NAT_GW_ID_1
```

60　https://oreil.ly/AVrM7

```
aws ec2 create-route --route-table-id $VPC_2_ATTACH_RT_ID_2 \
  --destination-cidr-block 0.0.0.0/0 \
  --nat-gateway-id $NAT_GW_ID_2
```

10. VPC2의 퍼블릭 서브넷과 연결된 라우팅 테이블에 고정 경로를 추가한다. 이제 TGW로 다시 통신할 수 있어 연결한 모든 VPC와 NAT 게이트웨이를 공유할 수 있다.

    ```
    aws ec2 create-route --route-table-id $VPC_2_PUBLIC_RT_ID_1 \
      --destination-cidr-block 10.10.0.0/24 \
      --transit-gateway-id $TGW_ID

    aws ec2 create-route --route-table-id $VPC_2_PUBLIC_RT_ID_2 \
      --destination-cidr-block 10.10.0.0/24 \
      --transit-gateway-id $TGW_ID
    ```

11. VPC2의 프라이빗 서브넷에 대한 정적 경로를 추가해 VPC2 프라이빗 서브넷에서 TGW로 다시 통신할 수 있도록 한다.

    ```
    aws ec2 create-route --route-table-id $VPC_2_RT_ID_1 \
      --destination-cidr-block 10.10.0.0/24 \
      --transit-gateway-id $TGW_ID

    aws ec2 create-route --route-table-id $VPC_2_RT_ID_2 \
      --destination-cidr-block 10.10.0.0/24 \
      --transit-gateway-id $TGW_ID
    ```

12. TGW 라우팅 테이블의 ID를 가져온다.

    ```
    TRAN_GW_RT=$(aws ec2 describe-transit-gateways \
      --transit-gateway-ids $TGW_ID --output text \
      --query TransitGateways[0].Options.AssociationDefaultRouteTableId)
    ```

13. 이 경로를 통해 모든 인터넷 트래픽을 보내도록 VPC2(NAT 게이트웨이 포함)에 대한 트랜짓 게이트웨이의 라우팅 테이블에 고정 경로를 추가한다.

    ```
    aws ec2 create-transit-gateway-route \
      --destination-cidr-block 0.0.0.0/0 \
    ```

```
            --transit-gateway-route-table-id $TRAN_GW_RT \
            --transit-gateway-attachment-id $TGW_ATTACH_2
```

유효성 검사. EC2 인스턴스 1이 SSM에 등록됐는지 확인한다.

```
aws ssm describe-instance-information \
  --filters Key=ResourceType,Values=EC2Instance \
  --query "InstanceInformationList[].InstanceId" --output text
```

SSM Session Manager를 사용해 EC2 인스턴스에 연결한다.

```
aws ssm start-session --target $INSTANCE_ID_1
```

인터넷 액세스를 테스트한다.

```
ping -c 4 aws.amazon.com
```

다음과 유사한 출력을 확인할 수 있다.

```
PING dr49lng3n1n2s.cloudfront.net (99.86.187.73) 56(84) bytes of data.
64 bytes from server-99-86-187-73.iad79.r.cloudfront.net (99.86.187.73): icmp_seq=1 ttl=238 time=3.44 ms
64 bytes from server-99-86-187-73.iad79.r.cloudfront.net (99.86.187.73): icmp_seq=2 ttl=238 time=1.41 ms
64 bytes from server-99-86-187-73.iad79.r.cloudfront.net (99.86.187.73): icmp_seq=3 ttl=238 time=1.43 ms
64 bytes from server-99-86-187-73.iad79.r.cloudfront.net (99.86.187.73): icmp_seq=4 ttl=238 time=1.44 ms

--- dr49lng3n1n2s.cloudfront.net ping statistics ---
4 packets transmitted, 4 received, 0% packet loss, time 3004ms
rtt min/avg/max/mdev = 1.411/1.934/3.449/0.875 ms
sh-4.2$
```

Session Manager 세션을 종료한다.

```
exit
```

도전 과제 1

라우팅 테이블을 수정해 VPC2의 NAT 게이트웨이를 통해 인터넷에 액세스할 수 있는 VPC를 제한할 수 있다. VPC3에 대한 0.0.0.0/0 대상 대신 10.10.0.0/24라는 보다 구체적인 경로를 추가해 외부 인터넷 트래픽 공유를 구성할 수 있다.

도전 과제 2

VPC1과 VPC3이 통신하는 것을 막을 수 있다. 새로운 트랜짓 게이트웨이 라우팅 테이블을 추가하고 연결을 수정한다.

도전 과제 3

10.10.0.0/24 슈퍼넷 내에 서브넷 크기가 각각 /26인 3개의 VPC를 배포했다. 추가적으로 /26 크기를 가진 서브넷을 만들 수 있다. /26 CIDR을 가진 서브넷과 라우팅 테이블을 포함한 VPC를 추가하고 트랜짓 게이트웨이에 연결한다.

정리

코드 저장소의 정리 단계를 참고한다.[61]

참고

TGW^{Transit Gateway}[62]를 사용하면 AWS에서 빠르게 허브 앤 스포크^{hub and spoke} 네트워크 토폴로지^{topology}를 구현할 수 있다. 이전에는 비슷한 결과를 얻으려면 다수의 피어링 연결을 사용하거나 전송 VPC 아키텍처[63]를 구성하려면 타사 소프트웨어를 사용했어야 했다. 트랜짓 게이트웨이는 또한 트랜짓 게이트웨이의 교차 리전 피어링[64] 및 리소스 액세스 관리자^{RAM, Resource Access Manager}[65]를 통한 교차 계정 공유를 지원한다.

---

61 https://github.com/AWSCookbook/Security
62 https://oreil.ly/VKW2V
63 https://oreil.ly/LUxlm
64 https://oreil.ly/kD1pl
65 https://oreil.ly/qovsS

VPC를 전송 게이트웨이에 연결할 때 탄력성을 위해 각 AZ에 배포된 서브넷을 사용했다. 또한 VPC 연결을 위해 전용 '연결^{attachment}' 서브넷을 사용했다. VPC 내의 모든 서브넷에 전송 게이트웨이를 연결할 수 있다. 이러한 연결을 위해 전용 서브넷을 사용하면 TGW로 라우팅하고자 선택한 서브넷을 세부적으로 정의할 수 있는 유연성을 얻을 수 있다. 즉 프라이빗 서브넷을 연결한 경우 항상 TGW에 대한 경로를 유지할 수 있다. 이는 사용 사례에 따라 의도하지 않았을 수 있다. 2장의 레시피에서 NAT 게이트웨이와 인터넷 게이트웨이의 공유를 활성화한 전송 게이트웨이로 모든 트래픽을 보내도록 프라이빗 서브넷에 대한 경로를 구성했다. 따라서 여러 NAT 게이트웨이(예: 각 VPC에 하나씩)를 배포해야 하는 것보다 비용을 절감할 수 있다.

트랜짓 게이트웨이를 모든 AWS 네트워크 트래픽의 허브로 지정해 온프레미스 네트워크 또는 가상 네트워크를 직접 연결할 수 있다.[66] IPsec VPN, Direct Connect(DX), 타사 네트워크 어플라이언스를 전송 게이트웨이에 연결해 AWS 네트워크를 확장할 수 있다. 또한 VPN 연결 및/또는 Direct Connect 연결을 하나의 연결 게이트웨이에 직접 연결해 한 리전의 모든 VPC에 액세스할 수 있다. TGW는 이러한 유형의 네트워크 확장에 양방향의 동적 경로 업데이트를 위해 BGP$^{Border\ Gateway\ Protocol}$를 지원한다.

도전 과제
네 번째 VPC를 만들어 서브넷에 TGW를 연결하고, 기존 NAT 게이트웨이를 사용해 인터넷에 연결하도록 구성한다.

2.11 VPC 간 네트워크 통신을 위한 VPC 피어링 적용

문제 설명
서로 다른 VPC에 있는 2개의 인스턴스를 간단하고 비용 효율적인 방식으로 통신하는 방법을 구성해야 한다.

---

[66] https://oreil.ly/13s7R

해결 방법

두 VPC 간의 피어링 연결을 요청하고 연결을 수락한다. 각 VPC 서브넷에 대한 라우팅 테이블을 업데이트하고, 한 인스턴스에서 다른 인스턴스로의 연결을 테스트한다(그림 2-15 참고).

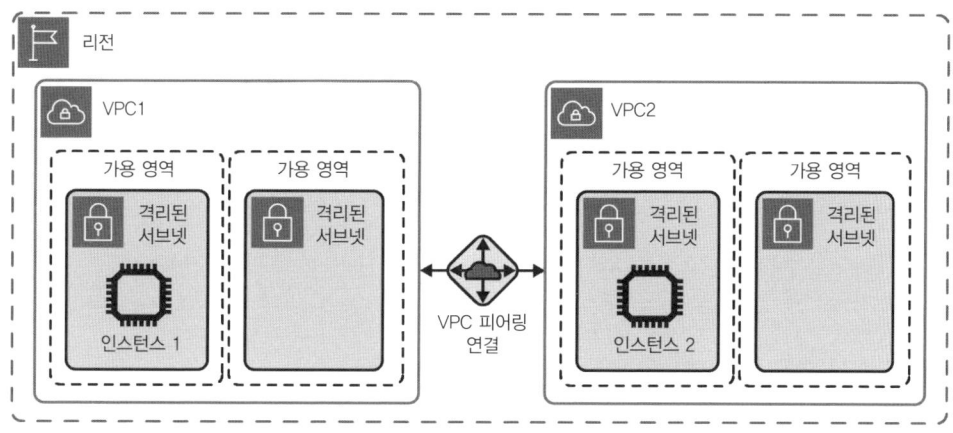

그림 2-15. VPC 피어링된 인스턴스 간의 통신

준비 사항

- 각각 2개의 AZ에 배포된 격리된 서브넷과 라우팅 테이블
- 각 VPC에서 테스트를 위해 액세스할 수 있는 EC2 인스턴스

준비 단계

코드 저장소의 준비 단계를 실행한다.[67]

작업 방법

1. VPC1을 VPC2에 연결하는 VPC 피어링 연결을 생성한다.

```
VPC_PEERING_CONNECTION_ID=$(aws ec2 create-vpc-peering-connection \
  --vpc-id $VPC_ID_1 --peer-vpc-id $VPC_ID_2 --output text \
```

---

[67] https://github.com/AWSCookbook/Networking/tree/main/211-Peering-VPCs

```
--query VpcPeeringConnection.VpcPeeringConnectionId)
```

2. 피어링 연결을 수락한다.

```
aws ec2 accept-vpc-peering-connection \
  --vpc-peering-connection-id $VPC_PEERING_CONNECTION_ID
```

 한 AWS 계정에서 다른 AWS 계정으로 VPC 피어링 연결을 설정할 수 있다. AWS 계정 간에 VPC를 피어링하기로 선택한 경우 각 계정 내에서 피어링 연결을 생성하고 수락하려면 다음 IAM 구성[68]을 참고한다.

3. 각 서브넷과 연결된 라우팅 테이블에 피어링된 VPC의 CIDR 범위로 향하는 트래픽을 VPC_PEERING_CONNECTION_ID로 보내는 경로를 추가한다.

```
aws ec2 create-route --route-table-id $VPC_SUBNET_RT_ID_1 \
  --destination-cidr-block $VPC_CIDR_2 \
  --vpc-peering-connection-id $VPC_PEERING_CONNECTION_ID

aws ec2 create-route --route-table-id $VPC_SUBNET_RT_ID_2 \
  --destination-cidr-block $VPC_CIDR_1 \
  --vpc-peering-connection-id $VPC_PEERING_CONNECTION_ID
```

4. 인스턴스 1의 보안 그룹의 ICMPv4 액세스를 허용하는 수신 규칙을 인스턴스 2의 보안 그룹에 추가한다.

```
aws ec2 authorize-security-group-ingress \
  --protocol icmp --port -1 \
  --source-group $INSTANCE_SG_1 \
  --group-id $INSTANCE_SG_2
```

유효성 검사. 인스턴스 2의 IP를 확인한다.

```
aws ec2 describe-instances --instance-ids $INSTANCE_ID_2\
  --output text \
  --query Reservations[0].Instances[0].PrivateIpAddress
```

---

68 https://oreil.ly/pWmDE

EC2 인스턴스 1이 SSM에 등록됐는지 확인한다.

```
aws ssm describe-instance-information \
  --filters Key=ResourceType,Values=EC2Instance \
  --query "InstanceInformationList[].InstanceId" --output text
```

SSM Session Manager를 사용해 EC2 인스턴스에 연결한다.

```
aws ssm start-session --target $INSTANCE_ID_1
```

인스턴스 1에서 인스턴스 2에 대한 연결을 확인한다.

```
ping -c 4 <INSTANCE_IP_2>

Output:
PING 10.20.0.242 (10.20.0.242) 56(84) bytes of data.
64 bytes from 10.20.0.242: icmp_seq=1 ttl=255 time=0.232 ms
64 bytes from 10.20.0.242: icmp_seq=2 ttl=255 time=0.300 ms
64 bytes from 10.20.0.242: icmp_seq=3 ttl=255 time=0.186 ms
64 bytes from 10.20.0.242: icmp_seq=4 ttl=255 time=0.183 ms

--- 10.20.0.242 ping statistics ---
4 packets transmitted, 4 received, 0% packet loss, time 3059ms
rtt min/avg/max/mdev = 0.183/0.225/0.300/0.048 ms
```

Session Manager 세션을 종료한다.

```
exit
```

VPC 콘솔에서 보안 그룹 ID를 검색해 다른 보안 그룹을 참고하는 모든 보안 그룹을 확인할 수 있다. 다른 방법으로 aws ec2 describe-security-group-references CLI 명령[69]을 실행해 확인할 수도 있다. 이를 통해 어떤 보안 그룹이 다른 보안 그룹을 참고하는지에 대한 인사이트를 얻을 수 있다. 다른 AWS 계정의 같은 리전[70]의 피어링된 VPC에서 보안 그룹을 참고할 수 있다.

---

69 https://oreil.ly/BRCsd
70 https://oreil.ly/BxlDv

정리

코드 저장소의 정리 단계를 참고한다.[71]

참고

VPC 피어링 연결은 전이되지 않는다^{nontransitive}. 서로 다른 VPC 간의 통신을 위해서는 모든 VPC와 피어링을 설정해야 한다. 2장의 레시피에서 구현한 네트워크 연결은 각 스포크 VPC가 연결을 공유하지 않고 공유 서비스를 호스팅하는 VPC에만 연결해야 할 때 이상적이다.[72]

피어링 연결을 수락한 뒤, 피어링된 VPC의 CIDR로 향하는 트래픽을 피어링 연결^{PCX,} $_{Peering Connection}$로 보내도록 VPC 서브넷과 연결된 라우팅 테이블을 구성해야 한다. 즉 VPC1이 VPC2와 통신할 수 있으려면 목적지 경로가 VPC1에 있어야 하고 반환 경로도 VPC2에 있어야 한다.

세 번째 VPC를 추가해 모든 VPC가 서로 통신할 수 있게 설정하려면 세 번째 VPC를 이전 두 VPC와 피어링하고 모든 VPC 라우팅 테이블을 업데이트해야 한다. 이와 같은 네트워크 아키텍처는 더 많은 VPC를 계속 추가함에 따라 피어링 연결 및 라우팅 테이블을 업데이트해야 한다. 그러므로 이와 같은 전이적 VPC 통신에는 트랜짓 게이트웨이 아키텍처를 사용한다.

다른 계정에도 VPC 피어링을 사용할 수 있으며 단일 VPC 내에서 보안 그룹을 참고하는 것과 유사한 방식으로 피어링된 VPC[73]의 보안 그룹을 참고할 수 있다. 이를 통해 VPC 피어링[74]을 사용할 때 AWS 환경에서 보안 그룹을 관리하는 방법과 동일한 유형의 전략을 사용할 수 있다.

---

71 https://github.com/AWSCookbook/Networking/tree/main/211-Peering-VPCs#clean-up
72 https://oreil.ly/0sJeK
73 https://oreil.ly/53awx
74 https://oreil.ly/ce4M8

 VPC를 연결할 때 정상적인 라우팅을 동작을 위해 CIDR 범위[75]를 겹치지 않게 설정해야 한다. VPC 라우팅 테이블은 피어링된 VPC로 향하는 트래픽을 피어링 연결로 전달하는 특정 경로를 포함해야 한다.

도전 과제

VPC 피어링 연결은 여러 AWS 리전에 걸쳐 설정[76]할 수 있다. 다른 리전의 VPC를 레시피에서 사용한 VPC에 연결한다.

---

[75] https://oreil.ly/3j1KN
[76] https://oreil.ly/PAKmf

# 3장
스토리지

3.0 들어가며

여러 분야의 산업에서 데이터 수요가 증가하고 있다. 기업들은 데이터를 저장하고자 끝없이 확장할 수 있으며 다양한 옵션을 제공하는 클라우드 데이터 스토리지 기술에 많은 관심을 두고 있다. 많은 클라우드 스토리지 제품이 나왔지만 출시된 지 15년이 넘는[1] Amazon S3는 여전히 강력하면서 많은 기능을 제공한다. S3는 개발자와 아키텍트가 필요로 하는 데이터의 보안과 가용성을 충족하는 동시에 비용(예: S3 Intelligent-Tiering)을 줄일 수 있는 여러 가지 옵션을 제공한다.

AWS의 스토리지 서비스를 다른 AWS 서비스와 통합해 애플리케이션에서 여러 가지 기능을 제공할 수 있다. 이러한 서비스를 사용해 레거시 온프레미스 스토리지 시스템을[2] 교체할 수도 있다.

- S3를 사용해 객체를 업로드할 때 람다 함수를 자동으로 호출할 수 있다.
- EFS를 사용해 NFS^{Network File System} 서버를 사용하는 기존 공유 파일 시스템을 대체할 수 있다.
- FSx for Windows[3]를 사용해 EC2 워크로드용 윈도우^{Windows} 기반 파일 서버를

---

[1] https://oreil.ly/nflGt
[2] https://oreil.ly/qSEnc
[3] https://aws.amazon.com/fsx/windows

대체할 수 있다.

- EBS는 블록 장치를 통해 파이버 채널 및 iSCSI[Internet Small Computer Systems Interface]를 대체할 수 있으며 성능 요구 사항을 충족하고자 여러 가지 처리량[throughput] 옵션을 제공한다.

3장에서는 비용과 운영 오버헤드를 최소화하면서 지능적이고 확장할 수 있으며 안전한 시스템을 구축할 수 있도록 여러 가지 서비스를 사용하는 레시피를 살펴본다.

설정

28페이지의 'CLI 설정' 단계에 따라 구성을 확인하고 필요한 환경 변수를 설정한 뒤 3장에 해당하는 저장소의 코드를 복제한다.

```
git clone https://github.com/AWSCookbook/Storage
```

3.1 S3 수명 주기 정책을 사용한 스토리지 비용 절감

문제 설명

자주 사용하지 않는 객체를 운영 오버헤드를 추가하지 않고 비용 효율적인 스토리지 계층으로 전환하고자 한다.

해결 방법

30일 이후에 S3 IA[Infrequent Access] 스토리지 클래스로 전환하는 S3 수명 주기 정책[life cycle rule]을 생성하고 S3 버킷에 적용한다(그림 3-1 참고).

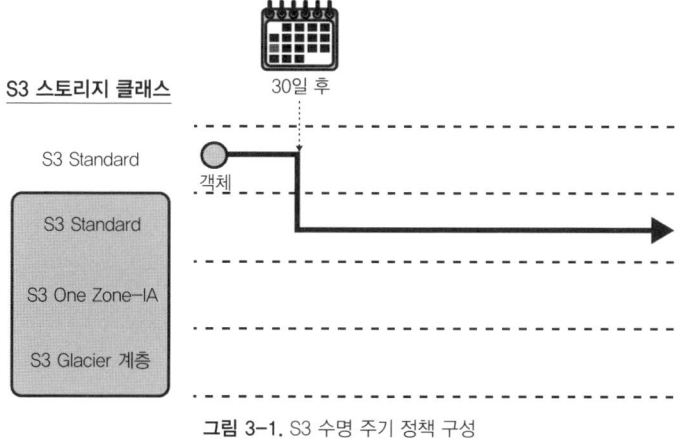

그림 3-1. S3 수명 주기 정책 구성

준비 사항

- S3 버킷

준비 단계

코드 저장소의 준비 단계를 실행한다.[4]

작업 방법

1. 저장소의 lifecycle-rule.json 파일을 참고해 S3 버킷에 적용할 수명 주기 정책을 생성한다.

    ```
    {
      "Rules": [
        {
          "ID": "Move all objects to Infrequent Access",
          "Prefix": "",
          "Status": "Enabled",
          "Transitions": [
            {
    ```

---

4 https://github.com/AWSCookbook/Storage/tree/main/301-Using-S3-Lifecycle-Policies-to-Reduce-Storage-Costs

```
                "Date": "2015-11-10T00:00:00.000Z",
                "Days": 30,
                "StorageClass": "INFREQUENTLY_ACCESSED"
            }
        ]
    }
]
}
```

2. 수명 주기 규칙을 버킷에 적용한다.

   ```
   aws s3api put-bucket-lifecycle-configuration \
     --bucket awscookbook301-$RANDOM_STRING \
     --lifecycle-configuration file://lifecycle-rule.json
   ```

 수명 주기 규칙을 사용해 버킷 내의 일부 또는 모든 객체를 다른 스토리지 클래스로의 전환을 자동화할 수 있다(접두사, 태그, 객체 이름을 수명 주기 규칙의 필터로 사용할 수 있다). 수명 주기 규칙 기능의 전체 목록은 제공 문서[5]를 참고한다.

유효성 검사. 버킷의 수명 주기 구성을 확인한다.

```
aws s3api get-bucket-lifecycle-configuration \
  --bucket awscookbook301-$RANDOM_STRING
```

(선택 사항) 버킷에 객체를 복사한다.

```
aws s3 cp book_cover.png s3://awscookbook301-$RANDOM_STRING
```

객체의 스토리지 클래스를 확인한다.

```
aws s3api list-objects-v2 --bucket awscookbook301-$RANDOM_STRING
```

다음과 유사한 출력을 확인할 수 있다.

---

5   https://oreil.ly/2sUzK

```
{
  "Contents": [
    {
      "Key": "book_cover.png",
      "LastModified": "2021-06-16T02:30:06+00:00",
      "ETag": "\"d...9\"",
      "Size": 255549,
      "StorageClass": "STANDARD"
    }
  ]
}
```

30일 후에 개체의 스토리지 클래스가 STANDARD_IA로 변경된 것을 확인할 수 있다.

스토리지 클래스가 STANDARD_IA인 경우 'Days'의 값은 30 이상이어야 한다. 다른 스토리지 계층에서는 더 짧은 전환 시간을 사용할 수 있다. 각 스토리지 클래스에 대한 수명 주기 규칙의 전환 시간은 제공 문서[6]에서 확인할 수 있다.

정리

코드 저장소의 정리 단계를 참고한다.[7]

참고

S3 버킷에 객체를 업로드할 때 스토리지 클래스를 지정하지 않으면 기본 표준 스토리지 클래스를 사용한다. Amazon S3는 성능 및 복원력 요구 사항을 충족하면서 장기 스토리지에 비용 효율적인 스토리지 클래스를 제공한다. 애플리케이션이 객체를 업로드할 때 스토리지 계층을 지정할 수 없다면 수명 주기 규칙을 통해 원하는 스토리지 클래스로의 전환을 자동화할 수 있다. 수명 주기 규칙의 필터를 사용해 버킷 내의 일부 또는 모든 객체에 적용할 수 있다.

---

6 https://oreil.ly/6jPLh
7 https://github.com/AWSCookbook/Storage/tree/main/301-Using-S3-Lifecycle-Policies-to-Reduce-Storage-Costs#clean-up

S3 Infrequent Access는 자주 액세스하지 않는 개체의 데이터 비용을 절감할 수 있는 스토리지 클래스다(S3 Standard 스토리지 클래스[8] 대비). 적은 비용으로 리전 내 데이터에 대한 동일한 수준의 중복성을 제공하지만 객체를 액세스할 때 약간 더 높은 비용을 낸다. 데이터 액세스 패턴을 예측할 수 없지만 S3 스토리지의 비용, 성능, 복원력을 최적화하려는 경우 다음 레시피에서 다루는 S3 Intelligent-Tiering을 검토한다.

도전 과제 1
객체 수준 태그를 기반으로 해당 객체에만 적용할 수 있도록 수명 주기 규칙을 구성해 본다.

도전 과제 2
객체를 Deep Archive로 전환하도록 수명 주기 규칙을 구성해 본다.

3.2 S3 Intelligent-Tiering 아카이브 정책을 사용한 S3 객체 자동 아카이브

문제 설명
자주 액세스하지 않는 객체를 성능 저하 없이 운영 오버헤드를 추가하지 않고 다른 아카이브archive 스토리지 클래스로 자동 전환하고자 한다.

해결 방법
90일 이상 된 객체에 대한 액세스 패턴을 기반으로 객체를 S3 Glacier 아카이브로 자동화하는 정책을 생성한 뒤 버킷에 적용한다(그림 3-2 참고).

---

8   https://oreil.ly/ZDWtF

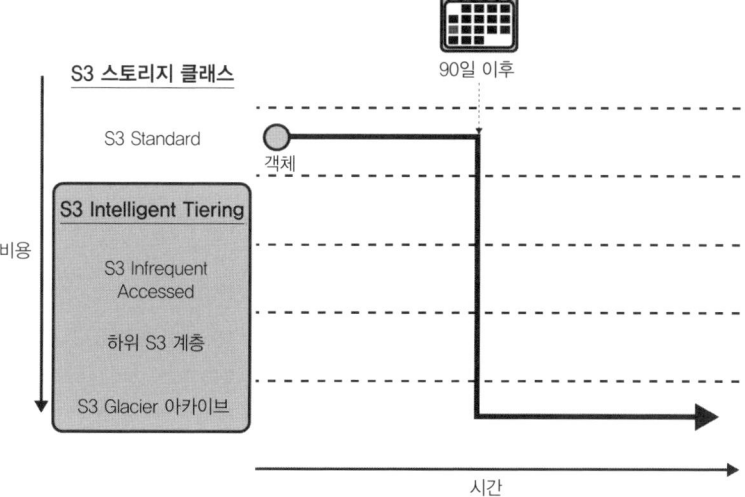

그림 3-2. S3 Intelligent-Tiering 아카이브

준비 사항

- S3 버킷

준비 단계

코드 저장소의 준비 단계를 실행한다.[9]

작업 방법

1. 저장소의 파일을 참고해 tiering.json이라는 파일을 생성한다.

    ```
    {
      "Id": "awscookbook302",
      "Status": "Enabled",
      "Tierings": [
        {
          "Days": 90,
    ```

---

9 https://github.com/AWSCookbook/Storage/tree/main/302-Using-S3-Intelligent-Tiering

```
      "AccessTier": "ARCHIVE_ACCESS"
    }
  ]
}
```

2. Intelligent-Tiering 구성을 적용한다.

```
aws s3api put-bucket-intelligent-tiering-configuration \
  --bucket awscookbook302-$RANDOM_STRING \
  --id awscookbook302 \
  --intelligent-tiering-configuration "$(cat tiering.json)"
```

 S3 Glacier 아카이브 스토리지 계층을 사용하면 객체 검색 시간이 증가한다. S3 Glacier 아카이브에서 지원하는 신속 검색(expedited retrieval) 메커니즘을 사용하면 검색 시간을 단축할 수 있지만 비용이 증가할 수 있다. 아카이브 시간의 전체 목록과 긴급 액세스를 구성하는 방법은 지원 문서[10]를 참고한다.

유효성 검사. 버킷의 Intelligent-Tiering 구성을 확인한다.

```
aws s3api get-bucket-intelligent-tiering-configuration \
  --bucket awscookbook302-$RANDOM_STRING \
  --id awscookbook302
```

버킷에 객체를 복사한다.

```
aws s3 cp ./book_cover.png s3://awscookbook302-$RANDOM_STRING
```

객체의 스토리지 클래스를 확인한다.

```
aws s3api list-objects-v2 --bucket awscookbook302-$RANDOM_STRING
```

---

10 https://oreil.ly/tru0v

정리

코드 저장소의 정리 단계를 참고한다.[11]

참고

S3 Intelligent-Tiering 아카이브는 자주 액세스하지 않는 객체를 S3 Glacier 아카이브로 전환하는 자동 메커니즘을 제공하며 객체가 아카이브로 전환하는 시간을 정의할 수 있다(90일에서 730일 사이). 이 기능을 사용하면 규정 준수를 위해 필요한 장기 보존 요구 사항을 충족할 수 있다. S3 Intelligent-Tiering 내에서 사용할 수 있는 스토리지 계층은 다음과 같이 S3 계층에 직접 매핑mapping된다.

Frequent Access

    자주 접근하는 객체에 최적화(S3 Standard)

Infrequent Access

    드물게 액세스하는 객체에 최적화(S3 Standard-IA)

Archive Access

    아카이브 목적(S3 Glacier)

Deep Archive Access

    장기 보존 목적(S3 Glacier Deep Archive)

아카이브 구성은 버킷에 적용되며 객체에 적용되는 기본 S3 Intelligent-Tiering 계층 구성과 별개다. 이전 레시피에서는 S3 Intelligent-Tiering 스토리지 계층으로 전환하도록 버킷 내의 모든 객체를 구성하는 수명 주기 규칙을 구성했다. 3장의 레시피를 통해 객체를 S3 아카이브 계층으로 전환하기 위한 구성을 추가할 수 있다. 두 방법 중 하나만 사용하거나 둘 다 동시에 사용할 수 있다.

---

11   https://github.com/AWSCookbook/Storage/tree/main/302-Using-S3-Intelligent-Tiering#clean-up

 S3 계층은 객체별로 적용되며 Intelligent-Tiering 아카이브는 버킷별로 적용된다. 특정 접두사, 개체 태그, 개체 이름만 필터링해 아카이브 구성을 적용할 수 있다. 자세한 내용은 제공 문서[12]를 참고한다.

도전 과제 1

1년 이상 된 객체를 Glacier Deep Archive 계층으로 보내도록 Intelligent-Tiering 아카이브를 구성한다.

도전 과제 2

객체 수준 태그를 사용해 Intelligent-Tiering 아카이브를 구성한다.

3.3 복구 시점 목표 달성을 위한 S3 버킷 복제 구성

문제 설명

데이터 보안 정책에 따라 동일한 리전 내에서 객체를 복제해 15분의 복구 시점 목표(RPO, Recovery Point Objective)를 달성해야 한다.

해결 방법

소스 및 대상 S3 버킷을 생성하고 버전 관리를 활성화한다. 그런 다음 IAM 역할을 생성해 S3가 원본에서 대상 버킷으로 객체를 복사하도록 허용하는 IAM 정책을 연결한다. 마지막으로, IAM 역할을 참고하는 S3 복제 정책을 생성하고 해당 정책을 소스 버킷에 적용한다(그림 3-3 참고).

---

12 https://oreil.ly/WlpqW

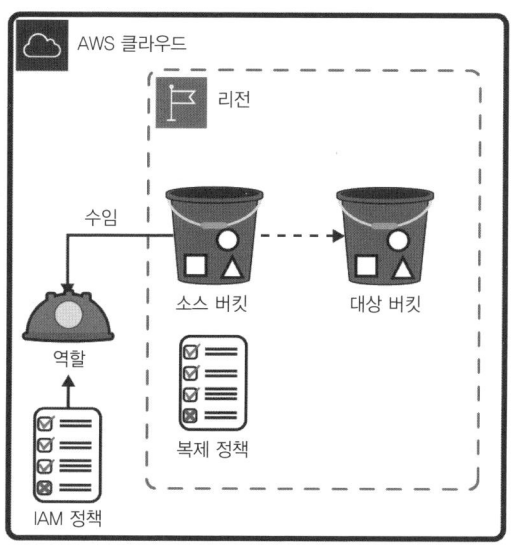

그림 3-3. S3 버킷 복제

준비 사항

- 버전 관리를 활성화한 소스 S3 버킷

준비 단계

코드 저장소의 준비 단계를 실행한다.[13]

작업 방법

1. 대상으로 사용할 S3 버킷을 생성한다.

    ```
    aws s3api create-bucket --bucket awscookbook303-dst-$RANDOM_STRING
    ```

2. 대상 S3 버킷에 버전 관리를 활성화한다.

    ```
    aws s3api put-bucket-versioning \
      --bucket awscookbook303-dst-$RANDOM_STRING \
    ```

---

13 https://github.com/AWSCookbook/Storage/tree/main/303-Replicating-S3-Buckets-to-Meet-Recovery-Point-Objectives

```
--versioning-configuration Status=Enabled
```

3. 저장소 파일을 참고해 다음 내용을 포함한 s3-assume-role-policy.json 파일을 생성한다.

    ```
    {
      "Version": "2012-10-17",
      "Statement": [
        {
          "Effect": "Allow",
          "Principal": {
            "Service": "s3.amazonaws.com"
          },
          "Action": "sts:AssumeRole"
        }
      ]
    }
    ```

4. assume-role-policy.json을 사용해 IAM 역할을 생성한다.

    ```
    ROLE_ARN=$(aws iam create-role --role-name AWSCookbook303S3Role \
      --assume-role-policy-document file://s3-assume-role-policy.json \
      --output text --query Role.Arn)
    ```

5. S3 복제 시 소스 및 대상 버킷에 액세스할 수 있도록 저장소 파일을 참고해 s3-perms-policy-template.json 파일을 생성한다.

    ```
    {
      "Version":"2012-10-17",
      "Statement":[
        {
          "Effect":"Allow",
          "Action":[
            "s3:GetObjectVersionForReplication",
            "s3:GetObjectVersionAcl",
            "s3:GetObjectVersionTagging"
          ],
          "Resource":[
            "arn:aws:s3:::SRCBUCKET/*"
    ```

```
        ]
      }, {
        "Effect":"Allow",
        "Action":[
          "s3:ListBucket",
          "s3:GetReplicationConfiguration"
        ], "Resource":[
          "arn:aws:s3:::SRCBUCKET"
        ]
      }, {
        "Effect":"Allow",
        "Action":[
          "s3:ReplicateObject",
          "s3:ReplicateDelete",
          "s3:ReplicateTags",
          "s3:GetObjectVersionTagging"
        ],
        "Resource":"arn:aws:s3:::DSTBUCKET/*"
      }
    ]
  }
```

6. 방금 생성한 파일의 DSTBUCKET 및 SRCBUCKET 값을 바꾸고 s3-perms-policy.json로 저장한다.

```
sed -e "s/DSTBUCKET/awscookbook303-dst-${RANDOM_STRING}/g" \
  -e "s|SRCBUCKET|awscookbook303-src-${RANDOM_STRING}|g" \
  s3-perms-policy-template.json > s3-perms-policy.json
```

7. 방금 생성한 역할에 정책을 연결한다.

```
aws iam put-role-policy \
  --role-name AWSCookbook303S3Role \
  --policy-document file://s3-perms-policy.json \
  --policy-name S3ReplicationPolicy
```

8. 다음 내용을 포함한 s3-replication-template.json 파일을 생성해 대상 버킷에 대한 복제 시간을 15분으로 구성한다.

```json
{
  "Rules": [
    {
      "Status": "Enabled",
      "Filter": {
        "Prefix": ""
      },
      "Destination": {
        "Bucket": "arn:aws:s3:::DSTBUCKET",
        "Metrics": {
          "Status": "Enabled",
          "EventThreshold": {
            "Minutes": 15
          }
        },
        "ReplicationTime": {
          "Status": "Enabled",
          "Time": {
            "Minutes": 15
          }
        }
      },
      "DeleteMarkerReplication": {
        "Status": "Disabled"
      }, "Priority": 1
    }
  ],
  "Role": "ROLEARN"
}
```

9. 방금 생성한 파일의 DSTBUCKET 및 ROLEARN 값을 바꾸고 s3-replication. json으로 저장한다.

```
sed -e "s|ROLEARN|${ROLE_ARN}|g" \
  -e "s|DSTBUCKET|awscookbook303-dst-${RANDOM_STRING}|g" \
  s3-replication-template.json > s3-replication.json
```

10. 소스 S3 버킷에 대한 복제 정책을 구성한다.

```
aws s3api put-bucket-replication \
  --replication-configuration file://s3-replication.json \
  --bucket awscookbook303-src-${RANDOM_STRING}
```

유효성 검사. 소스 버킷의 복제 구성을 확인한다.

```
aws s3api get-bucket-replication \
  --bucket awscookbook303-src-${RANDOM_STRING}
```

원본 버킷에 객체를 복사한다.

```
aws s3 cp ./book_cover.png s3://awscookbook303-src-$RANDOM_STRING
```

소스 버킷에 업로드한 파일의 복제 상태를 확인한다.

```
aws s3api head-object --bucket awscookbook303-src-${RANDOM_STRING} \
  --key book_cover.png
```

다음과 유사한 출력을 확인할 수 있다.

```
{
  "AcceptRanges": "bytes",
  "LastModified": "2021-06-20T00:17:25+00:00",
  "ContentLength": 255549,
  "ETag": "\"d<>d\"",
  "VersionId": "I<>X",
  "ContentType": "image/png",
  "Metadata": {},
  "ReplicationStatus": "PENDING"
}
```

15분 후 복제 상태를 가져와 ReplicationStatus가 COMPLETED로 변경됐는지 확인한다.

```
{
  "AcceptRanges":"bytes",
  "ContentType":"image/png",
  "LastModified":"2021-06-20T00:17:41+00:00",
```

```
    "ContentLength":255549,
    "ReplicationStatus":"COMPLETED",
    "VersionId":"I<>X",
    "ETag":\"d<>d\"",
    "Metadata":{}
}
```

 AWS 콘솔에서 복제 지표[14]를 확인할 수 있다.

정리

코드 저장소의 정리 단계를 참고한다.[15]

참고

AWS를 사용하는 엔지니어, 개발자 또는 아키텍트라면 높은 확률로 S3를 사용하게 된다. 애플리케이션의 요구 사항을 충족고자 S3에서 복제를 구현해야 하는 일이 발생한다. S3는 같은 리전 복제[SRR, Same-Region Replication]와 크로스 리전 복제[CRR, Cross-Region Replication]라는 두 가지 유형의 복제를 제공한다. 복제 시간은 S3 복제 시간 제어[S3 RTC]의 매개 변수 중 하나이며 서비스 수준 계약[SLA, Service Level Agreement][16]에 따르면 15분이라는 복구 시점 목표를 지원한다.

SRR은 IAM 역할, 소스 및 대상 버킷, 역할 및 버킷을 참고하는 복제 구성을 사용한다. 이 레시피에서 SRR을 사용해 단방향 복제를 구성했다. 다양한 유형의 사용 사례에 SRR을 사용할 수 있다.

- 인덱싱을 위한 중앙 버킷에 로그 집계

---

14 https://oreil.ly/jlcu1
15 https://github.com/AWSCookbook/Storage/tree/main/303-Replicating-S3-Buckets-to-Meet-Recovery-Point-Objectives#clean-up
16 https://aws.amazon.com/s3/sla-rtc

- 프로덕션 환경과 테스트 환경 간의 데이터 복제

- 객체 메타데이터를 유지하면서 데이터 중복성 유지

- 데이터 주권 및 규정 준수 요구 사항에 대한 이중화 설계

- 백업 및 보관 목적

CRR도 유사한 IAM 역할, 소스 및 대상 버킷, 역할 및 버킷을 참고하는 복제 구성을 사용하며 SRR에 더불어 추가적인 기능으로 구성할 수 있다.

- 지역 간 데이터 저장 및 아카이브 요구 사항 충족

- 지역적으로 더 가까운 데이터셋에 액세스해 대기 시간 감소

버전 관리를 활성화한 S3 버킷은 삭제한 객체에 대해 마커를 추가한다. SRR과 CRR 두 가지 유형의 S3 복제 모두 대상 버킷에 삭제 마커를 복제하는 기능을 지원한다. 자세한 내용은 지원 문서[17]를 참고한다.

도전 과제 1
다른 리전에서 S3 버킷을 생성하고 소스 버킷을 복제한다.

도전 과제 2
필터를 사용해 특정 경로와 접두사를 복제할 수 있다. 특정 접두사(예: protected/)의 개체만 복제할 수 있도록 필터를 적용한다.

---

17 https://oreil.ly/2slL5

3.4 Storage Lens를 사용해 S3의 스토리지 및 액세스 지표 확인

문제 설명
S3 버킷의 사용 패턴을 관찰하고자 한다.

해결 방법
그림 3-4와 같이 S3 사용에 대한 관찰 가능성observability 및 분석을 확인할 수 있는 S3 Storage Lens를 구성한다.

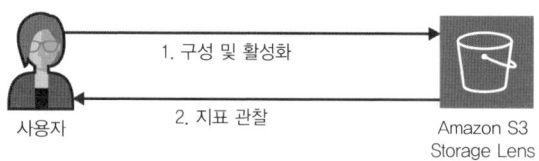

그림 3-4. S3 관찰 가능성을 위한 S3 Storage Lens 구성

준비 사항
- S3 버킷

준비 단계
코드 저장소의 준비 단계를 실행한다.[18]

작업 방법

문서[19]에 따르면 계정의 루트 사용자 자격 증명을 사용해서 Amazon S3 Storage Lens 대시보드에 접근할 수 없다.

---

18 https://github.com/AWSCookbook/Storage/tree/main/304-Observing-S3-Storage-and-Access-Metrics
19 https://oreil.ly/Je1u0

1. S3 콘솔의 왼쪽 탐색 창에서 **S3 Storage Lens**를 선택한다.

2. **대시보드 생성**을 클릭한다.

 모든 AWS 계정은 S3 Storage Lens를 통해 무료 지표를 확인할 수 있는 기본 대시보드를 제공한다. 고급 지표를 활성화하면 S3 사용에 대한 더 깊은 인사이트를 얻을 수 있으며 비용 최적화를 위한 권장 사항도 제공한다. 사용자는 기본 대시보드를 사용하거나 직접 대시보드를 만들 수 있다. 다음 단계에서는 대시보드를 직접 만드는 방법을 살펴본다.

3. 그림 3-5와 같이 대시보드의 이름을 지정한다.

그림 3-5. S3 Storage Lens 대시보드 생성

4. **대시보드 범위**에서 **리전 및 버킷 포함**(기본값)을 선택한다(그림 3-6 참고).

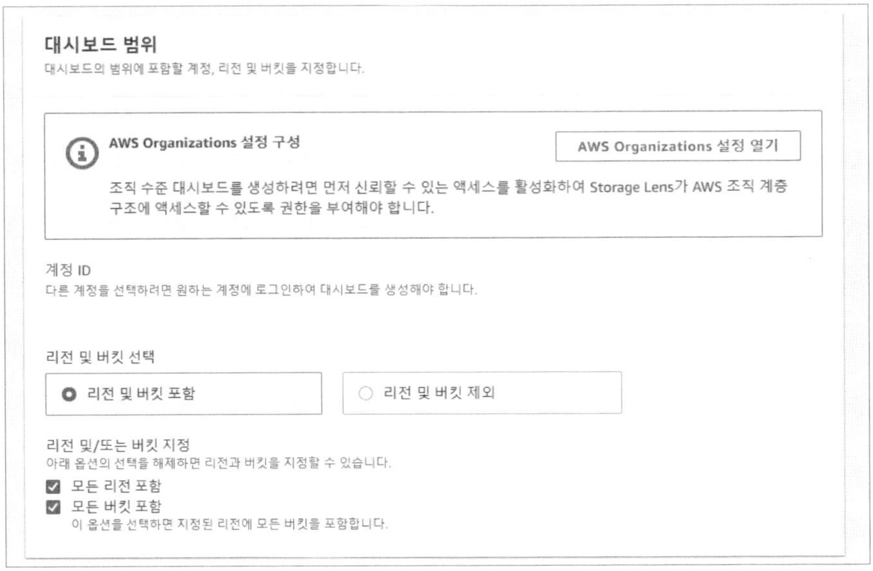

그림 3-6. 대시보드 범위

5. 그림 3-7에서 보이는 **고급 지표 및 권장 사항**을 활성화한다.

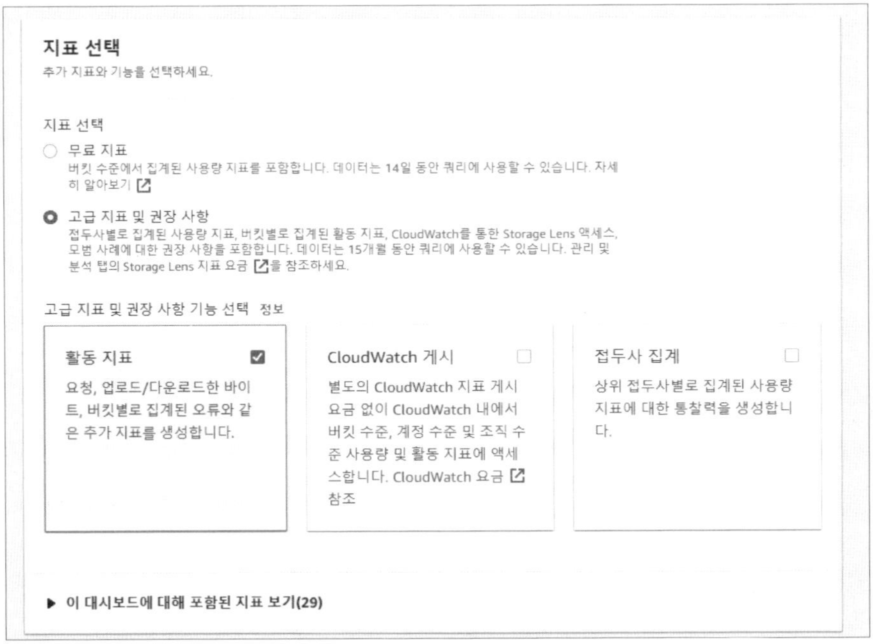

그림 3-7. 고급 지표 선택

6. 내보내기 설정에서 기본값을 선택한다.

자동 내보내기를 활성화해 지표를 주기적으로 CSV 및 Apache Parquet 형식으로 선택한 S3 버킷으로 보내 자체 보고서를 생성하고 시각화할 수 있다.

7. **대시보드 만들기**를 클릭한 다음 대시보드 선택 항목에서 대시보드를 확인한다.

고급 지표는 누적된 액세스 패턴을 사용하기 때문에 활성화까지 최대 48시간이 걸릴 수 있다. 그동안 계정의 모든 버킷에 대한 S3 사용량과 관련된 무료 지표를 기본 대시보드에서 확인할 수 있다.

유효성 검사. Storage Lens를 열고 대시보드에서 S3 사용량에 해당하는 지표를 확인한다(그림 3-8 참고).

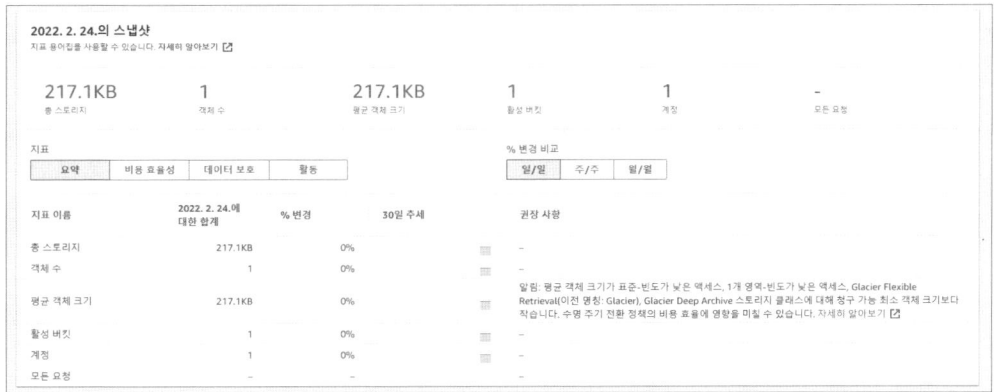

그림 3-8. S3 Storage Lens 대시보드 예제

대시보드에서 '비용 효율성' 및 '데이터 보호' 지표로 드릴 다운(drill down)할 수 있다. 데이터를 확인하고 데이터 액세스 패턴 및 가용성 요구 사항을 충족하는 스토리지 계층을 결정할 수 있다.

정리

코드 저장소의 정리 단계를 참고한다.[20]

참고

S3는 많은 고객이 오랫동안 사용해 온 최초의 AWS 서비스 중 하나다. 고객의 스토리지 사용량이 기하급수적으로 증가함에 따라 저장하는 항목을 명확하게 분석하는 기능이 필요했다. S3 Storage Lens는 AWS 계정에 대한 S3 사용량을 '볼' 수 있는 기능을 제공한다. S3 Storage Lens는 버킷 사용량 분석, 스토리지 비용 관찰, 이상 항목(예: 삭제하지 않은 멀티 파트 업로드 조각) 탐색 등 여러 가지 사용 사례를 지원한다.

Storage Lens의 시각적 대시보드를 통해 개체를 저장하는 위치를 찾을 수 있기 때문에 성능에 영향을 주지 않고 비용을 최적화하도록 조정할 수 있다. 대시보드에서 고급 지표[21]를 활성화하면 S3 버킷에 대한 더 깊은 인사이트와 비용을 절감하기 위한 권장 사항을 확인할 수 있다.

S3 Storage Lens의 지표를 사용해 사용량 및 활동을 시각화할 수 있다. 무료 지표와 사용량에 대한 권장 사항을 제공하는 고급 지표를 제공한다. 다양한 유형의 지표 및 관련 비용에 대한 자세한 내용은 지원 문서[22]를 참고하자.

도전 과제 1

Storage Lens를 사용해 지표를 관찰하고 사용량을 지속적으로 모니터링하도록 경고를 설정한다.

도전 과제 2

특정 버킷만 관찰할 수 있도록 새로운 Storage Lens를 생성한다.

---

20 https://github.com/AWSCookbook/Storage/tree/main/304-Observing-S3-Storage-and-Access-Metrics#clean-up
21 https://oreil.ly/6XLUt
22 https://oreil.ly/HQcLH

3.5 S3 액세스 포인트를 사용해 별도의 애플리케이션 액세스 구성

문제 설명

하나의 S3 버킷을 사용하는 2개의 애플리케이션이 있다. 애플리케이션 중 하나에 읽기/쓰기 액세스 권한을 부여하고 다른 애플리케이션에는 읽기 전용 액세스 권한을 부여해야 한다. 향후 세분화한 보안 요구 사항을 요구하는 애플리케이션을 보다 간편하게 추가하고자 S3 버킷 정책을 사용하는 것을 피해야 한다.

해결 방법

2개의 S3 액세스 포인트를 생성한 뒤 하나의 액세스 포인트에 S3:PutObject 및 S3:GetObject action을 부여하고 다른 액세스 포인트에는 S3:GetObject action을 부여하는 정책을 적용한다. 그 후 각 애플리케이션이 해당 액세스 포인트 DNS 이름을 사용하도록 애플리케이션을 구성한다(그림 3-9 참고).

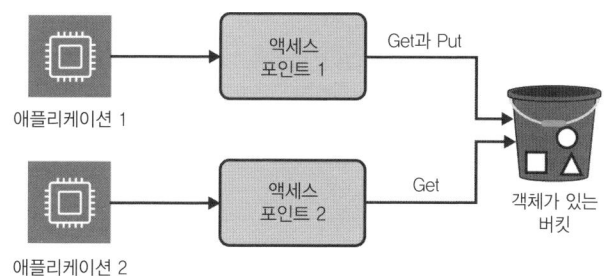

그림 3-9. 같은 S3 버킷에 대한 다른 S3 액세스 포인트를 사용하는 두 애플리케이션

준비 사항

- 2개의 AZ에 배포된 서브넷과 라우팅 테이블
- 각 AZ에 배포된 EC2 인스턴스. 테스트를 위해 인스턴스에 연결할 수 있어야 한다.
- S3 버킷

준비 단계

코드 저장소의 준비 단계를 실행한다.[23]

작업 방법

1. VPC에서 애플리케이션 1에 대한 액세스 포인트를 생성한다.

    ```
    aws s3control create-access-point --name cookbook305-app-1 \
      --account-id $AWS_ACCOUNT_ID \
      --bucket $BUCKET_NAME --vpc-configuration VpcId=$VPC_ID
    ```

2. VPC에서 애플리케이션 2에 대한 액세스 포인트를 생성한다.

    ```
    aws s3control create-access-point --name cookbook305-app-2 \
      --account-id $AWS_ACCOUNT_ID \
      --bucket $BUCKET_NAME --vpc-configuration VpcId=$VPC_ID
    ```

3. 저장소의 파일을 참고해 다음과 같이 애플리케이션 1에서 사용할 app-1-policy-template.json 정책 파일을 생성한다.

    ```
    {
      "Version":"2012-10-17",
      "Statement": [
      {
        "Effect": "Allow",
        "Principal": { "AWS": "EC2_INSTANCE_PROFILE" },
        "Action": [ACTIONS],
        "Resource": "arn:aws:s3:AWS_REGION:AWS_ACCOUNT_ID:accesspoint/ACCESS_POINT_NAME/object/*"
      } ]
    }
    ```

4. `sed` 명령을 사용해 app-policy-template.json의 값을 애플리케이션 1의 `EC2_INSTANCE_PROFILE`, `AWS_REGION`, `AWS_ACCOUNT_ID`, `ACCESS_POINT_NAME` 및 `ACTIONS` 값으로 치환한다.

---

23 https://github.com/AWSCookbook/Storage/tree/main/305-Configuring-Application-Specific-Access-to-S3

```
sed -e "s/AWS_REGION/${AWS_REGION}/g" \
  -e "s|EC2_INSTANCE_PROFILE|${INSTANCE_ROLE_1}|g" \
  -e "s|AWS_ACCOUNT_ID|${AWS_ACCOUNT_ID}|g" \
  -e "s|ACCESS_POINT_NAME|cookbook305-app-1|g" \
  -e "s|ACTIONS|\"s3:GetObject\",\"s3:PutObject\"|g" \
  app-policy-template.json > app-1-policy.json
```

5. 생성한 정책을 애플리케이션 1의 액세스 포인트에 배치한다.

```
aws s3control put-access-point-policy --account-id $AWS_ACCOUNT_ID \
  --name cookbook305-app-1 --policy file://app-1-policy.json
```

6. sed 명령을 사용해 app-policy-template.json의 값을 애플리케이션 2의 EC2_INSTANCE_PROFILE, AWS_REGION, AWS_ACCOUNT_ID, ACCESS_POINT_NAME 및 ACTIONS 값으로 치환한다.

```
sed -e "s/AWS_REGION/${AWS_REGION}/g" \
  -e "s|EC2_INSTANCE_PROFILE|${INSTANCE_ROLE_2}|g" \
  -e "s|AWS_ACCOUNT_ID|${AWS_ACCOUNT_ID}|g" \
  -e "s|ACCESS_POINT_NAME|cookbook305-app-2|g" \
  -e "s|ACTIONS|\"s3:GetObject\"|g" \
  app-policy-template.json > app-2-policy.json
```

7. 생성한 정책을 애플리케이션 2의 액세스 포인트에 배치한다.

```
aws s3control put-access-point-policy --account-id $AWS_ACCOUNT_ID \
  --name cookbook305-app-2 --policy file://app-2-policy.json
```

비슷한 방식으로 AWS SDK 및 CLI를 사용할 때 특정 액세스 포인트를 사용할 수 있다. 예를 들어 SDK를 사용할 경우 https://[access_point_name]-[accountID].s3-accesspoint.[region].amazonaws.com과 같은 URL을 사용하며 CLI의 경우 arn:aws:s3:[region]:[accountID]:[access_point_name]과 같은 형식의 버킷 이름을 사용한다.

다음은 위 방식의 CLI 사용 예제다.

```
aws s3api get-object --key object.zip \
  --bucket \
  arn:aws:s3:us-east-1:111111111111:access_point_name object.zip
```

8. 다음 가이드[24]를 따라 버킷 정책을 수정해 액세스 포인트에 제어를 위임한다.

유효성 검사. SSM Session Manager를 사용해 EC2 인스턴스 1에 연결한다(레시피 1.6 참고).

```
aws ssm start-session --target $INSTANCE_ID_1
```

인스턴스의 메타데이터에서 AWS 계정 ID 값을 가져와 환경 변수에 설정한다.

```
export AWS_ACCOUNT_ID=$(curl --silent http://169.254.169.254/latest/dynamic/instanceidentity/document \
| awk -F'"' ' /accountId/ {print $4}')
```

인스턴스의 메타데이터에서 값을 가져와 지역을 설정한다.

```
export AWS_DEFAULT_REGION=$(curl --silent http://169.254.169.254/latest/dynamic/instance-identity/document \
| awk -F'"' ' /region/ {print $4}')
```

애플리케이션 1의 S3 액세스 포인트에서 객체를 가져온다.

```
aws s3api get-object --key Recipe305Test.txt \
  --bucket arn:aws:s3:$AWS_DEFAULT_REGION:$AWS_ACCOUNT_ID:accesspoint/cookbook305- app-1 \
   /tmp/Recipe305Test.txt
```

애플리케이션 1의 S3 액세스 포인트를 통해 객체를 업로드한다.

```
aws s3api put-object \ --bucket arn:aws:s3:$AWS_DEFAULT_REGION:$AWS_ACCOUNT_ID:accesspoint/cookbook305- app-1 \
--key motd.txt --body /etc/motd
```

---

24 https://oreil.ly/kqXrN

위 두 명령은 해당 액세스 포인트에 대해 읽기/쓰기 액세스를 허용한 애플리케이션 1에서만 작동한다.

EC2 인스턴스 1에서 연결을 해제한다.

```
exit
```

SSM Session Manager를 사용해 EC2 인스턴스 2에 연결한다(레시피 1.6 참고).

```
aws ssm start-session --target $INSTANCE_ID_2
```

인스턴스의 메타데이터에서 AWS 계정 ID 값을 가져와 환경 변수에 설정한다.

```
export AWS_ACCOUNT_ID=$(curl --silent http://169.254.169.254/latest/dynamic/instanceidentity/document \
| awk -F'"' ' /accountId/ {print $4}')
```

인스턴스의 메타데이터에서 값을 가져와 지역을 설정한다.

```
export AWS_DEFAULT_REGION=$(curl --silent http://169.254.169.254/latest/dynamic/instance-identity/document \
| awk -F'"' ' /region/ {print $4}')
```

S3 버킷에서 객체를 가져온다.

```
aws s3api get-object --key Recipe305Test.txt \ --bucket \ arn:aws:s3:$AWS_DEFAULT_REGION:$AWS_ACCOUNT_ID:accesspoint/cookbook305-app-2 \ /tmp/Recipe305Test.txt
```

S3 액세스 포인트를 통해 객체를 업로드한다.

```
aws s3api put-object \ --bucket arn:aws:s3:$AWS_DEFAULT_REGION:$AWS_ACCOUNT_ID:accesspoint/cookbook305- app-2 \ --key motd2.txt --body /etc/motd
```

이 액세스 포인트에 대해 읽기 전용 액세스를 구성했기 때문에 애플리케이션 2에서 객체를 업로드하는 명령은 실패한다.

EC2 인스턴스 2에서 연결을 해제한다.

```
exit
```

정리
코드 저장소의 정리 단계를 참고한다.[25]

참고
S3 액세스 포인트를 사용하면 특정 보안 주체에 부여할 수 있는 액세스 권한을 세분화할 수 있기 때문에 S3 버킷 정책을 관리하는 것보다 더 용이하다. 이 레시피에서는 2개의 액세스 포인트를 생성하고 액세스 포인트 IAM 정책을 사용해 액세스 포인트를 특정 역할과 연결하고 CLI를 사용해 EC2 인스턴스에 특정 작업에 대한 권한만 부여됐음을 확인했다.

액세스 포인트는 다른 AWS 서비스에 사용하는 것과 유사한 방식으로 IAM 정책[26]을 사용한다. 또한 액세스 포인트의 S3 퍼블릭 액세스 차단을 구성해 실수로 S3 버킷에 퍼블릭 액세스를 부여하는 것을 방지할 수 있다(레시피 1.9 참고). S3 액세스 포인트에 대한 추가 비용은 발생하지 않는다.

도전 과제
특정 개체 또는 접두사에 대한 액세스만 적용할 수 있도록 세 번째 액세스 포인트를 구성한다.

---

25 https://github.com/AWSCookbook/Storage/tree/main/305-Configuring-Application-Specific-Access-to-S3#clean-up
26 https://oreil.ly/T6Wdq

3.6 AWS KMS를 사용한 Amazon S3 버킷의 객체 암호화

문제 설명

S3 객체를 저장할 때 비용 효율적인 방식으로 암호화하고자 KMS^Key Management Service 고객 관리형 키^CMK, Customer-Managed Key를 사용해야 한다.

해결 방법

KMS CMK를 생성하고, AWS KMS CMK를 참고하는 S3 버킷 키를 사용하도록 S3 버킷을 구성한다. 그후 모든 `S3:PutObject` 작업에 KMS를 사용해야 하는 S3 버킷 정책을 구성한다(그림 3-10 참고).

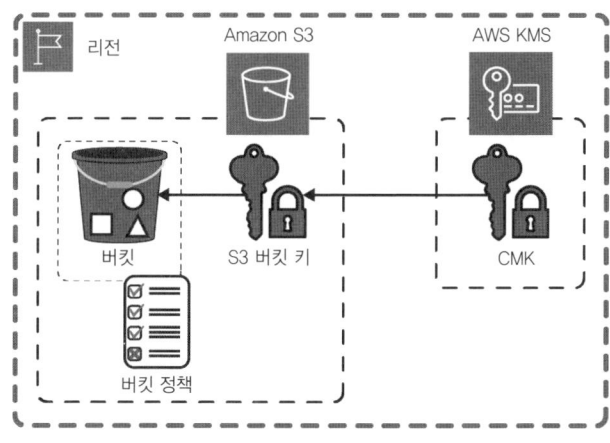

그림 3-10. S3 객체 암호화

준비 사항

- S3 버킷

준비 단계

코드 저장소의 준비 단계를 실행한다.[27]

---

27 https://github.com/AWSCookbook/Storage/tree/main/306-Using-Amazon-S3-Bucket-Keys-with-KMS

작업 방법

1. S3 버킷에 사용할 KMS 키를 생성하고 키 ID를 환경 변수에 저장한다.

    ```
    KEY_ID=$(aws kms create-key \
        --tags TagKey=Name,TagValue=AWSCookbook306Key \
        --description "AWSCookbook S3 CMK" \
        --query KeyMetadata.KeyId \
        --output text)
    ```

2. 키를 참고할 별칭을 만든다.

    ```
    aws kms create-alias \
        --alias-name alias/awscookbook306 \
        --target-key-id $KEY_ID
    ```

3. KMS 키 ID를 S3 버킷 키로 사용하도록 S3 버킷을 구성한다.

    ```
    aws s3api put-bucket-encryption \
        --bucket awscookbook306-$RANDOM_STRING \
        --server-side-encryption-configuration '{
          "Rules": [
            {
              "ApplyServerSideEncryptionByDefault": {
                "SSEAlgorithm": "aws:kms",
                "KMSMasterKeyID": "${KEY_ID}"
              },
              "BucketKeyEnabled": true
            }
          ]
        }'
    ```

4. 버킷에 모든 객체를 암호화하는 버킷 정책 템플릿 파일 bucket-policy-template.json을 생성한다.

    ```
    {
      "Version":"2012-10-17",
      "Id":"PutObjectPolicy",
      "Statement":[{
        "Sid":"DenyUnEncryptedObjectUploads",
        "Effect":"Deny",
    ```

```
          "Principal":"*",
          "Action":"s3:PutObject",
          "Resource":"arn:aws:s3:::BUCKET_NAME/*",
          "Condition":{
            "StringNotEquals":{
              "s3:x-amz-server-side-encryption":"aws:kms"
            }
          }
        }
      ]
    }
```

5. `sed` 명령을 사용해 bucket-policy-template.json의 `BUCKET_NAME`을 버킷 이름으로 치환한다.

    ```
    sed -e "s|BUCKET_NAME|awscookbook306-${RANDOM_STRING}|g" \
      bucket-policy-template.json > bucket-policy.json
    ```

6. 버킷 정책을 적용해 모든 업로드에 암호화를 적용한다.

    ```
    aws s3api put-bucket-policy --bucket awscookbook306-$RANDOM_STRING \
      --policy file://bucket-policy.json
    ```

유효성 검사. 암호화를 사용해 S3 버킷에 객체를 업로드한다.

```
aws s3 cp ./book_cover.png s3://awscookbook306-$RANDOM_STRING \
  --sse aws:kms --sse-kms-key-id $KEY_ID
```

암호화 없이 S3 버킷에 객체를 업로드한다. `KMS.NotFoundException` 오류를 반환하는 것을 확인할 수 있다.

```
aws s3 cp ./book_cover.png s3://awscookbook306-$RANDOM_STRING
```

정리

코드 저장소의 정리 단계를 참고한다.[28]

---

[28] https://github.com/AWSCookbook/Storage/tree/main/306-Using-Amazon-S3-Bucket-Keys-with-KMS#clean-up

참고

S3 버킷에 암호화를 구성할 때 Amazon S3가 AWS 계정에서 생성하고 자동으로 관리하는 AWS 관리형 CMK를 사용할 수 있다. 고객 관리형 CMK와 마찬가지로 AWS 관리형 CMK는 AWS 계정 및 리전에 따라 고유한 값을 가진다. Amazon S3는 사용자를 대신해 이 CMK를 사용할 수 있는 권한을 갖게 된다. AWS KMS 콘솔에서 감사 가능한 고객 관리형 CMK를 생성, 교체, 비활성화할 수 있다. S3가 지원하는 암호화 유형 간의 차이점에 대한 포괄적인 설명은 제공 문서[29]에서 확인할 수 있다.

데이터를 암호화할 때 데이터뿐만 아니라 암호화 키도 보호해야 한다. 그림 3-11과 같이 평문 데이터를 데이터 키로 암호화한 후 데이터 키를 다른 키로 암호화하는 Envelope 암호화[30]를 참고한다.

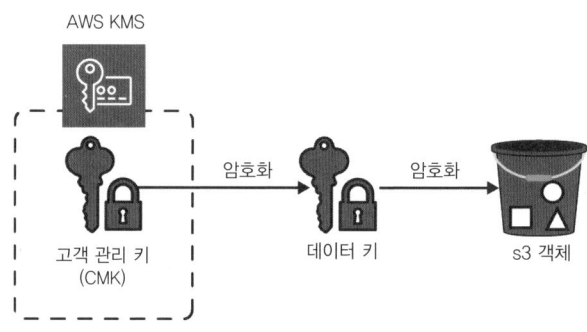

그림 3-11. KMS를 사용한 S3 암호화 프로세스

도전 과제

데이터에 영향을 주지 않고 키를 교체한다. 제공 문서[31]를 참고해 객체를 버킷에 업로드하고 KMS CMK를 교체한 다음 S3 버킷에서 객체를 다시 가져와서 올바르게 복호화할 수 있는지 확인한다.

---

29 https://oreil.ly/oGBG0
30 https://oreil.ly/gK0o0
31 https://oreil.ly/RVAFZ

3.7 AWS Backup을 사용해 다른 리전에 EC2 백업 생성 및 복원

문제 설명
EC2 인스턴스의 백업을 생성하고 다른 리전에서 복원해야 한다.

해결 방법
AWS Backup을 사용해 EC2 인스턴스의 온디맨드 백업을 생성하고 AWS Console의 백업 볼트backup vault로부터 인스턴스를 복원한다(그림 3-12 참고).

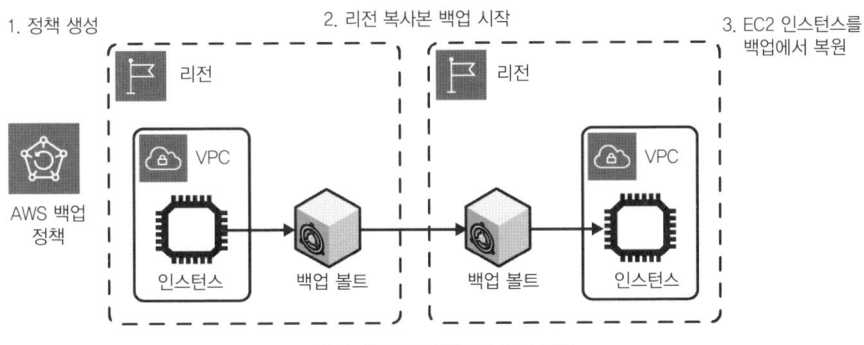

그림 3-12. EC2 백업 생성 및 복원

준비 사항
- 2개의 AZ에 배포된 서브넷과 라우팅 테이블
- 백업할 EC2 인스턴스

준비 단계
코드 저장소의 준비 단계를 실행한다.[32]

---

[32] https://github.com/AWSCookbook/Storage/tree/main/307-Creating-and-Restoring-EC2-Backups-to-Another-Region-using-AWS-Backup

작업 방법

1. AWS Backup 콘솔로 이동해 왼쪽 탐색 창에서 **보호된 리소스**를 선택한다.
2. **온디맨드 백업 생성**을 클릭하고 EC2 인스턴스를 선택한 뒤, 기본값을 선택한 다음 **온디맨드 백업 생성**을 클릭한다(그림 3-13 참고).

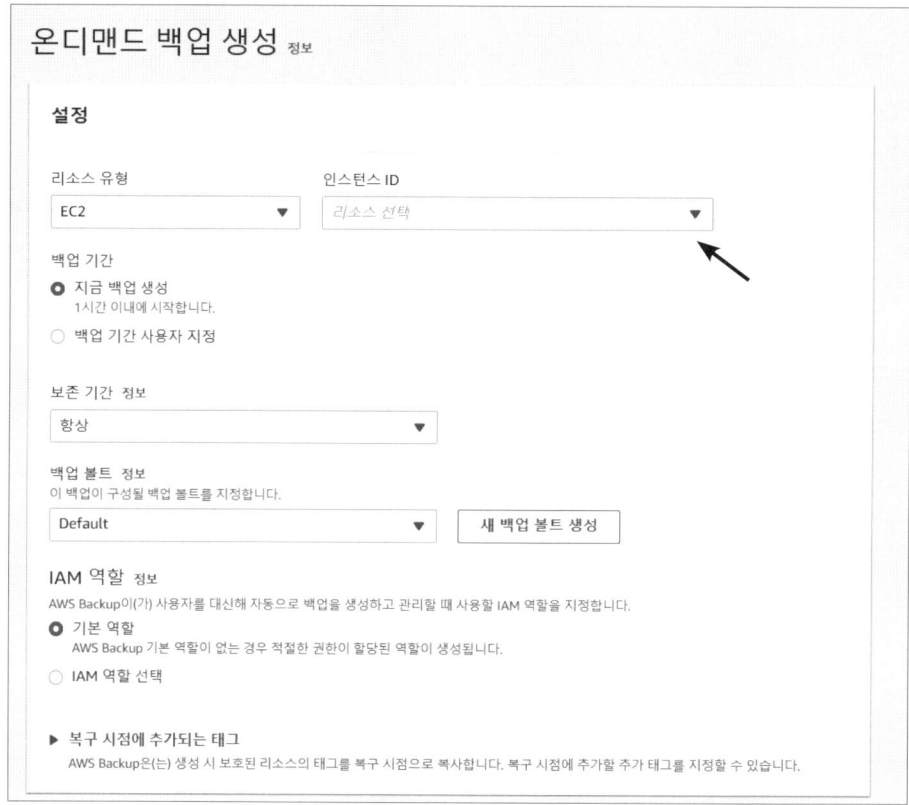

그림 3-13. 온디맨드 백업 생성

AWS Backup은 AWS Backup 관리형 정책을 사용해 백업에 필요한 작업을 수행하는 역할을 생성한다. 필요한 경우 고유한 사용자 지정 역할을 만들 수도 있다. 자세한 내용은 AWS 문서[33]를 참고한다.

---

33 https://oreil.ly/WirFO

그림 3-14와 같이 작업이 시작한 것을 확인할 수 있다.

그림 3-14. 실행 중인 백업 작업

3. 그림 3-15와 같이 백업이 완료될 때까지 기다린다(완료 상태에 도달하기까지 몇 분 정도 걸릴 수 있다).

그림 3-15. 백업 작업 완료

3장 | 스토리지 195

4. 현재 리전의 백업 볼트를 선택하고 방금 완료한 이미지 백업을 확인한다.

5. 그림 3-16과 같이 방금 생성한 백업 복원 지점을 클릭하고 **복사**를 선택한다.

그림 3-16. 복원 지점 복사

6. 대상 리전을 선택하고 모든 기본값을 유지한 다음 **복사**를 클릭한다(그림 3-17 참고). 그림 3-18과 같이 복사 작업이 실행 중 상태로 전환되는지 확인한다.

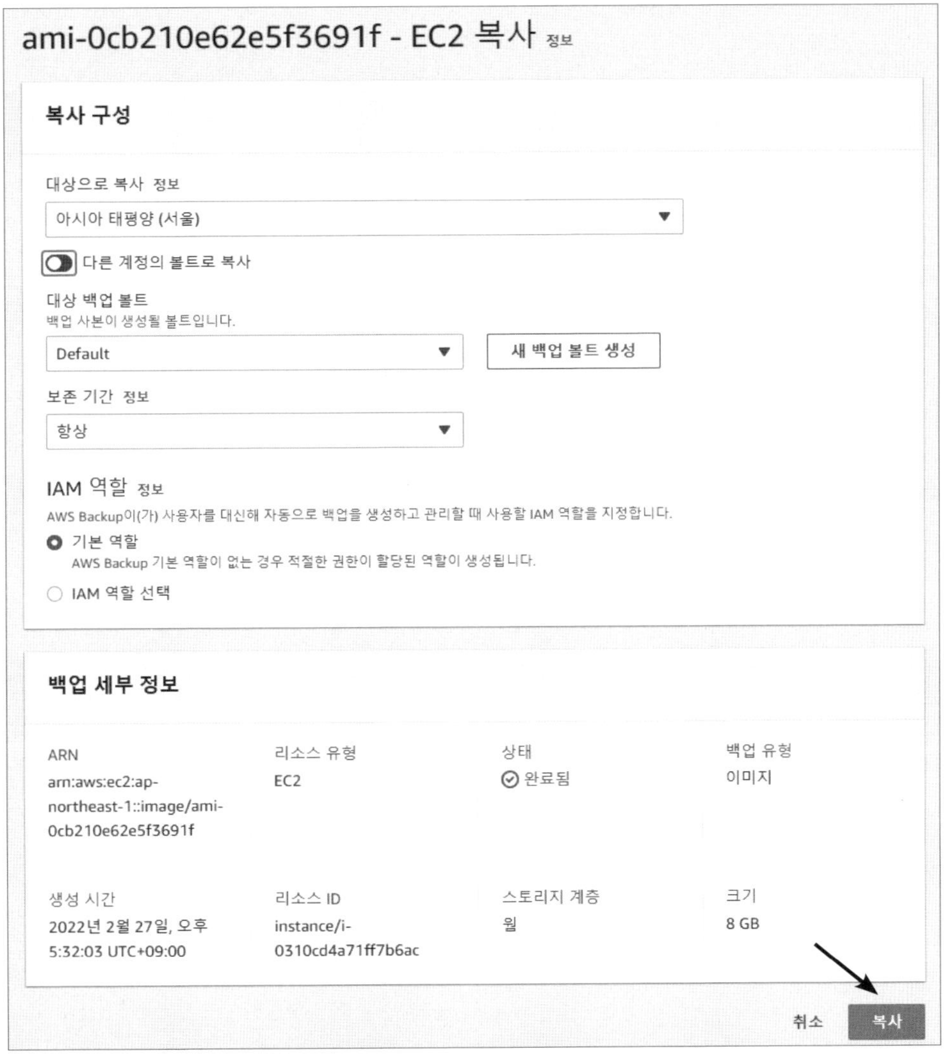

그림 3-17. 다른 지역으로 복원 지점 복사

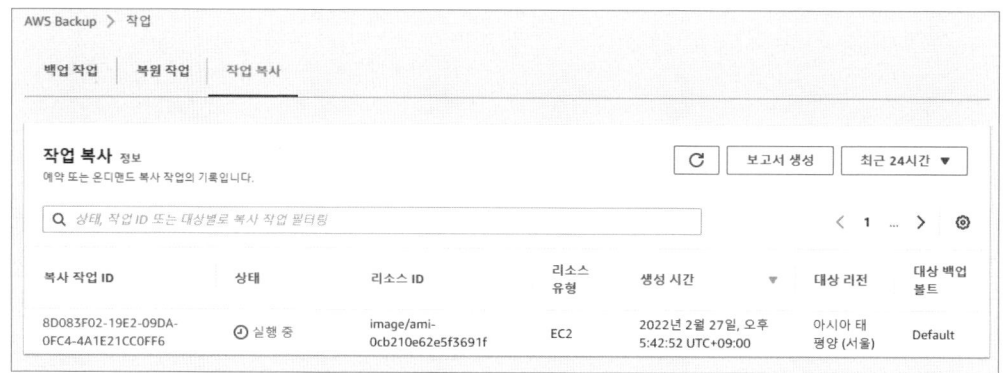

그림 3-18. 실행 중인 복원 지점 복사

7. 복사 작업이 완료된 후 AWS 콘솔의 오른쪽 상단에서 대상 리전을 선택한다.

8. 그림 3-19와 같이 Defaut 백업 볼트를 선택하고 복원할 백업을 선택한다.

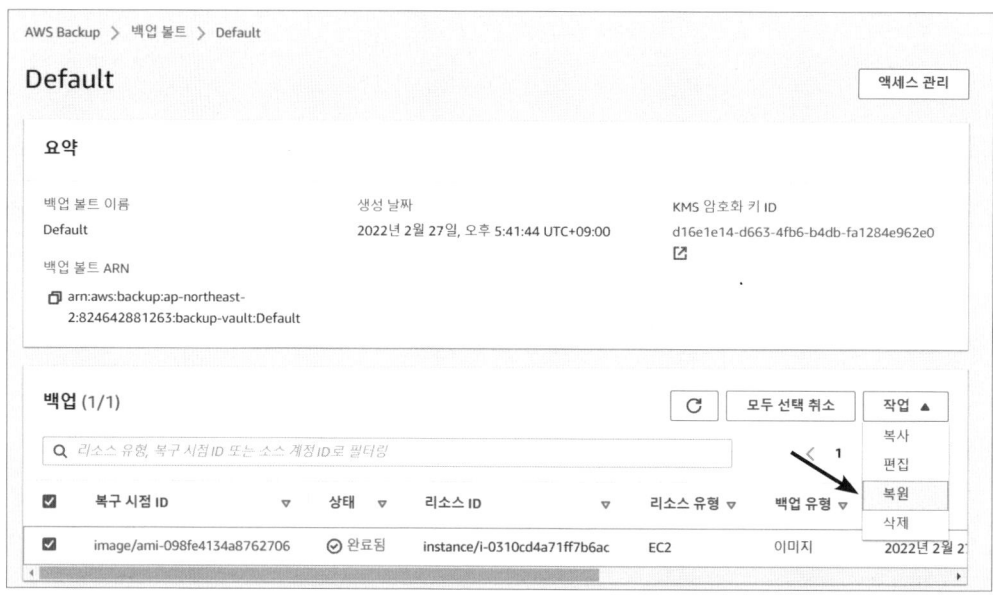

그림 3-19. 복원 지점 복원

9. **네트워크 설정**에서 복원할 인스턴스 유형과 VPC를 선택하고 **백업 복원**을 클릭한다(그림 3-20 참고).

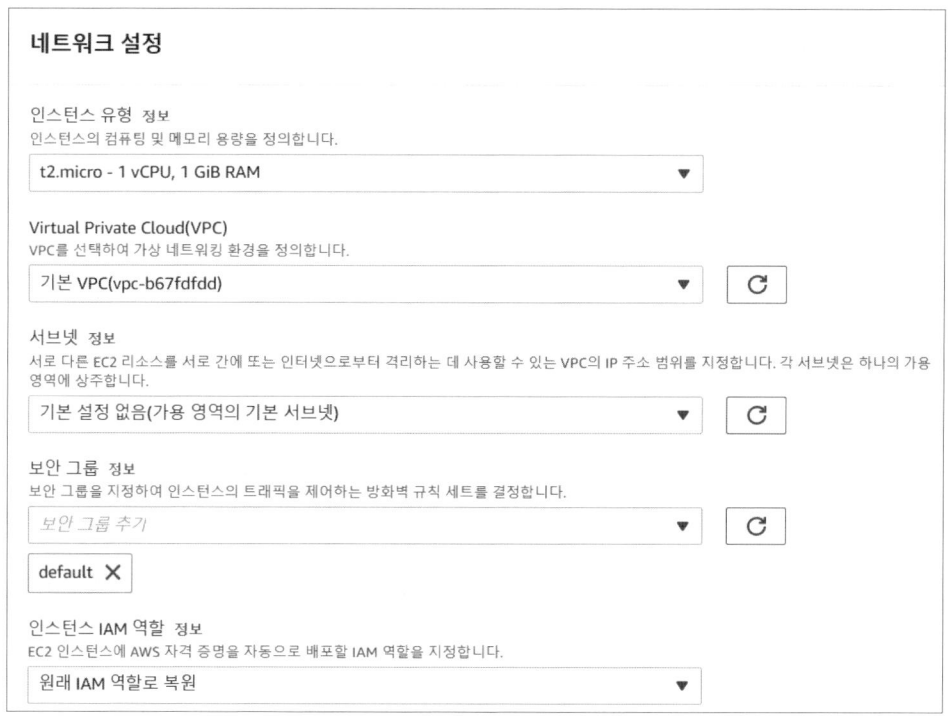

그림 3-20. 백업 복원을 위한 네트워크 설정

10. 그림 3-21과 같이 콘솔의 **복원 작업** 탭에서 복원 진행 상황을 모니터링할 수 있다.

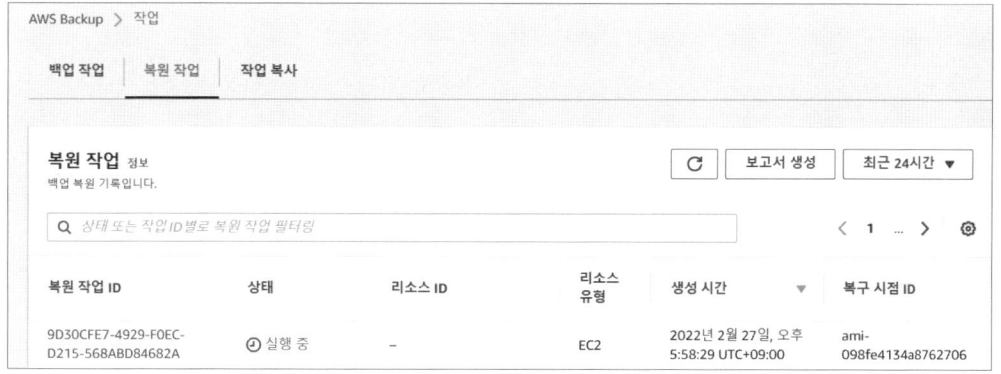

그림 3-21. 실행 중인 복원 지점 복원

3장 | 스토리지   199

유효성 검사. 대상 리전의 EC2 콘솔에서 실행 중인 인스턴스를 확인한다. 이 EC2 인스턴스는 원본 인스턴스의 복사본이다.

정리
코드 저장소의 정리 단계를 참고한다.[34]

참고
AWS Backup[35]을 사용해 AWS 서비스[36] 전체의 백업을 한 곳에서 관리하고 모니터링할 수 있다. 여러 가지 AWS 서비스의 백업 정책을 설정해 백업할 수 있다. 계정 내 또는 다른 AWS 계정에서 리전 간 백업을 복사할 수도 있다. 백업 전략에서 EBS 스냅샷[37]은 EC2 서비스를 사용해 보호하려는 영구 데이터를 가진 인스턴스를 실행하는 경우 필수적으로 사용한다. EBS 볼륨의 스냅샷은 수동, 자체적인 자동화 스크립트 또는 Data Lifecycle Manager[38]를 사용해 자동화하거나 AWS Backup을 사용해 생성할 수 있다.

AWS Backup을 사용해 EC2 인스턴스를 백업할 때 선택한 백업 볼트[39]에 백업을 저장한다(기본 백업 볼트가 없으면 새로 생성한다). 백업 작업은 모든 구성 매개 변수, 연결돼 있는 백업된 EBS 볼륨 및 메타데이터를 포함한 AMI를 생성하는 프로세스를 포함해 전체 번들은 백업 볼트에 저장한다. 이를 통해 AWS Backup 서비스에서 생성한 AMI를 사용해 EC2 인스턴스를 간단히 시작해 기본 리전 또는 선택한 다른 리전 내의 백업에서 인스턴스를 복원해 RTO를 줄일 수 있다.

---

34 https://github.com/AWSCookbook/Storage/tree/main/307-Creating-and-Restoring-EC2-Backups-to-Another-Region-using-AWS-Backup#clean-up
35 https://aws.amazon.com/backup/faqs
36 https://oreil.ly/KHpPB
37 https://oreil.ly/BYWAl
38 https://oreil.ly/eXbT7
39 https://oreil.ly/OnzyN

도전 과제

Backup Plan[40]을 사용해 매주 EC2 인스턴스를 자동으로 다른 리전의 볼트에 복사하는 자동 백업을 구성한다.

3.8 EBS 스냅샷 내의 파일 복원

문제 설명

EBS 스냅샷에서 특정 파일을 복원하고자 한다.

해결 방법

스냅샷에서 볼륨을 생성하고 EC2 인스턴스에 볼륨을 탑재한 뒤, 파일을 인스턴스 볼륨에 복사한다(그림 3-22 참고).

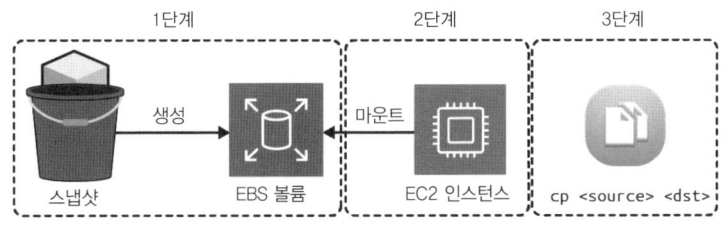

그림 3-22. 스냅샷의 파일 복원 프로세스

준비 사항

- 2개의 AZ에 배포된 서브넷과 라우팅 테이블
- 서브넷에서 기존에 실행 중인 EC2 인스턴스. 테스트를 위해 인스턴스에 연결할 수 있어야 한다.

---

40 https://oreil.ly/uguyM

준비 단계

코드 저장소의 준비 단계를 실행한다.[41]

작업 방법

1. EC2 인스턴스에 연결된 EBS 볼륨을 검색한다.

    ```
    ORIG_VOLUME_ID=$(aws ec2 describe-volumes \
      --filters Name=attachment.instance-id,Values=$INSTANCE_ID \
      --output text \
      --query Volumes[0].Attachments[0].VolumeId)
    ```

2. EBS 볼륨의 스냅샷을 생성한다.

    ```
    SNAPSHOT_ID=$(aws ec2 create-snapshot \
      --volume-id $ORIG_VOLUME_ID \
      --output text --query SnapshotId)
    ```

3. 스냅샷에서 볼륨을 생성하고 VOLUME_ID를 환경 변수로 저장한다.

    ```
    SNAP_VOLUME_ID=$(aws ec2 create-volume \
      --snapshot-id $SNAPSHOT_ID \
      --size 8 \
      --volume-type gp2 \
      --availability-zone us-east-1a \
      --output text --query VolumeId)
    ```

유효성 검사. 볼륨을 EC2 인스턴스의 /dev/sdf로 연결한다.

```
aws ec2 attach-volume --volume-id $SNAP_VOLUME_ID \
  --instance-id $INSTANCE_ID --device /dev/sdf
```

볼륨의 상태가 Attached로 변경될 때까지 기다린다.

```
aws ec2 describe-volumes \
```

---

[41] https://github.com/AWSCookbook/Storage/tree/main/308-Restoring-a-File-from-an-EBS-Snapshot

```
--volume-ids $SNAP_VOLUME_ID
```

SSM Session Manager를 사용해 EC2 인스턴스에 연결한다(레시피 1.6 참고).

```
aws ssm start-session --target $INSTANCE_ID
```

`lsblk` 명령을 실행해 볼륨을 확인하고 연결한 볼륨 이름을 기록한다(기록한 볼륨 이름을 다음 단계에서 사용한다).

```
lsblk
```

다음과 유사한 출력을 확인한다.

```
NAME MAJ:MIN RM SIZE RO TYPE MOUNTPOINT
nvme0n1 259:0 0 8G 0 disk
├─nvme0n1p1 259:1 0 8G 0 part /
└─nvme0n1p128 259:2 0 1M 0 part
nvme1n1 259:3 0 8G 0 disk
├─nvme1n1p1 259:4 0 8G 0 part
└─nvme1n1p128 259:5 0 1M 0 part
```

연결된 디스크를 마운트할 폴더를 만든다.

```
sudo mkdir /mnt/restore
```

생성한 폴더에 볼륨을 마운트한다.

```
sudo mount -t xfs -o nouuid /dev/nvme1n1p1 /mnt/restore
```

XFS 파일은 UUID(Universally Unique Identifier)를 사용해 파일 시스템을 식별한다. 기본적으로 mount 명령은 같은 파일 시스템을 두 번 마운트하는 것을 방지하는 안전 메커니즘을 갖고 있다. 블록 수준 스냅샷을 생성하고 이 스냅샷에서 볼륨을 생성했으므로 마운트할 때 -o nouuid 매개 변수를 사용해 동일한 UUID로 볼륨을 마운트한다. 자세한 내용은 mount에 대한 매뉴얼 페이지를 참고한다.

마운트된 볼륨에서 로컬 파일 시스템으로 필요한 파일을 복사한다.

```
sudo cp /mnt/restore/home/ec2-user/.bash_profile \
  /tmp/.bash_profile.restored
```

볼륨의 마운트를 해제한다.

```
sudo umount /dev/nvme1n1p1
```

EC2 인스턴스에서 로그아웃한다.

```
exit
```

정리
코드 저장소의 정리 단계를 참고한다.[42]

참고
EBS 스냅샷[43]은 EC2 서비스의 중요한 백업 전략의 구성 중 하나다. EC2 인스턴스를 실행하는 경우 스냅샷을 사용하면 스냅샷이 생성된 시점으로 인스턴스를 복원할 수 있다. 또한 스냅샷에서 EBS 볼륨을 생성하고 실행 중인 인스턴스에 연결할 수 있다.

EBS 볼륨의 스냅샷은 수동으로 생성하거나, 자체 자동화(예: 람다 함수를 통한 스케줄링) 코드를 작성하거나, Data Lifecycle Manager로 자동화를 통해 생성할 수 있다. 또한 EC2 인스턴스를 시작하고 복원하고자 AWS Backup(레시피 3.7 참고)을 사용할 수 있다.

도전 과제
생성한 스냅샷을 사용해 AMI[44]를 생성하고 새 인스턴스를 시작한다.

---

42 https://github.com/AWSCookbook/Storage/tree/main/308-Restoring-a-File-from-an-EBS-Snapshot#clean-up
43 https://oreil.ly/0DwtK
44 https://oreil.ly/8KFje

3.9 DataSync를 활용한 EFS와 S3 간의 데이터 복제

문제 설명
Amazon S3에서 Amazon EFS로 파일을 복제해야 한다.

해결 방법
S3에서 EFS를 대상으로 AWS DataSync를 구성한다. 그런 다음 DataSync 작업^{DataSync task}을 생성하고 복제 작업을 시작한다(그림 3-23 참고).

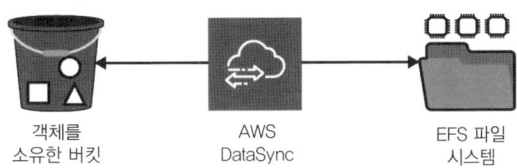

그림 3-23. DataSync를 사용해 S3와 EFS 파일 시스템 복제

준비 사항
- S3 버킷 및 EFS 파일 시스템
- 2개의 AZ에 배포된 서브넷과 라우팅 테이블
- EFS 파일 시스템을 연결한 EC2 인스턴스. 테스트를 위해 인스턴스에 연결할 수 있어야 한다.

준비 단계
코드 저장소의 준비 단계를 실행한다.[45]

작업 방법
1. 저장소의 assert-role-policy.json을 참고해 IAM 역할을 생성한다.

---

[45] https://github.com/AWSCookbook/Storage/tree/main/309-Replicating-Data-Between-EFS-and-S3-with-DataSync

```
S3_ROLE_ARN=$(aws iam create-role --role-name AWSCookbookS3LocationRole \
    --assume-role-policy-document file://assume-role-policy.json \
    --output text --query Role.Arn)
```

2. **AmazonS3ReadOnlyAccess** IAM 관리형 정책을 방금 생성한 IAM 역할에 연결한다.

```
aws iam attach-role-policy --role-name AWSCookbookS3LocationRole \
    --policy-arn arn:aws:iam::aws:policy/AmazonS3ReadOnlyAccess
```

3. DataSync S3 위치를 생성한다.

```
S3_LOCATION_ARN=$(aws datasync create-location-s3 \
    --s3-bucket-arn $BUCKET_ARN \
    --s3-config BucketAccessRoleArn=$S3_ROLE_ARN \
    --output text --query LocationArn)
```

4. 다음 명령문으로 assert-role-policy.json 파일을 사용해 IAM 역할을 생성한다.

```
EFS_ROLE_ARN=$(aws iam create-role --role-name AWSCookbookEFSLocationRole \
    --assume-role-policy-document file://assume-role-policy.json \
    --output text --query Role.Arn)
```

5. **AmazonElasticFileSystemClientReadWriteAccess** IAM 관리형 정책을 IAM 역할에 연결한다.

```
aws iam attach-role-policy --role-name AWSCookbookEFSLocationRole \
    --policy-arn arn:aws:iam::aws:policy/AmazonElasticFileSystemClientFullAccess
```

6. EFS 파일 시스템의 ARN을 저장한다.

```
EFS_FILE_SYSTEM_ARN=$(aws efs describe-file-systems \
    --file-system-id $EFS_ID \
    --output text --query FileSystems[0].FileSystemArn)
```

7. 서브넷의 ARN을 환경 변수에 저장한다.

```
SUBNET_ARN=$(aws ec2 describe-subnets \
    --subnet-ids $ISOLATED_SUBNET_1 \
    --output text --query Subnets[0].SubnetArn)
```

8. 보안 그룹의 ARN을 저장한다.

   ```
   SG_ARN=arn:aws:ec2:$AWS_REGION:$AWS_ACCOUNT_ID:security-group/$EFS_SG
   ```

9. DataSync EFS 위치를 생성한다.

   ```
   EFS_LOCATION_ARN=$(aws datasync create-location-efs \
     --efs-filesystem-arn $EFS_FILE_SYSTEM_ARN \
     --ec2-config SubnetArn=$SUBNET_ARN,SecurityGroupArns=[$SG_ARN] \
     --output text)
   ```

10. DataSync 작업을 생성한다.

    ```
    TASK_ARN=$(aws datasync create-task \
      --source-location-arn $S3_LOCATION_ARN \
      --destination-location-arn $EFS_LOCATION_ARN \
      --output text --query TaskArn)
    ```

11. DataSync 작업을 실행한다.

    ```
    aws datasync start-task-execution \
      --task-arn $TASK_ARN
    ```

12. 작업이 완료됐는지 확인한다.

    ```
    aws datasync list-task-executions \
      --task-arn $TASK_ARN
    ```

유효성 검사. 다음 명령을 사용해 EC2 인스턴스가 SSM에 등록됐는지 확인한다. 이 명령은 인스턴스의 ID를 반환한다.

```
aws ssm describe-instance-information \
  --filters Key=ResourceType,Values=EC2Instance \
  --query "InstanceInformationList[].InstanceId" --output text
```

SSM Session Manager를 사용해 EC2 인스턴스에 연결한다.

```
aws ssm start-session --target $INSTANCE_ID
```

EC2 인스턴스는 /mnt/efs에 마운트된 EFS 볼륨을 가진다. 디렉터리를 확인하면 다음과 같이 S3-Test-Content.txt 파일을 S3 버킷에서 EFS 볼륨으로 복제했음을 확인할 수 있다.

```
sh-4.2$ cd /mnt/efs
sh-4.2$ ls
sh-4.2$ ls -al
total 12

drwxr-xr-x 3 nfsnobody nfsnobody 6144 Jan  1 1970 .
drwxr-xr-x 3 root     root        17 Sep 10 02:07 ..
drwx------ 2 root     root      6144 Sep 10 03:27 .aws-datasync
-rwxr-xr-x 1 nfsnobody nfsnobody   30 Jan  1 1970 S3-Test-Content.txt
```

Session Manager 세션을 종료한다.

```
exit
```

정리

코드 저장소의 정리 단계를 참고한다.[46]

참고

AWS DataSync[47]를 사용해 다양한 AWS 서비스의 온디맨드 또는 지속적/자동화한 파일 동기화 작업을 할 수 있다. DataSync는 복사하는 항목의 메타데이터를 보존하고 동기화 작업 중에 파일 무결성을 검사해 필요한 경우 재시도를 수행한다. 동일한 작업을 수행하고자 인프라를 프로비저닝하거나 고유한 스크립트를 작성하지 않고 다양한 소스 및 대상 간에 데이터를 이동하려는 사용자에게 유용한 서비스다. 3장의 레시피에서는 AWS 클라우드 내에서 호스팅하는 S3와 EFS 간의 데이터를 동기화했지만 VPN 연결,

---

46   https://github.com/AWSCookbook/Storage/tree/main/309-Replicating-Data-Between-EFS-and-S3-with-DataSync#clean-up

47   https://aws.amazon.com/datasync

Direct Connect 또는 다른 AWS 계정의 VPC 피어링 또는 전송 게이트웨이 통해 데이터를 동기화하고자 사용할 수도 있다.

 이 글을 쓰는 시점에서 최소 자동 동기화 일정 간격은 1시간이다. DataSync에 대한 기타 자세한 내용은 사용자 문서[48]를 참고한다.

많은 AWS 서비스와 마찬가지로 DataSync는 IAM 역할을 사용해 S3 및 EFS에 대한 복제 작업을 수행한다. DataSync에 S3 및 EFS와 상호 작용할 수 있는 기능을 부여했다. DataSync는 VPC에서 네트워크 인터페이스를 프로비저닝해 EFS 파일 공유에 연결하고 AWS API를 사용해 S3와 상호 작용한다. TLS를 사용해 전송 중인 트래픽을 암호화하고 보안 및 규정 준수에 따른 데이터 암호화를 요구하는 경우 KMS를 사용해 저장 시 데이터 암호화도 지원한다.

도전 과제 1
특정 폴더의 파일 이름을 제외하는 DataSync 작업을 설정한다.

도전 과제 2
매시간 S3에서 EFS로 데이터를 복제하도록 예약된 DataSync 작업을 설정한다.

---

48 https://oreil.ly/dVnun

4장
데이터베이스

4.0 들어가며

AWS는 여러 가지 유형의 데이터베이스를 제공한다. EC2에 데이터베이스를 설치하면 사용자가 원하는 구성으로 다양한 데이터베이스 엔진을 사용할 수 있지만 패치, 백업, 고가용성 구성, 복제, 성능 조정과 같은 문제를 다뤄야 한다. AWS는 이러한 문제를 해결하면서 광범위한 데이터베이스 유형(관계형relational, 키-값/NoSQL, 인 메모리in-memory, 문서document, 와이드 칼럼wide column, 그래프graph, 시계열time series, 원장ledger)을 다루는 관리형 데이터베이스 서비스를 제공한다. 데이터베이스 유형 및 데이터 모델을 선택할 때 속도, 볼륨, 액세스 패턴을 고려해야 한다.

AWS의 관리형 데이터베이스 서비스는 다른 AWS 서비스와 통합돼 보안, 운영, 개발 관점에서 추가적인 기능을 제공한다. 4장에서는 Amazon RDSRelational Database Service, Amazon DynamoDB의 NoSQL 사용, 데이터베이스 마이그레이션, 보호, 운영하는 방법을 살펴본다. 예를 들어 Secrets Manager를 RDS 데이터베이스와 통합해 데이터베이스 사용자 암호를 자동으로 교체하는 방법을 살펴본다. 또한 IAM 인증을 활용해 애플리케이션의 데이터베이스 암호에 대한 종속성을 줄이고 IAM 권한을 사용해 RDS에 대한 액세스 권한을 부여하는 방법을 배운다. 추가로 DynamoDB Auto Scaling을 사용해 비용 및 성능을 개선하는 방법도 살펴본다.

Route 53이 데이터베이스[1]라고 생각하는 사람도 있지만 우리는 동의하지 않는다. :-)

일부 데이터베이스 엔진은 복제 구성, 기본 루트 사용자 이름, 기본 테이블 등에 대해 특정 용어를 사용한다. 가능한 한 4장(및 전체 책)에서 포괄적인 용어를 사용하겠다. 우리는 상용 및 오픈 소스 데이터베이스 엔진에서 포괄적인 용어를 사용하는 것을 지지한다.

설정

28페이지의 'CLI 설정' 단계에 따라 구성을 확인하고 필요한 환경 변수를 설정한 뒤 4장에 해당하는 저장소의 코드를 복제한다.

```
git clone https://github.com/AWSCookbook/Databases
```

4장의 일부 단계에서는 암호를 생성하고 임시로 환경 변수에 저장한다. 레시피를 완료하면 정리 단계에 따라 환경 변수를 삭제해야 한다. 프로덕션 환경에서는 레시피 1.8과 같은 안전한 방법을 사용해야 한다.

4.1 Amazon Aurora Serverless PostgreSQL 데이터베이스 생성

문제 설명

사용량을 예측할 수 없는 애플리케이션이 관계형 데이터베이스에 데이터를 저장하고 있다. 변동하는 애플리케이션 사용량에 따라 확장할 수 있는 비용 효율적인 데이터베이스 솔루션이 필요하다. 운영 오버헤드가 낮으며 PostgreSQL을 사용하는 기존 애플리케이션과 호환되는 솔루션을 구축해야 한다.

---

1 https://oreil.ly/Da83G

해결 방법

AWS Secrets Manager의 암호를 사용하는 Aurora Serverless 데이터베이스 클러스터를 구성하고 생성한다. 그런 다음 Autoscale을 적용하고 자동 일시 중지를 활성화한다. 그림 4-1은 특정한 정책에 따른 용량의 변화를 보여 준다.

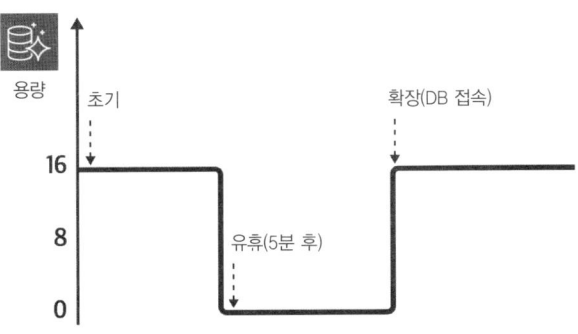

그림 4-1. Aurora Serverless 클러스터 확장

준비 사항

- 2개의 AZ에 배포된 퍼블릭 서브넷과 라우팅 테이블
- 격리된 서브넷에서 기존에 실행 중인 EC2 인스턴스. 테스트를 위해 인스턴스에 연결할 수 있어야 한다.

준비 단계

코드 저장소의 준비 단계를 실행한다.[2]

작업 방법

1. AWS Secrets Manager를 사용해 복잡한 암호를 생성한다.

    ```
    ADMIN_PASSWORD=$(aws secretsmanager get-random-password \
      --exclude-punctuation \
    ```

---

[2] https://github.com/AWSCookbook/Databases/tree/main/401-Creating-an-Aurora-Serverless-DB

```
    --password-length 41 --require-each-included-type \
    --output text \
    --query RandomPassword)
```

PostgreSQL은 비밀번호에 구두점 문자를 지원하지 않는다. 'Amazon RDS의 네이밍 제약 조건' 표[3]를 참고한다.

2. VPC 서브넷을 지정해 클러스터에 사용할 데이터베이스 서브넷 그룹을 생성한다. 데이터베이스 서브넷 그룹은 RDS ENI 배치를 단순화한다.

```
aws rds create-db-subnet-group \
    --db-subnet-group-name awscookbook401subnetgroup \
    --db-subnet-group-description "AWSCookbook401 subnet group" \
    --subnet-ids $SUBNET_ID_1 $SUBNET_ID_2
```

다음과 유사한 출력을 확인한다.

```
{
    "DBSubnetGroup": {
        "DBSubnetGroupName": "awscookbook402subnetgroup",
        "DBSubnetGroupDescription": "AWSCookbook401 subnet group",
        "VpcId": "vpc-<VPC_ID>",
        "SubnetGroupStatus": "Complete",
        "Subnets": [
          {
          "SubnetIdentifier": "subnet-<Subnet_ID>",
          "SubnetAvailabilityZone": {
              "Name": "us-east-1b"
          },
          "SubnetOutpost": {},
          "SubnetStatus": "Active"
          },
          ...
```

---

[3] https://oreil.ly/z0LvJ

3. 데이터베이스에 대한 VPC 보안 그룹을 생성한다.

    ```
    DB_SECURITY_GROUP_ID=$(aws ec2 create-security-group \
      --group-name AWSCookbook401sg \
      --description "Aurora Serverless Security Group" \
      --vpc-id $VPC_ID --output text --query GroupId)
    ```

4. engine-mode를 serverless로 지정해 데이터베이스 클러스터를 생성한다.

    ```
    aws rds create-db-cluster \
      --db-cluster-identifier awscookbook401dbcluster \
      --engine aurora-postgresql \
      --engine-mode serverless \
      --engine-version 10.14 \
      --master-username dbadmin \
      --master-user-password $ADMIN_PASSWORD \
      --db-subnet-group-name awscookbook401subnetgroup \
      --vpc-security-group-ids $DB_SECURITY_GROUP_ID
    ```

    다음과 유사한 출력을 확인한다.

    ```
    {
      "DBCluster": {
        "AllocatedStorage": 1,
        "AvailabilityZones": [
          "us-east-1f",
          "us-east-1b",
          "us-east-1a"
        ],
        "BackupRetentionPeriod": 1,
        "DBClusterIdentifier": "awscookbook401dbcluster",
        "DBClusterParameterGroup": "default.aurora-postgresql10",
        "DBSubnetGroup": "awscookbook401subnetgroup",
        "Status": "creating",
    ...
    ```

5. 사용 가능으로 상태가 될 때까지 기다린다. 이 작업은 몇 분 정도 소요된다.

    ```
    aws rds describe-db-clusters \
      --db-cluster-identifier awscookbook401dbcluster \
    ```

```
    --output text --query DBClusters[0].Status
```

6. 새로운 AutoScaling 용량 목표(8분, 최대 16개)로 자동 확장하도록 데이터베이스를 수정하고 5분 동안 사용하지 않으면 자동 일시 중지를 하도록 설정한다.

```
aws rds modify-db-cluster \
  --db-cluster-identifier awscookbook401dbcluster --scaling-configuration \
  MinCapacity=8,MaxCapacity=16,SecondsUntilAutoPause=300,TimeoutAction='Force
ApplyC apacityChange',AutoPause=true
```

4단계에서 본 것과 유사한 출력을 확인한다.

실제로 구동할 때는 적절한 AutoPause 값을 설정한다. 용도에 적합한 값을 결정하고자 성능 요구 사항과 Aurora 가격 책정[4]을 참고한다.

5분 이상 기다린 후 데이터베이스 용량이 0으로 축소되는 것을 확인할 수 있다.

```
aws rds describe-db-clusters \
  --db-cluster-identifier awscookbook401dbcluster \
  --output text --query DBClusters[0].Capacity
```

AutoPause 기능은 데이터베이스에 작업이 없다면 클러스터의 용량을 자동으로 0으로 설정한다. 데이터베이스 활동이 재개되면(예: 쿼리 또는 연결) 최소 확장 용량 값으로 자동 확장한다.

7. EC2 인스턴스의 보안 그룹에 PostgreSQL 포트에 대한 액세스 권한을 부여한다.

```
aws ec2 authorize-security-group-ingress \
  --protocol tcp --port 5432 \
  --source-group $INSTANCE_SG \
  --group-id $DB_SECURITY_GROUP_ID
```

다음과 유사한 출력을 확인한다.

---

4 https://oreil.ly/o6mAP

```
      {
        "Return": true,
        "SecurityGroupRules": [
        {
          "SecurityGroupRuleId": "sgr-<ID>",
          "GroupId": "sg-<ID>",
          "GroupOwnerId": "111111111111",
          "IsEgress": false,
          "IpProtocol": "tcp",
          "FromPort": 5432,
          "ToPort": 5432,
          "ReferencedGroupInfo":
          {
            "GroupId": "sg-<ID>"
          }
        }]
      }
```

유효성 검사. RDS 클러스터의 엔드포인트를 확인한다.

```
aws rds describe-db-clusters \
  --db-cluster-identifier awscookbook401dbcluster \
  --output text --query DBClusters[0].Endpoint
```

다음과 유사한 출력을 확인한다.

```
awscookbook401dbcluster.cluster-<문자열>.us-east-1.rds.amazonaws.com
```

RDS 클러스터의 비밀번호를 확인한다.

```
echo $ADMIN_PASSWORD
```

SSM Session Manager를 사용해 EC2 인스턴스에 연결한다(레시피 1.6 참고).

```
aws ssm start-session --target $INSTANCE_ID
```

`psql` 명령으로 데이터베이스에 연결할 수 있도록 PostgreSQL 패키지를 설치한다.

```
sudo yum -y install postgresql
```

데이터베이스에 연결한다. 데이터베이스 용량이 0에서 확장하기 때문에 시간이 걸릴 수 있다. 복사한 암호를 붙여넣기한다(앞서 출력한 비밀번호를 사용한다).

```
psql -h $HOST_NAME -U dbadmin -W -d postgres
```

psql 명령을 참고해 데이터베이스에 연결한다.

```
sh-4.2$ psql -h awscookbook401dbcluster.cluster-<문자열>.us-
east-1.rds.amazonaws.com -U dbadmin -W -d postgres
Password for user dbadmin:(paste in the password)
```

psql을 종료한다.

```
\q
```

Session Manager 세션을 종료한다.

```
exit
```

클러스터의 용량을 다시 확인해 데이터베이스가 최솟값으로 확장됐는지 확인한다.

```
aws rds describe-db-clusters \
  --db-cluster-identifier awscookbook401dbcluster \
  --output text --query DBClusters[0].Capacity
```

정리

코드 저장소의 정리 단계를 참고한다.[5]

---

[5] https://github.com/AWSCookbook/Databases/tree/main/401-Creating-an-Aurora-Serverless-DB#clean-up

RDS 클러스터를 삭제하면 안전 메커니즘의 기본 동작으로 최종 스냅샷을 만든다. AWS 계정에 스냅샷을 저장할 때 --skip-final-snapshot 옵션을 추가해 이 동작을 건너뛰었다. 실제로는 스냅샷에서 기존 데이터베이스를 다시 생성해야 하는 경우를 대비해 일정 기간 동안 스냅샷을 유지해야 할 수 있다.

참고

클러스터는 사용량 요구 사항에 따라 용량을 자동으로 확장한다. MaxCapacity=16으로 상한선을 설정하면 최대 용량이 제한돼 사용량이 급증하더라도 예상치 못한 비용을 막을 수 있다. 클러스터는 SecondsUntilAutoPause 설정을 참고해 연결이나 활동이 없으면 용량을 0으로 설정한다.

클러스터의 AutoPause=true가 활성화돼 있으면 유휴 시간 동안 기본 스토리지에 대해서만 비용을 지불한다. 기본(최소) '비활성 기간'은 5분이다. 일시 중지된 클러스터에 다시 연결하면 용량을 MinCapacity로 확장한다.

서버리스 엔진은 일부 데이터베이스 엔진 및 버전만 지원한다. 작성 당시 Aurora FAQ[6]에 따르면 Aurora Serverless는 MySQL 5.6 호환 Aurora 및 PostgreSQL 10.7+ 호환 Aurora만 지원한다.

사용자 가이드[7]에 따르면 Aurora Serverless의 확장은 클러스터에 예약된 컴퓨팅 및 메모리에 해당하는 용량 단위^{CU, Capacity Unit}로 측정한다. 이 기능은 개발 환경에서 배치 기반 워크로드를 포함하는 여러 가지 사용 사례에 적합하며 트래픽을 예측할 수 없고 잠재적인 오버 프로비저닝과 관련된 비용이 우려되는 프로덕션 워크로드에도 적합하다. 사용 패턴을 계산할 필요가 없으므로 빠르게 개발을 시작할 수 있으며 클러스터는 애플리케이션이 요구하는 수요에 자동으로 응답한다.

현재 Amazon RDS에서 '프로비저닝된' 용량 유형의 클러스터를 사용 중이지만 Aurora Serverless를 사용하려는 경우 현재 데이터베이스를 스냅샷하고 AWS 콘솔 또는 명

---

6 https://oreil.ly/P5A2B
7 https://oreil.ly/MJpCb

령줄에서 데이터베이스를 복원해 마이그레이션을 수행할 수 있다. 현재 데이터베이스가 RDS에 없는 경우 데이터베이스 엔진의 덤프 및 복원 기능을 사용하거나 AWS DMS$^{Database\ Migration\ Service}$를 사용해 RDS로 마이그레이션할 수 있다.

이 글을 쓰는 시점에서 Amazon Aurora Serverless v2는 프리뷰[8] 상태다.

사용자 가이드[9]에 따르면 Aurora Serverless는 3개의 가용 영역에 걸쳐 여섯 가지 방식으로 데이터베이스의 기본 스토리지를 복제한다고 한다. 이러한 복제는 강한 복원력을 갖지만 작동 오류를 방지하고자 자동 백업을 지속적으로 사용해야 한다. Aurora Serverless는 기본적으로 자동 백업이 활성화돼 있으며 필요한 경우 백업 보존 기간을 최대 35일까지 늘릴 수 있다.

문서[10]에 따르면 데이터베이스 클러스터가 7일 이상 유휴 상태인 경우 클러스터는 스냅샷으로 백업된다. 이 경우 연결 요청이 있을 때 데이터베이스 클러스터를 복원한다.

도전 과제
데이터베이스 클러스터의 경우 최대 용량을 64로, 유휴 시간을 10분으로 변경한다.

참고할 레시피
레시피 4.2, IAM 인증을 사용한 RDS 접속

레시피 4.7, AWS DMS를 사용해 데이터베이스 Amazon RDS로 마이그레이션하기

---

8   https://oreil.ly/TVurx
9   https://oreil.ly/GMEVT
10 https://oreil.ly/Wq91f

4.2 IAM 인증을 사용한 RDS 접속

문제 설명

데이터베이스에 연결할 때 암호를 사용하는 대신 교체 임시 자격 증명을 사용하고자 한다.

해결 방법

데이터베이스의 IAM 인증을 활성화한다. 그런 다음 EC2 인스턴스가 사용할 IAM 권한을 구성한다. 마지막으로, 데이터베이스에 새 사용자를 생성하고 IAM 인증 토큰을 사용해 연결한다(그림 4-2 참고).

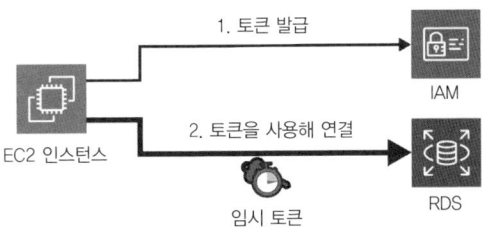

그림 4-2. IAM 인증 사용한 RDS 데이터베이스 연결

준비 사항

- 2개의 AZ에 배포된 퍼블릭 서브넷과 라우팅 테이블
- RDS MySQL 인스턴스
- 이미 배포돼 있는 EC2 인스턴스. MySQL 구성과 테스트를 위해 해당 인스턴스에 연결할 수 있어야 한다.

준비 단계

코드 저장소의 준비 단계를 실행한다.[11]

---

11 https://github.com/AWSCookbook/Databases/tree/main/402-Using-IAM-Authentication-with-RDS

작업 방법

1. RDS 데이터베이스 인스턴스의 IAM 데이터베이스 인증을 활성화한다.

    ```
    aws rds modify-db-instance \
      --db-instance-identifier $RDS_DATABASE_ID \
      --enable-iam-database-authentication \
      --apply-immediately
    ```

    다음과 유사한 출력을 확인한다.

    ```
    {
      "DBInstance":
      {
        "DBInstanceIdentifier": "awscookbookrecipe402",
        "DBInstanceClass": "db.m5.large",
        "Engine": "mysql",
        "DBInstanceStatus": "available",
        "MasterUsername": "admin",
        "DBName": "AWSCookbookRecipe402",
        "Endpoint":
        {
          "Address": "awscookbookrecipe402<ID>.us-east-1.rds.amazonaws.com",
          "Port": 3306,
          "HostedZoneId": "<ID>"
        },
        ...
    ```

     IAM 데이터베이스 인증은 다음 AWS 문서[12]에 명시된 데이터베이스 엔진에서만 지원한다.

2. RDS 데이터베이스 인스턴스의 리소스 ID를 저장한다.

    ```
    DB_RESOURCE_ID=$(aws rds describe-db-instances \
      --query \
    ```

---

12 https://oreil.ly/jUlQO

```
         'DBInstances[?DBName==`AWSCookbookRecipe402`].DbiResourceId' \
        --output text)
```

3. 저장소를 참고해 다음 내용을 포함하는 policy-template.json 파일을 생성한다.

```
{
  "Version": "2012-10-17",
  "Statement": [
    {
      "Effect": "Allow",
      "Action": ["rds-db:connect"],
      "Resource": ["arn:aws:rds-db:AWS_REGION:AWS_ACCOUNT_ID:dbuser:DBResourceId/db_user"
      ]
    }
  ]
}
```

 위 템플릿의 db_user 대신 연결을 허용하려는 데이터베이스의 사용자 이름을 설정할 수 있다.

4. sed 명령을 사용해 템플릿 파일의 값을 환경 변수의 값으로 치환한다.

```
sed -e "s/AWS_ACCOUNT_ID/${AWS_ACCOUNT_ID}/g" \
  -e "s|AWS_REGION|${AWS_REGION}|g" \
  -e "s|DBResourceId|${DB_RESOURCE_ID}|g" \
  policy-template.json > policy.json
```

5. 방금 생성한 파일을 사용해 IAM 정책을 생성한다.

```
aws iam create-policy --policy-name AWSCookbook402EC2RDSPolicy \
  --policy-document file://policy.json
```

다음과 유사한 출력을 확인한다.

```
{
  "Policy":
  {
```

```
    "PolicyName": "AWSCookbook402EC2RDSPolicy",
    "PolicyId": "<ID>",
    "Arn": "arn:aws:iam::111111111111:policy/AWSCookbook402EC2RDSPolicy",
    "Path": "/",
    "DefaultVersionId": "v1",
    "AttachmentCount": 0,
    "PermissionsBoundaryUsageCount": 0,
    "IsAttachable": true,
    "CreateDate": "2021-09-21T21:18:54+00:00",
    "UpdateDate": "2021-09-21T21:18:54+00:00"
  }
}
```

6. 방금 생성한 IAM 정책 AWSCookbook402EC2RDSPolicy를 EC2가 사용 중인 IAM 역할에 연결한다.

    ```
    aws iam attach-role-policy --role-name $INSTANCE_ROLE_NAME \
      --policy-arn arn:aws:iam::$AWS_ACCOUNT_ID:policy/AWSCookbook402EC2RDSPolicy
    ```

7. Secrets Manager에서 RDS 관리자 암호를 확인한다.

    ```
    RDS_ADMIN_PASSWORD=$(aws secretsmanager get-secret-value \
      --secret-id $RDS_SECRET_ARN \
      --query SecretString | jq -r | jq .password | tr -d '"')
    ```

8. EC2 인스턴스에서 데이터베이스 연결할 때 사용할 수 있는 RDS 클러스터의 엔드포인트를 확인한다.

    ```
    echo $RDS_ENDPOINT
    ```

    다음과 유사한 출력을 확인한다.

    ```
    awscookbookrecipe402.<문자열>.us-east-1.rds.amazonaws.com
    ```

    RDS 클러스터의 암호를 출력한다.

    ```
    echo $RDS_ADMIN_PASSWORD
    ```

9. SSM Session Manager를 사용해 EC2 인스턴스에 연결한다(레시피 1.6 참고).

    ```
    aws ssm start-session --target $INSTANCE_ID
    ```

10. MySQL을 설치한다.

    ```
    sudo yum -y install mysql
    ```

11. 7단계와 8단계에서 출력한 암호와 호스트 이름을 사용해 데이터베이스에 연결한다.

    ```
    mysql -u admin -p$DB_ADMIN_PASSWORD -h $RDS_ENDPOINT
    ```

    다음과 유사한 출력을 확인한다.

    ```
    Welcome to the MariaDB monitor.  Commands end with ; or \g.
    Your MySQL connection id is 18
    Server version: 8.0.23 Source distribution
    Copyright (c) 2000, 2018, Oracle, MariaDB Corporation Ab and others.
    Type 'help;' or '\h' for help. Type '\c' to clear the current input statement.
    MySQL [(none)]>
    ```

 11단계의 mysql 명령어를 사용할 때 -p 플래그와 암호 문자 사이에 공백이 없어야 한다.

12. IAM 인증 시 사용할 새로운 데이터베이스 사용자를 생성한다.

    ```
    CREATE USER db_user@'%' IDENTIFIED WITH AWSAuthenticationPlugin as 'RDS';
    GRANT   SELECT ON *.* TO 'db_user'@'%';
    ```

    각 SQL 명령에 대해 다음과 유사한 출력을 확인한다.

    ```
    Query OK, 0 rows affected (0.01 sec)
    ```

13. mysql 명령줄을 종료한다.

    ```
    quit
    ```

유효성 검사. EC2 인스턴스에 rds-downloads S3 버킷을 통해 제공하는 Amazon[13]에서 제공하는 RDS 루트 CA^{certificate authority} 파일을 다운로드한다.

```
sudo wget https://s3.amazonaws.com/rds-downloads/rds-ca-2019-root.pem
```

인스턴스의 메타데이터를 참고해 리전을 설정한다.

```
export AWS_DEFAULT_REGION=$(curl --silent http://169.254.169.254/latest/dynamic/instance-identity/document \
  | awk -F'"' ' /region/ {print $4}')
```

RDS 인증 토큰을 생성하고 변수로 저장한다. 8단계에서 확인한 호스트 이름을 사용한다.

```
TOKEN="$(aws rds generate-db-auth-token --hostname $RDS_ENDPOINT --port 3306 --username db_user)"
```

새 db_user와 RDS 인증 토큰을 사용해 데이터베이스에 연결한다. 8단계에서 확인한 호스트 이름을 사용한다.

```
mysql --host=$RDS_ENDPOINT --port=3306 \
  --ssl-ca=rds-ca-2019-root.pem \
  --user=db_user --password=$TOKEN
```

mysql 프롬프트에서 SELECT 쿼리를 실행해 해당 사용자에게 SELECT *.* 권한이 있는지 확인한다.

```
SELECT user FROM mysql.user;
```

다음과 유사한 출력을 확인한다.

```
MySQL [(none)]> SELECT user FROM mysql.user;
+----------------------+
```

---

[13] https://oreil.ly/2T2v5

```
| user              |
+-------------------+
| admin             |
| db_user           |
| mysql.infoschema  |
| mysql.session     |
| mysql.sys         |
| rdsadmin          |
+-------------------+
6 rows in set (0.00 sec)
```

`mysql` 명령줄을 종료한다.

```
quit
```

Session Manager 세션을 종료한다.

```
exit
```

정리

코드 저장소의 정리 단계를 참고한다.[14]

참고

암호 문자열을 사용하는 대신 EC2 인스턴스의 IAM 역할과 연결된 토큰을 사용해 MySQL을 연결하는 방법을 살펴봤다. IAM은 임시 토큰을 15분 동안 유지한다. EC2 인스턴스에 설치된 애플리케이션은 AWS SDK를 통해 해당 토큰을 정기적으로 새로 발급받을 수 있다. 이전에 사용한 토큰은 15분 후에 무효화되므로 데이터베이스 사용자의 비밀번호를 교체할 필요가 없다.

특정 권한을 부여한 다양한 데이터베이스 사용자를 생성해 애플리케이션이 데이터베이스에 대한 다양한 수준의 액세스를 가질 수 있다. 권한 부여는 IAM 권한이 아니라 데이

---

14 https://github.com/AWSCookbook/Databases/tree/main/402-Using-IAM-Authentication-with-RDS#clean-up

터베이스 내에서 발생한다. IAM은 특정 사용자에 대한 db-connect 작업을 제어하고 인증 토큰을 취득한다. 해당 사용자 이름은 앞서 작성한 policy.json 파일에 사용한 사용자 이름과 같이 데이터베이스 내에서 동일한 사용자 이름을 사용해 IAM에서 GRANT로 매핑할 수 있다.

```
{
  "Version": "2012-10-17",
  "Statement": [
    {
      "Effect": "Allow",
      "Action": ["rds-db:connect"],
        "Resource": ["arn:aws:rds-db:AWS_REGION::dbuser:DBResourceId/db_user"
        ]
    }
  ]
}
```

4장의 레시피에서는 EC2 인스턴스에서 데이터베이스를 연결할 때 SSL 인증서 번들을 사용해 전송 중 암호화를 활성화했다. 애플리케이션과 데이터베이스 간의 연결을 암호화하는 것은 좋은 보안 관행이며 규정 준수 표준의 요구 사항 중 하나다. 데이터베이스에 IAM 인증 토큰으로 연결할 때 SSL 인증서를 연결 매개 변수(--ssl-ca)로 사용한다. 인증 기관 번들은 AWS[15]에서 다운로드해 애플리케이션 내에서 사용할 수 있다.

도전 과제

저장소의 lambda_function.py 파일을 참고해서 람다 함수에서 IAM 인증을 사용해 데이터베이스에 연결한다.

---

15 https://oreil.ly/TJBbg

4.3 RDS 프록시를 사용한 람다와 RDS 연결

문제 설명
서버리스 함수가 관계형 데이터베이스에 연결할 때 연결 수를 최소화하고 성능을 향상시키고자 커넥션 풀링connection pooling을 사용해야 한다.

해결 방법
RDS 프록시를 생성하고 이를 RDS MySQL 데이터베이스와 연결한다. 람다가 데이터베이스에 직접 액세스하는 대신 프록시에 연결하도록 구성한다(그림 4-3 참고).

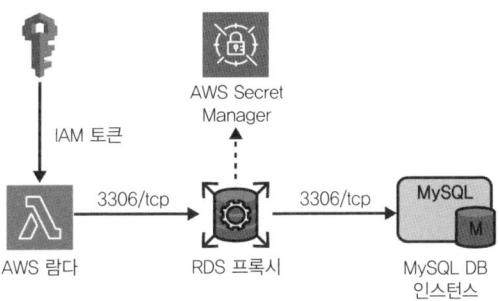

그림 4-3. RDS 프록시를 통한 람다의 데이터베이스 연결 경로

준비 사항
- 2개의 AZ에 배포된 퍼블릭 서브넷과 라우팅 테이블
- RDS MySQL 인스턴스
- RDS 데이터베이스에 연결하려는 람다 함수

준비 단계
코드 저장소의 준비 단계를 실행한다.[16]

---

16 https://github.com/AWSCookbook/Databases/tree/main/403-Leveraging-RDS-Proxy-For-Db-Conns

작업 방법

1. 다음과 같이 저장소의 파일을 참고해 assign-role-policy.json이라는 파일을 생성한다.

    ```
    {
      "Version": "2012-10-17",
      "Statement": [
      {
        "Effect": "Allow",
        "Principal":
        {
          "Service": "rds.amazonaws.com"
        },
        "Action": "sts:AssumeRole"
      }]
    }
    ```

2. assign-role-policy.json 파일을 사용해 RDS 프록시에 대한 IAM 역할을 생성한다.

    ```
    aws iam create-role --assume-role-policy-document \
      file://assume-role-policy.json --role-name AWSCookbook403RDSProxy
    ```

    다음과 유사한 출력을 확인한다.

    ```
    {
      "Role":
      {
        "Path": "/",
        "RoleName": "AWSCookbook403RDSProxy",
        "RoleId": "<ID>",
        "Arn": "arn:aws:iam::111111111111:role/AWSCookbook403RDSProxy",
        "CreateDate": "2021-09-21T22:33:57+00:00",
        "AssumeRolePolicyDocument":
        {
          "Version": "2012-10-17",
          "Statement": [
          {
    ```

```
            "Effect": "Allow",
            "Principal":
            {
              "Service": "rds.amazonaws.com"
            },
            "Action": "sts:AssumeRole"
         }]
       }
     }
   }
```

3. RDS 프록시에서 사용할 보안 그룹을 생성한다.

   ```
   RDS_PROXY_SG_ID=$(aws ec2 create-security-group \
     --group-name AWSCookbook403RDSProxySG \
     --description "Lambda Security Group" --vpc-id $VPC_ID \
     --output text --query GroupId)
   ```

4. RDS 프록시를 생성한다.

   ```
   RDS_PROXY_ENDPOINT_ARN=$(aws rds create-db-proxy \
     --db-proxy-name $DB_NAME \
     --engine-family MYSQL \
     --auth '{
                "AuthScheme": "SECRETS",
                "SecretArn": "'"$RDS_SECRET_ARN"'",
                "IAMAuth": "REQUIRED"
             }' \
     --role-arn arn:aws:iam::$AWS_ACCOUNT_ID:role/AWSCookbook403RDSProxy \
     --vpc-subnet-ids $ISOLATED_SUBNETS \
     --vpc-security-group-ids $RDS_PROXY_SG_ID \
     --require-tls --output text \
     --query DBProxy.DBProxyArn)
   ```

   RDS 프록시를 사용할 수 있을 때까지 기다린다.

   ```
   aws rds describe-db-proxies \
     --db-proxy-name $DB_NAME \
     --query DBProxies[0].Status \
     --output text
   ```

5. RDS_PROXY_ENDPOINT를 저장한다.

    ```
    RDS_PROXY_ENDPOINT=$(aws rds describe-db-proxies \
      --db-proxy-name $DB_NAME \
      --query DBProxies[0].Endpoint \
      --output text)
    ```

6. 저장소의 template-policy.json이라는 파일을 참고해 람다 함수가 IAM 인증 토큰을 생성할 수 있는 권한을 가진 IAM 정책을 생성한다.

    ```
    {
      "Version": "2012-10-17",
      "Statement": [
      {
        "Effect": "Allow",
        "Action": ["rds-db:connect"],
        "Resource": ["arn:aws:rds-db:AWS_REGION:AWS_ACCOUNT_ID:dbuser:RDSProxyID/
        admin"]
      }]
    }
    ```

7. RDS 프록시 엔드포인트 ARN에서 프록시 ID를 분리한다. 프록시 ID는 다음 단계에서 IAM 정책을 구성하는 데 필요하다.

    ```
    RDS_PROXY_ID=$(echo $RDS_PROXY_ENDPOINT_ARN | awk -F: '{ print $7} ')
    ```

8. sed 명령을 사용해 템플릿 파일의 값을 환경 변수의 값으로 치환한다.

    ```
    sed -e "s/AWS_ACCOUNT_ID/${AWS_ACCOUNT_ID}/g" \
      -e "s|AWS_REGION|${AWS_REGION}|g" \
      -e "s|RDSProxyID|${RDS_PROXY_ID}|g" \
      policy-template.json > policy.json
    ```

9. 방금 생성한 파일을 사용해 IAM 정책을 생성한다.

    ```
    aws iam create-policy --policy-name AWSCookbook403RdsIamPolicy \
      --policy-document file://policy.json
    ```

다음과 유사한 출력을 확인한다.

```
{
  "Policy":
  {
    "PolicyName": "AWSCookbook403RdsIamPolicy",
    "PolicyId": "<ID>",
    "Arn": "arn:aws:iam::111111111111:policy/AWSCookbook403RdsIamPolicy",
    "Path": "/",
    "DefaultVersionId": "v1",
    "AttachmentCount": 0,
    "PermissionsBoundaryUsageCount": 0,
    "IsAttachable": true,
    "CreateDate": "2021-09-21T22:50:24+00:00",
    "UpdateDate": "2021-09-21T22:50:24+00:00"
  }
}
```

10. 정책을 DBAppFunction 람다 함수의 역할에 연결한다.

    ```
    aws iam attach-role-policy --role-name $DB_APP_FUNCTION_ROLE_NAME \
      --policy-arn arn:aws:iam::$AWS_ACCOUNT_ID:policy/AWSCookbook403RdsIamPolicy
    ```

    다음 명령을 사용해 프록시가 사용할 수 있는 상태가 된 것을 확인한 다음 계속 진행한다.

    ```
    aws rds describe-db-proxies --db-proxy-name $DB_NAME \
      --query DBProxies[0].Status \
      --output text
    ```

11. SecretsManagerReadWrite 정책을 RDS 프록시 역할에 연결한다.

    ```
    aws iam attach-role-policy --role-name AWSCookbook403RDSProxy \
      --policy-arn arn:aws:iam::aws:policy/SecretsManagerReadWrite
    ```

> 프로덕션 시나리오에서는 모든 비밀에 대한 읽기/쓰기를 허용하는 SecretsManagerReadWrite 권한을 부여하기보다는 애플리케이션이 액세스해야 하는 최소한의 비밀 리소스로 권한의 범위를 지정하는 것을 권장한다.

12. RDS 프록시 보안 그룹이 RDS 인스턴스의 보안 그룹의 TCP 포트 3306(기본 MySQL TCP 포트)에 대한 액세스를 허용하는 수신 규칙을 추가한다.

    ```
    aws ec2 authorize-security-group-ingress \
      --protocol tcp --port 3306 \
      --source-group $RDS_PROXY_SG_ID \
      --group-id $RDS_SECURITY_GROUP
    ```

    다음과 유사한 출력을 확인한다.

    ```
    {
      "Return": true,
      "SecurityGroupRules": [
      {
        "SecurityGroupRuleId": "sgr-<ID>",
        "GroupId": "sg-<ID>",
        "GroupOwnerId": "111111111111",
        "IsEgress": false,
        "IpProtocol": "tcp",
        "FromPort": 3306,
        "ToPort": 3306,
        "ReferencedGroupInfo":
        {
          "GroupId": "sg-<ID>"
        }
      }]
    }
    ```

     보안 그룹은 다른 보안 그룹을 참고할 수 있다. VPC의 IP 주소는 동적으로 할당되기 때문에 보안 그룹 참고는 액세스 권한을 부여하는 가장 좋은 방법이다. 자세한 내용은 레시피 2.5를 참고한다.

13. RDS 프록시에 대상을 등록한다.

    ```
    aws rds register-db-proxy-targets \
      --db-proxy-name $DB_NAME \
      --db-instance-identifiers $RDS_DATABASE_ID
    ```

다음과 유사한 출력을 확인한다.

```
{
  "DBProxyTargets": [
  {
    "Endpoint": "awscookbook403db.<ID>.us-east-1.rds.amazonaws.com",
    "RdsResourceId": "awscookbook403db",
    "Port": 3306,
    "Type": "RDS_INSTANCE",
    "TargetHealth":
    {
      "State": "REGISTERING"
    }
  }]
}
```

다음 명령으로 대상 등록 상태를 확인한다. 상태가 AVAILABLE로 변할 때까지 기다린다.

```
aws rds describe-db-proxy-targets \
  --db-proxy-name awscookbookrecipe403 \
  --query Targets[0].TargetHealth.State \
  --output text
```

14. 람다 함수의 보안 그룹이 RDS 프록시 보안 그룹의 TCP 포트 3306에 대한 액세스를 허용하는 수신 규칙을 추가한다.

```
aws ec2 authorize-security-group-ingress \
  --protocol tcp --port 3306 \
  --source-group $DB_APP_FUNCTION_SG_ID \
  --group-id $RDS_PROXY_SG_ID
```

다음과 유사한 출력을 확인한다.

```
{
  "Return": true,
  "SecurityGroupRules": [
  {
    "SecurityGroupRuleId": "sgr-<ID>",
```

```
      "GroupId": "sg-<ID>",
      "GroupOwnerId": "111111111111",
      "IsEgress": false,
      "IpProtocol": "tcp",
      "FromPort": 3306,
      "ToPort": 3306,
      "ReferencedGroupInfo":
      {
         "GroupId": "sg-<ID>"
      }
   }]
}
```

15. 이제 데이터베이스에 직접 연결하지 않고 RDS 프록시 엔드포인트를 DB_HOST로 사용하도록 람다 함수를 수정한다.

    ```
    aws lambda update-function-configuration \
      --function-name $DB_APP_FUNCTION_NAME \
      --environment Variables={DB_HOST=$RDS_PROXY_ENDPOINT}
    ```

    다음과 유사한 출력을 확인한다.

    ```
    {
      "FunctionName": "cdk-aws-cookbook-403-LambdaApp<ID>",
      "FunctionArn": "arn:aws:lambda:us-east-1:111111111111:function:cdk-
    awscookbook-403-LambdaApp<ID>",
      "Runtime": "python3.8",
      "Role": "arn:aws:iam::111111111111:role/cdk-aws-cookbook-403-
    LambdaAppServiceRole<ID>",
      "Handler": "lambda_function.lambda_handler",
      "CodeSize": 665,
      "Description": "",
      "Timeout": 600,
      "MemorySize": 1024,
    ...
    ```

유효성 검사. 다음 명령으로 람다 함수가 RDS 프록시를 사용해 RDS에 연결할 수 있는지 확인한다.

```
aws lambda invoke \
  --function-name $DB_APP_FUNCTION_NAME \
  response.json && cat response.json
```

다음과 유사한 출력을 확인한다.

```
{ "StatusCode": 200, "ExecutedVersion": "$LATEST" }
"Successfully connected to RDS via RDS Proxy!"
```

정리

코드 저장소의 정리 단계를 참고한다.[17]

참고

RDS와 람다를 사용할 때 커넥션 풀링connection pooling을 고려해야 한다. 함수는 애플리케이션에 따라 높은 동시성을 갖고 큰 빈도로 실행될 수 있으므로 데이터베이스에 대한 연결 수가 증가하고 성능에 영향을 미칠 수 있다. RDS 프록시를 사용해 데이터베이스에 대한 연결을 관리하면 실제 데이터베이스에 대한 연결을 적게 유지할 수 있어 성능과 효율성을 높일 수 있다.

RDS 프록시를 사용하지 않으면 함수가 호출될 때마다 람다 함수가 데이터베이스에 대한 새 연결을 설정할 수 있다. 이 동작은 실행 환경, 런타임(파이썬, NodeJS, Go 등) 및 함수의 코드 레벨에서 데이터베이스 연결을 인스턴스화하는 방법에 따라 다르다. 동시성이 높은 경우 데이터베이스에 대한 많은 양의 TCP 연결이 발생해 데이터베이스 성능이 저하되고 대기 시간이 증가할 수 있다. RDS 프록시는 연결을 '풀pool'로 관리해 람다의 연결을 관리하는 데 도움이 된다. 따라서 동시성이 증가하면 RDS 프록시가 데이터베이스에 대한 실제 연결을 필요한 만큼만 늘리고 TCP 오버헤드를 RDS 프록시로 오프로드한다.

---

17 https://github.com/AWSCookbook/Databases/tree/main/403-Leveraging-RDS-Proxy-For-Db-Conns#clean-up

RDS 프록시에 연결할 때 AWS에서 제공한 인증서 번들을 데이터베이스 연결 문자열에 포함하면 전송 중 SSL 암호화를 지원한다. RDS 프록시는 MySQL 및 PostgreSQL RDS 데이터베이스를 지원한다. 제공 문서[18]에서 지원하는 모든 데이터베이스 엔진 및 버전을 확인할 수 있다.

Amazon RDS에서 제공하는 RDS Data API를 활용해 데이터베이스 연결을 효율적으로 설계할 수 있다. RDS 데이터 API에 대한 예는 레시피 4.8을 참고한다.

도전 과제
디버깅을 위해 RDS 프록시의 향상된 로깅 enhanced logging 을 활성화한다.

4.4 기존 Amazon RDS for MySQL 데이터베이스의 스토리지 암호화

문제 설명
기존 데이터베이스의 스토리지를 암호화해야 한다.

해결
기존 데이터베이스의 읽기 전용 복제본을 만들고 읽기 전용 복제본의 스냅샷을 생성한다. 스냅샷을 암호화된 스냅샷으로 복사하고 암호화된 스냅샷을 새 데이터베이스로 복원한다(그림 4-4 참고).

---

18 https://oreil.ly/7zUhZ

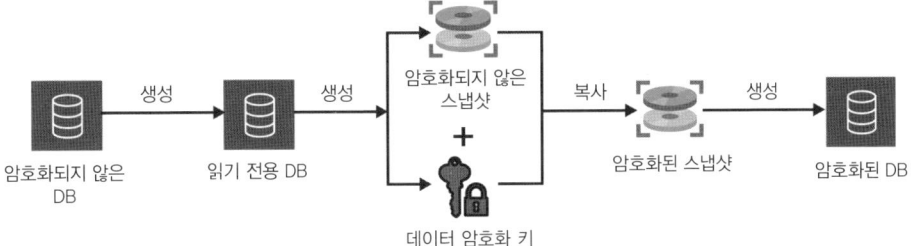

그림 4-4. 스냅샷을 사용해 RDS 데이터베이스를 암호화하는 프로세스

준비 사항

- 2개의 AZ에 배포된 퍼블릭 서브넷과 라우팅 테이블
- RDS 서브넷 그룹을 가진 RDS MySQL 인스턴스

준비 단계

코드 저장소의 준비 단계를 실행한다.[19]

작업 방법

1. 데이터베이스 저장소가 암호화되지 않은 것을 확인한다.

    ```
    aws rds describe-db-instances \
      --db-instance-identifier $RDS_DATABASE_ID \
      --query DBInstances[0].StorageEncrypted
    ```

    위 명령어는 `false`를 반환해야 한다.

2. 데이터베이스 스냅샷을 암호화하기 위한 KMS 키를 생성한다. 환경 변수에 키 ID를 저장한다.

    ```
    KEY_ID=$(aws kms create-key \
      --tags TagKey=Name,TagValue=AWSCookbook404RDS \
      --description "AWSCookbook RDS Key" \
    ```

---

[19] https://github.com/AWSCookbook/Databases/tree/main/404-Encrypt-Existing-RDS-MySQL-DB

```
--query KeyMetadata.KeyId \
--output text)
```

3. 생성한 키를 쉽게 참고할 수 있도록 별칭alias을 생성한다.

```
aws kms create-alias \
  --alias-name alias/awscookbook404 \
  --target-key-id $KEY_ID
```

4. 암호화되지 않은 기존 데이터베이스의 읽기 전용 복제본을 생성한다.

```
aws rds create-db-instance-read-replica \
  --db-instance-identifier awscookbook404db-rep \
  --source-db-instance-identifier $RDS_DATABASE_ID \
  --max-allocated-storage 10
```

다음과 유사한 출력을 확인한다.

```
{
  "DBInstance":
  {
    "DBInstanceIdentifier": "awscookbook404db-rep",
    "DBInstanceClass": "db.m5.large",
    "Engine": "mysql",
    "DBInstanceStatus": "creating",
    "MasterUsername": "admin",
    "DBName": "AWSCookbookRecipe404",
    "AllocatedStorage": 8,
    "PreferredBackupWindow": "05:51-06:21",
    "BackupRetentionPeriod": 0,
    "DBSecurityGroups": [],
    ...
```

읽기 전용 복제본을 생성하면 스냅샷을 생성할 때 기본 데이터베이스의 성능에 영향을 미치지 않는다.

DBInstanceStatus가 'available'이 될 때까지 기다린다.

```
aws rds describe-db-instances \
  --db-instance-identifier awscookbook404db-rep \
  --output text --query DBInstances[0].DBInstanceStatus
```

5. 읽기 전용 복제본의 스냅샷을 생성한다. 이 스냅샷은 암호화돼 있지 않다.

```
aws rds create-db-snapshot \
  --db-instance-identifier awscookbook404db-rep \
  --db-snapshot-identifier awscookbook404-snapshot
```

다음과 유사한 출력을 확인한다.

```
{
  "DBSnapshot":
  {
    "DBSnapshotIdentifier": "awscookbook404-snapshot",
    "DBInstanceIdentifier": "awscookbook404db-rep",
    "Engine": "mysql",
    "AllocatedStorage": 8,
    "Status": "creating",
    "Port": 3306,
    "AvailabilityZone": "us-east-1b",
    "VpcId": "vpc-<ID>",
    "InstanceCreateTime": "2021-09-21T22:46:07.785000+00:00",
```

스냅샷의 상태가 사용 가능해질 때까지 기다린다.

```
aws rds describe-db-snapshots \
  --db-snapshot-identifier awscookbook404-snapshot \
  --output text --query DBSnapshots[0].Status
```

6. KMS 키를 사용해 암호화되지 않은 스냅샷을 새 스냅샷으로 복사한다.

```
aws rds copy-db-snapshot \
  --copy-tags \
  --source-db-snapshot-identifier awscookbook404-snapshot \
  --target-db-snapshot-identifier awscookbook404-snapshot-enc \
  --kms-key-id alias/awscookbook404
```

다음과 유사한 출력을 확인한다.

```
{
  "DBSnapshot":
  {
    "DBSnapshotIdentifier": "awscookbook404-snapshot-enc",
    "DBInstanceIdentifier": "awscookbook404db-rep",
    "Engine": "mysql",
    "AllocatedStorage": 8,
    "Status": "creating",
    "Port": 3306,
    "AvailabilityZone": "us-east-1b",
    "VpcId": "vpc-<ID>",
    "InstanceCreateTime": "2021-09-21T22:46:07.785000+00:00",
    "MasterUsername": "admin",
    ...
```

copy-snapshot 명령으로 KMS 키를 지정하면 복사하는 스냅샷을 암호화한다. 암호화된 스냅샷을 새 데이터베이스로 복원하면 암호화된 데이터베이스를 생성한다.

암호화된 스냅샷의 상태가 사용 가능해질 때까지 기다린다.

```
aws rds describe-db-snapshots \
  --db-snapshot-identifier awscookbook404-snapshot-enc \
  --output text --query DBSnapshots[0].Status
```

7. 암호화된 스냅샷을 새 RDS 인스턴스로 복원한다.

```
aws rds restore-db-instance-from-db-snapshot \
  --db-subnet-group-name $RDS_SUBNET_GROUP \
  --db-instance-identifier awscookbook404db-enc \
  --db-snapshot-identifier awscookbook404-snapshot-enc
```

다음과 유사한 출력을 확인한다.

```
{
  "DBInstance":
  {
```

```
"DBInstanceIdentifier": "awscookbook404db-enc",
"DBInstanceClass": "db.m5.large",
"Engine": "mysql",
"DBInstanceStatus": "creating",
"MasterUsername": "admin",
"DBName": "AWSCookbookRecipe404",
"AllocatedStorage": 8,
...
```

유효성 검사. DBInstanceStatus를 사용할 수 있을 때까지 기다린다.

```
aws rds describe-db-instances \
  --db-instance-identifier awscookbook404db-enc \
  --output text --query DBInstances[0].DBInstanceStatus
```

스토리지가 암호화됐는지 확인한다.

```
aws rds describe-db-instances \
  --db-instance-identifier awscookbook404db-enc \
  --query DBInstances[0].StorageEncrypted
```

위 명령어는 true를 출력해야 한다.

정리

코드 저장소의 정리 단계를 참고한다.[20]

참고

새로운 데이터베이스를 생성했기 때문에 애플리케이션은 새로운 데이터베이스 엔드포인트를 사용해야 한다. 가동 중지 시간을 최소화하려면 데이터베이스 엔드포인트를 가리키는 Route 53 DNS 레코드[21]를 구성할 수 있다. 애플리케이션이 DNS 레코드를 참고하도록 구성한 다음 새로운 데이터베이스 엔드포인트로 DNS 레코드를 업데이트해 데

---

20 https://github.com/AWSCookbook/Databases/tree/main/404-Encrypt-Existing-RDS-MySQL-DB#clean-up
21 https://oreil.ly/SFZuW

이터베이스 트래픽을 새 데이터베이스로 이동할 수 있다.

저장 시 암호화$^{encryption\ at\ rest}$는 AWS 공동 책임 모델[22] 중 최종 사용자가 관리해야 하는 보안 접근 방식이며, 표준이나 규정 준수를 위해 필요한 기능이다. 암호화된 스냅샷은 자동으로 다른 리전으로 복사할 수 있고 보관/백업을 위해 S3로 내보낼 수도 있다.

도전 과제
처음부터 암호화된 RDS 데이터베이스를 생성하고 레시피 4.7를 참고해 AWS DMS를 사용해 기존 데이터베이스에서 새 데이터베이스로 데이터를 마이그레이션한다.

4.5 RDS 데이터베이스의 암호 교체 자동화

문제 설명
데이터베이스 사용자에 대한 자동 비밀번호 교체를 구현해야 한다.

해결 방법
암호를 생성해 AWS Secrets Manager에 저장하고 암호 교체 시간의 간격을 설정한다. AWS가 제공하는 코드를 사용해 암호 교체를 수행하는 람다 함수를 구성한다. 이 구성을 사용하면 그림 4-5와 같이 암호 교체를 자동화할 수 있다.

---

22   https://oreil.ly/n6Cz3

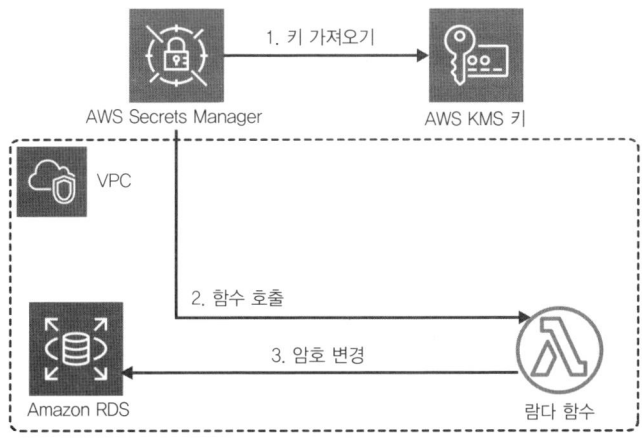

그림 4-5. Secrets Manager와 람다 함수 통합

준비 사항

- 2개의 AZ에 배포된 퍼블릭 서브넷과 라우팅 테이블

- 격리된 서브넷에서 기존에 실행 중인 EC2 인스턴스와 MySQL RDS. 테스트를 위해 인스턴스에 연결할 수 있어야 한다.

준비 단계

코드 저장소의 준비 단계를 실행한다.[23]

작업 방법

1. AWS Secrets Manager를 사용해 RDS의 요구 사항을 충족하는 암호를 생성한다.

    ```
    RDS_ADMIN_PASSWORD=$(aws secretsmanager get-random-password \
      --exclude-punctuation \
      --password-length 41 --require-each-included-type \
      --output text --query RandomPassword)
    ```

---

23 https://github.com/AWSCookbook/Databases/tree/main/405-Rotating-Database-Passwords-in-RDS

 Secrets Manager의 GetRandomPassword[24] API 메서드를 사용하면 여러 가지 용도를 위한 임의의 문자열을 생성할 수 있다.

2. RDS 데이터베이스의 관리자 암호를 방금 생성한 암호로 변경한다.

```
aws rds modify-db-instance \
  --db-instance-identifier $RDS_DATABASE_ID \
  --master-user-password $RDS_ADMIN_PASSWORD \
  --apply-immediately
```

다음과 유사한 출력을 확인한다.

```
{
  "DBInstance": {
    "DBInstanceIdentifier": "awscookbook405db",
    "DBInstanceClass": "db.m5.large",
    "Engine": "mysql",
    "DBInstanceStatus": "available",
    "MasterUsername": "admin",
    "DBName": "AWSCookbookRecipe405",
    ...
```

3. 저장소를 참고해 다음과 같이 rdscreds-template.json 파일을 생성한다.

```
{
  "username": "admin",
  "password": "PASSWORD",
  "engine": "mysql",
  "host": "HOST",
  "port": 3306,
  "dbname": "DBNAME",
  "dbInstanceIdentifier": "DBIDENTIFIER"
}
```

24　https://oreil.ly/7DAG9

4. `sed`를 사용해 rdscreds-template.json의 값을 치환해 rdscreds.json을 생성한다.

```
sed -e "s/AWS_ACCOUNT_ID/${AWS_ACCOUNT_ID}/g" \
  -e "s|PASSWORD|${RDS_ADMIN_PASSWORD}|g" \
  -e "s|HOST|${RdsEndpoint}|g" \
  -e "s|DBNAME|${DbName}|g" \
  -e "s|DBIDENTIFIER|${RdsDatabaseId}|g" \
  rdscreds-template.json > rdscreds.json
```

5. AWS 샘플 깃허브[25]에서 Rotation 람다 함수 코드를 다운로드한다.

```
wget https://raw.githubusercontent.com/aws-samples/aws-secrets-manager-
rotationlambdas/master/SecretsManagerRDSMySQLRotationSingleUser/lambda_
function.py
```

AWS는 제공 문서[26]에서 다양한 데이터베이스의 교체 시나리오에 대한 정보와 템플릿을 제공한다.

6. 다운로드받은 코드를 압축한다.

```
zip lambda_function.zip lambda_function.py
```

다음과 유사한 출력을 확인한다.

```
adding: lambda_function.py (deflated 76%)
```

7. 람다 함수가 사용할 새 보안 그룹을 생성한다.

```
LAMBDA_SG_ID=$(aws ec2 create-security-group \
  --group-name AWSCookbook405LambdaSG \
  --description "Lambda Security Group" --vpc-id $VPC_ID \
  --output text --query GroupId)
```

---

25 https://oreil.ly/H5kgh
26 https://oreil.ly/IdYkf

8. RDS 인스턴스 보안 그룹에 람다의 보안 그룹의 TCP 포트 3306에 대한 액세스를 허용하는 수신 규칙을 추가한다.

```
aws ec2 authorize-security-group-ingress \
--protocol tcp --port 3306 \
--source-group $LAMBDA_SG_ID \
--group-id $RDS_SECURITY_GROUP
```

다음과 유사한 출력을 확인한다.

```
{
  "Return": true,
  "SecurityGroupRules": [{
    "SecurityGroupRuleId": "sgr-<ID>",
    "GroupId": "sg-<ID>",
    "GroupOwnerId": "111111111111",
    "IsEgress": false,
    "IpProtocol": "tcp",
    "FromPort": 3306,
    "ToPort": 3306,
    "ReferencedGroupInfo": {
      "GroupId": "sg-<ID>"
    }
  }]
}
```

9. 저장소의 파일을 참고해 다음 내용을 포함하는 assign-role-policy.json 파일을 생성한다.

```
{
  "Version": "2012-10-17",
  "Statement": [{
    "Effect": "Allow",
    "Principal": {
      "Service": "lambda.amazonaws.com"
    },
    "Action": "sts:AssumeRole"
  }]
}
```

10. assert-role-policy.json 파일을 사용해 IAM 역할을 생성한다.

    ```
    aws iam create-role --role-name AWSCookbook405Lambda \
      --assume-role-policy-document file://assume-role-policy.json
    ```

    다음과 유사한 출력을 확인한다.

    ```
    {
      "Role": {
        "Path": "/",
        "RoleName": "AWSCookbook405Lambda",
        "RoleId": "<ID>",
        "Arn": "arn:aws:iam::111111111111:role/AWSCookbook405Lambda",
        "CreateDate": "2021-09-21T23:01:57+00:00",
        "AssumeRolePolicyDocument": {
          "Version": "2012-10-17",
          "Statement": [...
    ```

11. AWSLambdaVPCAccess IAM 관리형 정책을 IAM 역할에 연결한다.

    ```
    aws iam attach-role-policy --role-name AWSCookbook405Lambda \
      --policy-arn arn:aws:iam::aws:policy/service-role/ AWSLambdaVPCAccessExecut
    ionRole
    ```

12. SecretsManagerReadWrite IAM 관리형 정책을 IAM 역할에 연결한다.

    ```
    aws iam attach-role-policy --role-name AWSCookbook405Lambda \
      --policy-arn arn:aws:iam::aws:policy/SecretsManagerReadWrite
    ```

암호 교체를 위해 람다 함수의 IAM 역할에 SecretsManagerReadWrite 관리형 정책을 연결했다. 프로덕션 환경에서는 람다 함수의 권한을 제한하고자 이 권한을 제한해야 한다.

13. 다음 명령어로 암호를 교체하는 기능을 수행하는 람다 함수를 생성한다.

    ```
    LAMBDA_ROTATE_ARN=$(aws lambda create-function \
      --function-name AWSCookbook405Lambda \
      --runtime python3.8 \
      --package-type "Zip" \
    ```

```
    --zip-file fileb://lambda_function.zip \
    --handler lambda_function.lambda_handler --publish \
    --environment Variables={SECRETS_MANAGER_ENDPOINT=https://secretsmanager.
$AWS_REGION.amazonaws.com} \
    --layers $PyMysqlLambdaLayerArn \
    --role \
    arn:aws:iam::$AWS_ACCOUNT_ID:role/AWSCookbook405Lambda \
    --output text --query FunctionArn \
    --vpc-config SubnetIds=${ISOLATED_SUBNETS},SecurityGroupIds=$LAMBDA_SG_ID)
```

다음 명령을 사용해 람다 함수가 활성화될 때까지 기다린다.

```
aws lambda get-function --function-name $LAMBDA_ROTATE_ARN \
    --output text --query Configuration.State
```

14. Secrets Manager가 람다 함수를 호출할 수 있도록 권한을 추가한다.

```
aws lambda add-permission --function-name $LAMBDA_ROTATE_ARN \
    --action lambda:InvokeFunction --statement-id secretsmanager \
    --principal secretsmanager.amazonaws.com
```

다음과 유사한 출력을 확인한다.

```
{
  "Statement": "{\"Sid\":\"secretsmanager\",\"Effect\":\"Allow\",\"Princip
al\": {\"Service\":\"secretsmanager.amazonaws.com\"},\"Action\":\"lambda:Invo
keFunction \",\"Resource\":\"arn:aws:lambda:useast-1:111111111111:function:AW
SCookbook405Lambda\"}"
}
```

15. 원하는 경우 추가적인 자동 비밀번호 교체를 위해 암호에 사용할 고유 접미사를 설정할 수 있다.

```
AWSCookbook405SecretName=AWSCookbook405Secret-$(aws secretsmanager \
    get-random-password \
    --exclude-punctuation \
    --password-length 6 --require-each-included-type \
    --output text \
    --query RandomPassword)
```

16. Secrets Manager에서 암호를 저장할 비밀을 생성한다.

    ```
    aws secretsmanager create-secret --name $AWSCookbook405SecretName \
      --description "My database secret created with the CLI" \
      --secret-string file://rdscreds.json
    ```

    다음과 유사한 출력을 확인한다.

    ```
    {
      "ARN": "arn:aws:secretsmanager:useast-1:1111111111111:secret:AWSCookbook405
    Secret-T4tErs-AlJcLn",
      "Name": "AWSCookbook405Secret-<문자열>",
      "VersionId": "<ID>"
    }
    ```

17. 30일마다 자동 교체를 설정하고 방금 생성한 보안 암호를 교체하도록 람다 함수를 지정한다.

    ```
    aws secretsmanager rotate-secret \
      --secret-id $AWSCookbook405SecretName \
      --rotation-rules AutomaticallyAfterDays=30 \
      --rotation-lambda-arn $LAMBDA_ROTATE_ARN
    ```

    다음과 유사한 출력을 확인한다.

    ```
    {
      "ARN": "arn:aws:secretsmanager:useast-1:1111111111111:secret:AWSCookbook405
    Secret-<>",
      "Name": "AWSCookbook405Secret-<문자열>",
      "VersionId": "<ID>"
    }
    ```

rotate-secret 명령을 수행하면 암호 교체를 바로 트리거(trigger)한다. 다음 단계에서는 암호 로테이션을 직접 수행하는 방법을 살펴본다.

18. 암호 로테이션을 한 번 더 수행한다.

    aws secretsmanager rotate-secret --secret-id $AWSCookbook405SecretName

17단계와 유사한 출력을 확인한다. Version ID의 값이 다른 것을 확인한다.

유효성 검사. Secrets Manager에서 RDS 관리자 암호를 확인한다.

```
RDS_ADMIN_PASSWORD=$(aws secretsmanager get-secret-value --secret-id
$AWSCookbook405SecretName --query SecretString | jq -r | jq .password | tr -d '"')
```

RDS 클러스터의 엔드포인트를 출력한다.

```
echo $RDS_ENDPOINT
```

RDS 클러스터의 비밀번호를 출력한다.

```
echo $RDS_ADMIN_PASSWORD
```

SSM Session Manager를 사용해 EC2 인스턴스에 연결한다(레시피 1.6 참고).

```
aws ssm start-session --target $INSTANCE_ID
```

MySQL 클라이언트를 설치한다.

```
sudo yum -y install mysql
```

데이터베이스에 연결해 가장 최근에 교체한 비밀번호가 작동하는지 확인한다(앞서 출력한 비밀번호를 복사해서 사용한다).

```
mysql -u admin -p$password -h $hostname
```

mysql.user 테이블에서 SELECT 문을 실행해 관리자 권한을 확인한다.

```
SELECT user FROM mysql.user;
```

다음과 유사한 출력을 확인한다.

```
+---------------------+
| user                |
+---------------------+
| admin               |
| mysql.infoschema    |
| mysql.session       |
| mysql.sys           |
| rdsadmin            |
+---------------------+
5 rows in set (0.00 sec)
```

mysql 프롬프트를 종료한다.

```
quit
```

Session Manager 세션을 종료한다.

```
exit
```

정리

코드 저장소의 정리 단계를 참고한다.[27]

참고

AWS에서 제공하는 람다 함수를 사용해 Secrets Manager의 암호를 교체할 수 있다. 교체 후 애플리케이션이 직접 Secrets Manager에서 암호를 가져오도록 구성할 수 있거나 람다 함수가 안전한 위치에 암호를 저장할 수도 있다. 선택한 보안 위치와 상호 작용할 수 있는 추가 권한을 람다에 부여하고 새 값을 저장할 코드를 추가해야 한다. 이 방법은 데이터베이스에서 사용자를 생성한 후 동일한 단계를 수행해 관리자가 아닌 데이터베이스 사용자 계정의 암호를 교체하고자 사용할 수 있다.

---

27 https://github.com/AWSCookbook/Databases/tree/main/405-Rotating-Database-Passwords-in-RDS#clean-up

레시피에서 배포한 람다 함수는 파이썬으로 작성됐으며 MySQL 데이터베이스에 연결한다. 람다 런타임 환경은 PyMySQL 라이브러리를 포함하지 않으므로 `aws lambda create-function` 명령으로 람다 계층[layer]을 지정했다. 이 계층은 `cdk deploy`를 실행할 때 준비 단계의 일부로 배포된다.

도전 과제
별도의 람다 함수와 IAM 역할을 생성하고 새 함수에 동일한 암호에 대한 액세스 권한을 부여한다.

참고할 레시피
레시피 5.2 람다 계층을 사용한 라이브러리 패키징

4.6 DynamoDB 테이블의 프로비저닝 용량 Auto Scaling

문제 설명
프로비저닝된 처리량[provisioned throughput]을 낮게 설정한 DynamoDB 데이터베이스 테이블을 사용하고 있다. 애플리케이션의 로드가 가변적이기 때문에 애플리케이션 트래픽의 변동성을 기반으로 프로비저닝된 처리량을 확장하거나 축소해야 한다.

해결 방법
그림 4-6과 같이 AWS 애플리케이션 Autoscaling을 사용해 DynamoDB 테이블의 읽기 및 쓰기 용량에 대한 조정 대상과 조정 정책을 설정해 읽기 및 쓰기 조정을 구성한다.

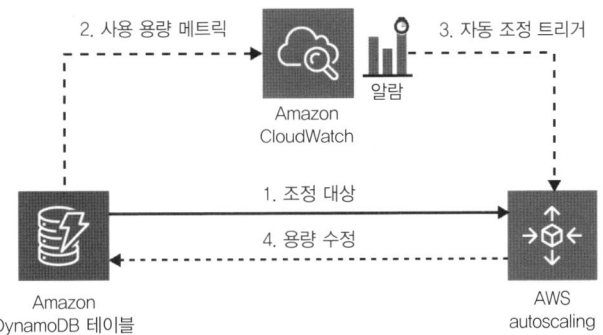

그림 4-6. DynamoDB 자동 확장 구성

준비 사항

- DynamoDB 테이블

준비 단계

코드 저장소의 준비 단계를 실행한다.[28]

작업 방법

1. 저장소 파일을 다운로드받고 다음 디렉터리로 이동한다.

    ```
    cd 406-Auto-Scaling-DynamoDB
    ```

2. DynamoDB 테이블의 `ReadCapacityUnits` 조정 대상을 등록한다.

    ```
    aws application-autoscaling register-scalable-target \
      --service-namespace dynamodb \
      --resource-id "table/AWSCookbook406" \
      --scalable-dimension "dynamodb:table:ReadCapacityUnits" \
      --min-capacity 5 \
      --max-capacity 10
    ```

---

28 https://github.com/AWSCookbook/Databases/tree/main/406-Auto-Scaling-DynamoDB

3. DynamoDB 테이블의 `WriteCapacityUnits` 조정 대상을 등록한다.

   ```
   aws application-autoscaling register-scalable-target \
     --service-namespace dynamodb \
     --resource-id "table/AWSCookbook406" \
     --scalable-dimension "dynamodb:table:WriteCapacityUnits" \
     --min-capacity 5 \
     --max-capacity 10
   ```

4. 저장소의 read-policy.json을 참고해 읽기 용량 조정을 위한 조정 정책 JSON 파일을 생성한다.

   ```
   {
     "PredefinedMetricSpecification": {
       "PredefinedMetricType": "DynamoDBReadCapacityUtilization"
     },
     "ScaleOutCooldown": 60,
     "ScaleInCooldown": 60,
     "TargetValue": 50
   }
   ```

5. 저장소의 write-policy.json을 참고해 쓰기 용량 조정을 위한 조정 정책 JSON 파일을 생성한다.

   ```
   {
     "PredefinedMetricSpecification": {
       "PredefinedMetricType": "DynamoDBReadCapacityUtilization"
     },
     "ScaleOutCooldown": 60,
     "ScaleInCooldown": 60,
     "TargetValue": 50.0
   }
   ```

DynamoDB은 용량 단위(capacity unit)[29]를 사용해 테이블의 읽기 및 쓰기 용량을 정의한다. 대상 값은 현재 사용량을 기준으로 확장할 시기를 정의한다. 조정 작업이 발생한 후 다시 조정을 기다리는 시간을 초 단위의 조정 쿨다운(scaling cooldown)으로 정의할 수 있다. 자세한 내용은 Autoscaling TargetTrackingScalingPolicyConfiguration API[30]를 확인한다.

6. read-policy.json 파일을 사용해 테이블에 읽기 조정 정책을 적용한다.

```
aws application-autoscaling put-scaling-policy \
  --service-namespace dynamodb \
  --resource-id "table/AWSCookbook406" \
  --scalable-dimension "dynamodb:table:ReadCapacityUnits" \
  --policy-name "AWSCookbookReadScaling" \
  --policy-type "TargetTrackingScaling" \
  --target-tracking-scaling-policy-configuration \
  file://read-policy.json
```

7. write-policy.json 파일을 사용해 테이블에 쓰기 조정 정책을 적용한다.

```
aws application-autoscaling put-scaling-policy \
  --service-namespace dynamodb \
  --resource-id "table/AWSCookbook406" \
  --scalable-dimension "dynamodb:table:WriteCapacityUnits" \
  --policy-name "AWSCookbookWriteScaling" \
  --policy-type "TargetTrackingScaling" \
  --target-tracking-scaling-policy-configuration \
  file://write-policy.json
```

유효성 검사. DynamoDB 콘솔에서 **테이블**을 선택하고 **추가 설정** 탭에서 테이블의 자동 크기 조정 구성을 확인한다.

정리

코드 저장소의 정리 단계를 참고한다.[31]

---

29 https://oreil.ly/gWTDb
30 https://oreil.ly/cWtJl
31 https://github.com/AWSCookbook/Databases/tree/main/406-Auto-Scaling-DynamoDB#clean-up

> **참고**
>
>  DynamoDB 테이블에 대해 읽기 및 쓰기 용량을 자동으로 조정하므로 애플리케이션의 특정 요구 사항에 가장 낮은 운영 비용 모델을 달성할 수 있다.

DynamoDB는 프로비저닝과 온디맨드의 두 가지 용량 모드를 제공한다. 프로비저닝된 용량 모드를 사용하는 경우 초당 데이터 읽기 및 쓰기 수를 선택할 수 있다. 가격 책정 가이드[32]에 따르면 지정한 용량 단위에 따라 요금을 부과한다. 반대로 온디맨드 용량 모드에서는 애플리케이션이 테이블에서 수행하는 데이터 읽기 및 쓰기에 대해 요청당 비용을 지불한다. 일반적으로 트랜잭션이 많은 애플리케이션의 경우 프로비저닝된 모드에 비해 온디맨드 모드가 비용이 더 많이 들 수 있다.

프로비저닝된 용량을 선택할 때 애플리케이션 및 사용 패턴을 이해해야 한다. 용량을 너무 낮게 설정하면 데이터베이스 성능이 느려지고 애플리케이션이 오류 및 대기 상태를 경험할 수 있다. 용량 제한에 의해 DynamoDB API에서 `ThrottlingException` 및 `ProvisionedThroughputExceededException` 응답을 반환하기 때문이다. 용량을 너무 높게 설정하면 불필요한 용량에 대해 비용을 지불하게 된다. AutoScaling을 활성화하면 크기 조정 대상을 설정해 최소 및 최대 목표 값을 정의할 수 있으며, 확장 시기와 축소가 시기를 정의할 수 있다. 이를 통해 DynamoDB 서비스를 활용하면서 비용과 성능 모두를 최적화할 수 있다. 테이블에 구성할 수 있는 확장 가능한 대상 목록을 보려면 다음 명령을 사용한다.

```
aws application-autoscaling describe-scalable-targets \
    --service-namespace dynamodb \
    --resource-id "table/AWSCookbook406"
```

DynamoDB 용량 및 측정 방법에 대한 자세한 내용은 제공 문서[33]를 참고한다.

---

[32] https://oreil.ly/QtLJP
[33] https://oreil.ly/uAFls

도전 과제

DynamoDB 테이블의 성능을 모니터링하는 람다 함수를 생성한 다음 그에 따라 자동 조정 대상 최솟값 및 최댓값을 수정하도록 한다.

4.7 AWS DMS를 사용해 데이터베이스를 Amazon RDS로 마이그레이션하기

문제 설명

원본 데이터베이스에서 대상 데이터베이스로 데이터를 이동해야 한다.

해결 방법

AWS DMS^{Database Migration Service}가 데이터베이스에 연결할 수 있도록 VPC 보안 그룹 및 IAM 권한을 구성한다. 원본 및 대상 데이터베이스에 대한 DMS 엔드포인트를 구성한다. 그 후 DMS 복제 작업을 구성한다. 마지막으로 복제 작업을 시작한다(그림 4-7 참고).

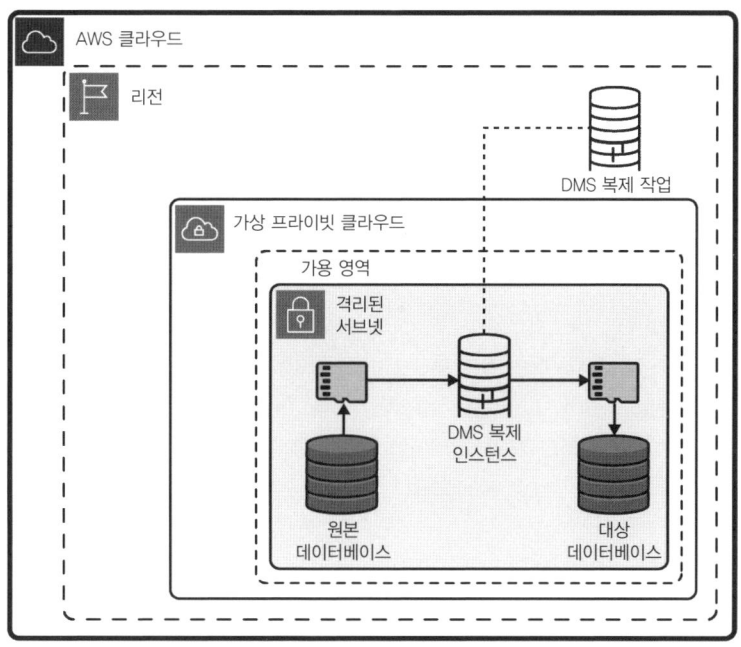

그림 4-7. DMS 네트워크 다이어그램

준비 단계

코드 저장소의 준비 단계를 실행한다.[34]

작업 방법

1. 복제 인스턴스에 대한 보안 그룹을 생성한다.

   ```
   DMS_SG_ID=$(aws ec2 create-security-group \
     --group-name AWSCookbook407DMSSG \
     --description "DMS Security Group" --vpc-id $VPC_ID \
     --output text --query GroupId)
   ```

2. DMS 보안 그룹에 원본 및 대상 데이터베이스의 TCP 포트 3306에 대한 액세스 권한을 부여한다.

   ```
   aws ec2 authorize-security-group-ingress \
     --protocol tcp --port 3306 \
     --source-group $DMS_SG_ID \
     --group-id $SOURCE_RDS_SECURITY_GROUP
   aws ec2 authorize-security-group-ingress \
     --protocol tcp --port 3306 \
     --source-group $DMS_SG_ID \
     --group-id $TARGET_RDS_SECURITY_GROUP
   ```

3. 저장소의 assign-role-policy.json을 참고해 DMS에 대한 역할을 생성한다.

   ```
   aws iam create-role --role-name dms-vpc-role \
     --assume-role-policy-document file://assume-role-policy.json
   ```

DMS 서비스는 앞서 생성한 것과 같이 특정 이름과 특정 정책을 가진 IAM 역할을 요구한다. 이전에 DMS를 사용한 적이 있는 경우 이미 해당 역할이 계정에 존재하므로 위 명령은 오류를 반환할 수 있다.

---

34 https://github.com/AWSCookbook/Databases/tree/main/407-Migrating-Databases-to-Amazon-RDS

4. 관리형 DMS 정책을 역할에 연결한다.

   ```
   aws iam attach-role-policy --role-name dms-vpc-role --policy-arn \
     arn:aws:iam::aws:policy/service-role/AmazonDMSVPCManagementRole
   ```

5. 복제 인스턴스에 대한 복제 서브넷 그룹을 생성한다.

   ```
   REP_SUBNET_GROUP=$(aws dms create-replication-subnet-group \
     --replication-subnet-group-identifier awscookbook407 \
     --replication-subnet-group-description "AWSCookbook407" \
     --subnet-ids $ISOLATED_SUBNETS \
     --query ReplicationSubnetGroup.ReplicationSubnetGroupIdentifier \
     --output text)
   ```

6. 복제 인스턴스를 생성하고 ARN을 환경 변수에 저장한다.

   ```
   REP_INSTANCE_ARN=$(aws dms create-replication-instance \
     --replication-instance-identifier awscookbook407 \
     --no-publicly-accessible \
     --replication-instance-class dms.t2.medium \
     --vpc-security-group-ids $DMS_SG_ID \
     --replication-subnet-group-identifier $REP_SUBNET_GROUP \
     --allocated-storage 8 \
     --query ReplicationInstance.ReplicationInstanceArn \
     --output text)
   ```

   ReplicationInstanceStatus가 사용 가능 상태가 될 때까지 기다린다. 다음 명령을 사용해 상태를 확인한다.

   ```
   aws dms describe-replication-instances \
     --filter=Name=replication-instance-id,Values=awscookbook407 \
     --query ReplicationInstances[0].ReplicationInstanceStatus
   ```

이 레시피에서는 dms.t2.medium 복제 인스턴스 유형을 사용했다. 마이그레이션할 데이터의 양을 처리하기에 적절한 인스턴스 크기를 선택해야 한다. DMS는 테이블을 병렬로 전송하기 때문에 더 많은 양의 데이터에 대해 더 큰 인스턴스 크기가 필요하다. 자세한 내용은 DMS 모범 사례에 대한 사용자 가이드 문서[35]를 참고한다.

---

35 https://oreil.ly/vzBOB

7. Secrets Manager에서 원본 및 대상의 DB 관리자 암호를 확인하고 환경 변수에 저장한다.

   ```
   RDS_SOURCE_PASSWORD=$(aws secretsmanager get-secret-value --secret-id
   $RDS_SOURCE_SECRET_NAME --query SecretString --output text | jq .password |
   tr -d '"')

   RDS_TARGET_PASSWORD=$(aws secretsmanager get-secret-value --secret-id $RDS_
   TARGET_SECRET_NAME --query SecretString --output text | jq .password | tr -d
   '"')
   ```

8. DMS에 대한 원본 엔드포인트를 생성하고 ARN을 변수에 저장한다.

   ```
   SOURCE_ENDPOINT_ARN=$(aws dms create-endpoint \
     --endpoint-identifier awscookbook407source \
     --endpoint-type source --engine-name mysql \
     --username admin --password $RDS_SOURCE_PASSWORD \
     --server-name $SOURCE_RDS_ENDPOINT --port 3306 \
     --query Endpoint.EndpointArn --output text)
   ```

9. DMS에 대한 대상 엔드포인트를 생성하고 ARN을 변수에 저장한다.

   ```
   TARGET_ENDPOINT_ARN=$(aws dms create-endpoint \
     --endpoint-identifier awscookbook407target \
     --endpoint-type target --engine-name mysql \
     --username admin --password $RDS_TARGET_PASSWORD \
     --server-name $TARGET_RDS_ENDPOINT --port 3306 \
     --query Endpoint.EndpointArn --output text)
   ```

10. 복제 작업을 생성한다.

    ```
    REPLICATION_TASK_ARN=$(aws dms create-replication-task \
      --replication-task-identifier awscookbook-task \
      --source-endpoint-arn $SOURCE_ENDPOINT_ARN \
      --target-endpoint-arn $TARGET_ENDPOINT_ARN \
      --replication-instance-arn $REP_INSTANCE_ARN \
      --migration-type full-load \
      --table-mappings file://table-mapping-all.json \
      --query ReplicationTask.ReplicationTaskArn --output text)
    ```

작업 상태가 ready 상태로 변경될 때까지 기다린다. 작업 상태를 확인하기 위해 다음 명령어를 사용한다.

```
aws dms describe-replication-tasks \
  --filters "Name=replication-task-arn,Values=$REPLICATION_TASK_ARN" \
  --query "ReplicationTasks[0].Status"
```

11. 복제 작업을 시작한다.

```
aws dms start-replication-task \
  --replication-task-arn $REPLICATION_TASK_ARN \
  --start-replication-task-type start-replication
```

유효성 검사. 복제 작업의 진행 상황을 모니터링한다.

```
aws dms describe-replication-tasks
```

AWS 콘솔을 확인하거나 `aws dms describe-replication-tasks` 작업을 사용해 테이블이 마이그레이션됐는지 확인한다.

```
aws dms describe-replication-tasks \
  --query ReplicationTasks[0].ReplicationTaskStats
```

DMS 콘솔에서도 복제 작업의 상태를 확인할 수 있다.

정리

코드 저장소의 정리 단계를 참고한다.[36]

참고

full-load-and-cdc를 실행해 원본 데이터베이스의 변경 사항을 대상 데이터베이스에 지속적으로 복제해 새 데이터베이스로 전환할 때 애플리케이션의 다운타임(downtime)을 최소화할 수 있다.

---

36 https://github.com/AWSCookbook/Databases/tree/main/407-Migrating-Databases-to-Amazon-RDS#clean-up

DMS는 복제 인스턴스의 원본 및 대상 엔드포인트를 테스트할 수 있는 기능을 제공한다. 이는 복제 작업 실행을 시작하기 전에 구성이 올바른지 확인하기 위한 편리한 기능이다. 복제 인스턴스에 구성한 두 엔드포인트의 연결에 대한 테스트는 DMS 콘솔이나 다음 명령을 사용해 수행할 수 있다.

```
aws dms test-connection \
  --replication-instance-arn $rep_instance_arn \
  --endpoint-arn $source_endpoint_arn

aws dms test-connection \
  --replication-instance-arn $rep_instance_arn \
  --endpoint-arn $target_endpoint_arn
```

연결 작업 테스트는 몇 분 정도 걸린다. 다음 명령을 사용해 작업의 상태와 결과를 확인할 수 있다.

```
aws dms describe-connections --filter \
  "Name=endpoint-arn,Values=$source_endpoint_arn,$target_endpoint_arn"
```

DMS 서비스는 같은 VPC, 다른 AWS 계정 또는 AWS 환경이 아닌 곳의 여러 유형의 원본[37] 및 대상[38] 데이터베이스를 지원한다. 원본과 대상의 데이터베이스가 다른 유형인 경우 table-mappings.json 파일을 추가로 구성해 서비스에서 데이터를 변환할 수도 있다. 예를 들어 오라클^{Oracle} 데이터베이스의 열 데이터 형식은 PostgreSQL 데이터베이스의 해당 형식과 다를 수 있다. AWS SCT$^{Schema\ Conversion\ Tool}$[39]는 필요한 변환을 식별하는 데 도움이 될 수 있으며 DMS와 함께 사용할 구성 파일도 생성할 수 있다.

---

37 https://oreil.ly/TowD5
38 https://oreil.ly/8vggA
39 https://oreil.ly/Tnt1a

도전 과제

원본 데이터베이스에서 대상 데이터베이스로 지속적으로 복제하고자 전체 로드와 지속적인 복제[40]를 활성화한다.

4.8 RDS 데이터 API를 사용해 Aurora Serverless에 대한 REST 액세스 활성화

문제 설명

애플리케이션이 PostgreSQL 데이터베이스에 대한 연결을 관리하지 않고 접속할 수 있는 방법을 제공해야 한다.

해결 방법

먼저 데이터베이스에 대한 데이터 API를 활성화하고 EC2 인스턴스에 대한 IAM 권한을 구성한다. CLI 및 RDS 콘솔에서 테스트한다. 그림 4-8과 같이 애플리케이션이 Aurora Serverless 데이터베이스에 연결할 수 있다.

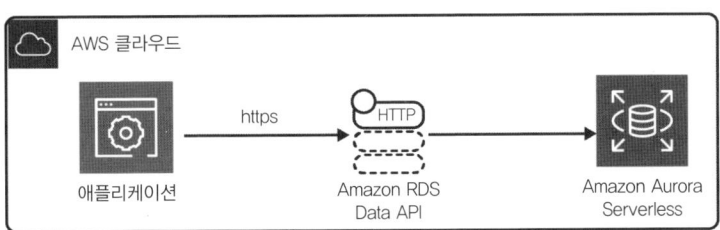

그림 4-8. RDS 데이터 API를 사용하는 애플리케이션

준비 사항

- 2개의 AZ에 배포된 퍼블릭 서브넷과 라우팅 테이블

---

40 https://oreil.ly/h8bPq

- 격리된 서브넷에서 기존에 실행 중인 EC2 인스턴스와 PostgreSQL RDS. 테스트를 위해 인스턴스에 연결할 수 있어야 한다.

준비 단계

코드 저장소의 준비 단계를 실행한다.[41]

작업 방법

1. Aurora Serverless 클러스터에서 데이터 API를 활성화한다.

    ```
    aws rds modify-db-cluster \
      --db-cluster-identifier $CLUSTER_IDENTIFIER \
      --enable-http-endpoint \ --apply-immediately
    ```

2. HttpEndpointEnabled가 true로 설정돼 있는지 확인한다.

    ```
    aws rds describe-db-clusters \
      --db-cluster-identifier $CLUSTER_IDENTIFIER \
      --query DBClusters[0].HttpEndpointEnabled
    ```

3. CLI에서 명령을 테스트한다.

    ```
    aws rds-data execute-statement \
      --secret-arn "$SECRET_ARN" \
      --resource-arn "$CLUSTER_ARN" \
      --database "$DATABASE_NAME" \
      --sql "select * from pg_user" \
      --output json
    ```

    (선택 사항) Amazon RDS 쿼리 편집기를 사용해 AWS 콘솔을 통해 액세스를 테스트할 수 있다. 터미널에서 다음 두 명령을 실행해 값을 저장한다.

    ```
    echo $SECRET_ARN
    echo $DATABASE_NAME
    ```

---

[41] https://github.com/AWSCookbook/Databases/tree/main/408-Working-with-Aurora-and-Data-APIs

4. 관리자 권한으로 AWS 콘솔에 로그인하고 RDS 콘솔로 이동한다. 왼쪽 사이드바 메뉴에서 **쿼리 편집기**를 클릭한다. 그림 4-9와 같이 값을 입력하고 **데이터베이스에 연결**을 선택한다.

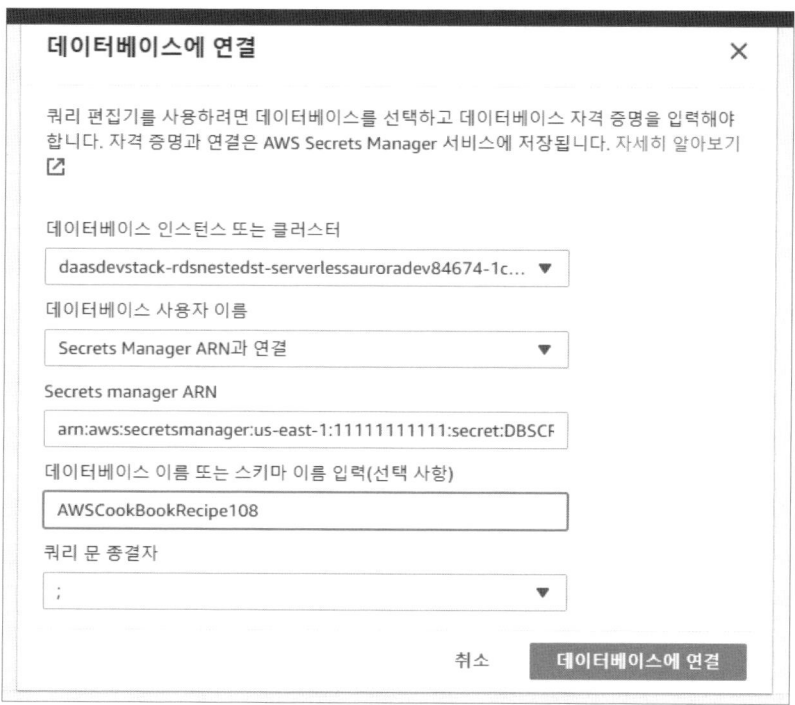

그림 4-9. 데이터베이스 연결 설정

5. 동일한 쿼리를 실행하고 쿼리 편집기 아래에서 결과를 확인한다(그림 4-10 참고).

    SELECT * from pg_user;

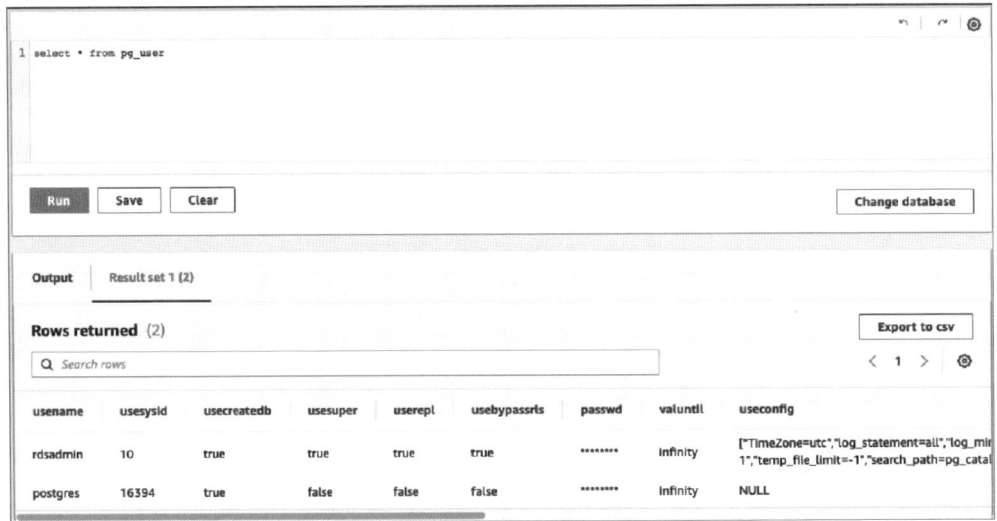

그림 4-10. 쿼리 편집기

6. 데이터베이스 클러스터의 Data API를 사용하도록 EC2 인스턴스를 구성한다. 저장소의 policy-template.json 파일을 참고해 다음 파일을 생성한다.

```
{
  "Version": "2012-10-17",
  "Statement": [{
    "Action": ["rds-data:BatchExecuteStatement", "rds-data:BeginTransaction", "rds-data:CommitTransaction", "rds-data:ExecuteStatement", "rds-data:RollbackTransaction"],
    "Resource": "*",
    "Effect": "Allow"
  },
  {
    "Action": ["secretsmanager:GetSecretValue", "secretsmanager:DescribeSecret"],
    "Resource": "SecretArn",
    "Effect": "Allow"
  }
  ]
}
```

7. sed 명령을 사용해 템플릿 파일의 값을 설정한 환경 변수로 치환한다.

   ```
   sed -e "s/SecretArn/${SECRET_ARN}/g" \
     policy-template.json > policy.json
   ```

8. 방금 생성한 파일을 사용해 IAM 정책을 생성한다.

   ```
   aws iam create-policy --policy-name AWSCookbook408RDSDataPolicy \
     --policy-document file://policy.json
   ```

9. AWSCookbook408RDSDataPolicy IAM 정책을 EC2 인스턴스의 IAM 역할에 연결한다.

   ```
   aws iam attach-role-policy --role-name $INSTANCE_ROLE_NAME \
     --policy-arn arn:aws:iam::$AWS_ACCOUNT_ID:policy/AWSCookbook408RDSDataPolicy
   ```

유효성 검사. EC2 인스턴스에서 DATABASE_NAME, CLUSTER_ARN, SECRET_ARN을 사용할 수 있게 SSM 매개 변수에 해당 값을 생성하고 저장한다.

```
aws ssm put-parameter \
  --name "Cookbook408DatabaseName" \
  --type "String" \
  --value $DATABASE_NAME

aws ssm put-parameter \
  --name "Cookbook408ClusterArn" \
  --type "String" \
  --value $CLUSTER_ARN

aws ssm put-parameter \
  --name "Cookbook408SecretArn" \
  --type "String" \
  --value $SECRET_ARN
```

SSM Session Manager를 사용해 EC2 인스턴스에 연결한다(레시피 1.6 참고).

```
aws ssm start-session --target $INSTANCE_ID
```

리전을 설정한다.

```
export AWS_DEFAULT_REGION=us-east-1
```

SSM 매개 변수 값을 가져와 환경 변수로 저장한다.

```
DatabaseName=$(aws ssm get-parameters \
  --names "Cookbook408DatabaseName" \
  --query "Parameters[*].Value" --output text)

SecretArn=$(aws ssm get-parameters \
  --names "Cookbook408SecretArn" \
  --query "Parameters[*].Value" --output text)

ClusterArn=$(aws ssm get-parameters \
  --names "Cookbook408ClusterArn" \
  --query "Parameters[*].Value" --output text)
```

데이터베이스를 쿼리한다.

```
aws rds-data execute-statement \
  --secret-arn "$SecretArn" \
  --resource-arn "$ClusterArn" \
  --database "$DatabaseName" \
  --sql "select * from pg_user" \
  --output json
```

Session Manager 세션을 종료한다.

```
exit
```

정리

코드 저장소의 정리 단계를 참고한다.[42]

---

[42] https://github.com/AWSCookbook/Databases/tree/main/408-Working-with-Aurora-and-Data-APIs#clean-up

참고

데이터 API를 사용하면 애플리케이션이 기존 TCP 데이터베이스 연결을 사용하는 대신 Aurora의 HTTPS 엔드포인트를 노출하고 IAM 인증을 사용해 HTTPS를 통해 데이터베이스에서 SQL 문을 실행할 수 있다.

Aurora 사용자 가이드[43]에 따르면 Data API에 대한 모든 호출은 동기식이며 쿼리의 기본 제한 시간은 45초로 제한돼 있다. 쿼리가 45초보다 오래 걸리는 경우 `continueAfterTimeout` 매개 변수를 사용해 쿼리를 실행할 수 있다.

IAM 인증을 사용하는 다른 AWS 서비스 API의 경우와 마찬가지로 데이터 API로 수행하는 모든 활동은 CloudTrail에서 캡처되기 때문에 보안 및 감사 요구 사항을 충족하는 데 도움이 될 수 있다. 애플리케이션의 역할과 연결된 IAM 정책을 사용해 데이터 API 엔드포인트에 대한 액세스를 제어하고 위임할 수 있다. 예를 들어 애플리케이션에 데이터 API를 사용해 읽기 권한만 부여하려면 `rds-data:CommitTransaction` 및 `rds-data:RollbackTransaction` 권한을 뺀 정책을 사용한다.

RDS 콘솔 내의 쿼리 편집기를 사용하면 웹 기반으로 SQL 쿼리를 실행할 수 있다. 이 레시피에서 EC2 인스턴스에 할당한 것과 동일한 권한을 IAM 역할을 통해 개발자와 DBA에게 부여해야 한다.

도전 과제

RDS Data API에 액세스할 수 있는 권한을 가진 람다 함수를 생성 및 배포한다.

---

43 https://oreil.ly/wvADq

5장
서버리스

5.0 들어가며

서버리스serverless 기술을 사용하면 클라우드 공급자(이 경우 AWS)가 모든 관리, 운영체제 업데이트, 가용성, 용량 등을 책임지기 때문에 최종 사용자가 기본 인프라 및 플랫폼 관리에 대한 걱정을 하지 않아도 된다.

AWS[1]는 다음 서비스를 '서버리스'로 지원한다.

- 컴퓨팅을 위한 AWS Lambda, Amazon Fargate
- 애플리케이션 통합을 위한 Amazon EventBridge, Amazon SNS, Amazon SQS, Amazon API Gateway
- 데이터스토어를 위한 Amazon S3, Amazon DynamoDB, Amazon Aurora Serverless

AWS의 서버리스의 주요 이점은 다음과 같다.

비용 절감
    사용한 만큼만 비용을 지불한다.

---

1 https://oreil.ly/5Cljp

확장성

필요한 만큼 확장하고 축소할 수 있다.

적은 관리

배포할 서버나 관리할 시스템이 없다.

유연성

AWS Lambda는 여러 가지 프로그래밍 언어를 지원한다.

5장의 레시피에서 여러 가지 AWS의 서버리스 서비스를 접할 수 있으며 도전 과제를 통해 솔루션을 확장하고 서버리스 산업 트렌드를 주도하는 몇 가지 새로운 서비스에 대한 경험을 얻을 수 있다.

설정

28페이지의 'CLI 설정' 단계에 따라 구성을 확인하고 필요한 환경 변수를 설정한 뒤 5장에 해당하는 저장소의 코드를 복제한다.

```
git clone https://github.com/AWSCookbook/Serverless
```

람다 함수 실행을 위한 IAM 역할

저장소를 참고해 다음 내용을 포함하는 assume-role-policy.json 파일을 생성한다.

```
{
  "Version": "2012-10-17",
  "Statement": [
    {
      "Effect": "Allow",
      "Principal": {
        "Service": "lambda.amazonaws.com"
      },
      "Action": "sts:AssumeRole"
    }
```

        ]
    }

 AWS Management 콘솔에서 람다 함수를 생성할 때 실행 역할에서 'AWS 정책 템플릿에서 새 역할 생성'을 선택하면 유사한 역할을 자동으로 생성한다.

다음 명령을 사용해 IAM 역할을 생성한다.

```
aws iam create-role --role-name AWSCookbookLambdaRole \
--assume-role-policy-document file://assume-role-policy.json
```

AWSLambdaBasicExecutionRole IAM 관리형 정책을 IAM 역할에 연결한다.

```
aws iam attach-role-policy --role-name AWSCookbookLambdaRole \
--policy-arn arn:aws:iam::aws:policy/service-role/AWSLambdaBasicExecutionRole
```

5.1 ALB에서 람다 함수를 호출하도록 구성

문제 설명

서버리스 함수를 사용하는 애플리케이션은 로드 밸런서를 통해 인터넷과 통신해야 한다. 이 애플리케이션은 특정 URL 경로의 HTTP 요청에 응답할 수 있어야 한다.

해결 방법

Elastic Load Balancing 서비스에 람다 함수를 호출할 수 있는 권한을 부여한다. 그런 다음 람다 함수를 생성한다. ALB 대상 그룹을 생성한 뒤 다음 대상 그룹에 람다 함수를 등록한다. 대상 그룹을 ALB의 리스너와 연결한다. 마지막으로 /function 경로에 대한 트래픽을 람다 함수로 보내는 리스너 규칙을 추가한다(그림 5-1 참고).

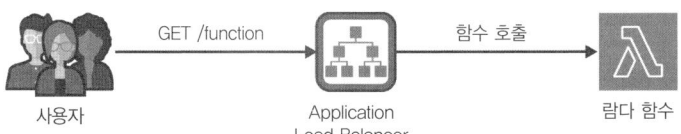

그림 5-1. ALB에서 람다 함수 호출

준비 사항

- 2개의 AZ에 배포된 퍼블릭 서브넷과 라우팅 테이블
- Application Load Balancer
  — 포트 80을 허용하는 보안 그룹
  — 포트 80을 듣는 리스너 규칙
- 람다 함수 실행을 위한 IAM 역할

준비 단계

코드 저장소의 준비 단계를 실행한다.[2]

작업 방법

1. 다음 명령을 사용해 저장소에서 제공하는 함수 코드를 압축한다.

    ```
    zip lambda_function.zip lambda_function.py
    ```

2. HTTP 요청에 응답할 람다 함수를 생성한다.

    ```
    LAMBDA_ARN=$(aws lambda create-function \
      --function-name AWSCookbook501Lambda \
      --runtime python3.8 \
      --package-type "Zip" \
      --zip-file fileb://lambda_function.zip \
      --handler lambda_function.lambda_handler --publish \
    ```

---

2 https://github.com/AWSCookbook/Serverless/tree/main/501-Triggering-Lambda-With-ALB

```
    --role \
    arn:aws:iam::$AWS_ACCOUNT_ID:role/AWSCookbookLambdaRole \
    --output text --query FunctionArn)
```

3. 대상 유형을 lambda로 설정한 ALB 대상 그룹을 생성한다.

```
TARGET_GROUP_ARN=$(aws elbv2 create-target-group \
  --name awscookbook501tg \
  --target-type lambda --output text \
  --query TargetGroups[0].TargetGroupArn)
```

4. add-permission 명령을 사용해 Elastic Load Balancing 서비스가 람다 함수를 호출할 수 있는 권한을 부여한다.

```
aws lambda add-permission \
  --function-name $LAMBDA_ARN \
  --statement-id load-balancer \
  --principal elasticloadbalancing.amazonaws.com \
  --action lambda:InvokeFunction \
  --source-arn $TARGET_GROUP_ARN
```

5. register-targets 명령을 사용해 람다 함수를 대상으로 등록한다.

```
aws elbv2 register-targets \
  --target-group-arn $TARGET_GROUP_ARN \
  --targets Id=$LAMBDA_ARN
```

6. 포트 80에 대한 ALB의 리스너를 수정한다. 그런 다음 /function 경로로 향하는 트래픽을 대상 그룹으로 전달하는 규칙을 만든다.

```
RULE_ARN=$(aws elbv2 create-rule \
  --listener-arn $LISTENER_ARN --priority 10 \
  --conditions Field=path-pattern,Values='/function' \
  --actions Type=forward,TargetGroupArn=$TARGET_GROUP_ARN \
  --output text --query Rules[0].RuleArn)
```

유효성 검사. /function 경로를 호출해 람다 함수가 호출되는 것을 확인한다.

```
curl -v $LOAD_BALANCER_DNS/function
```

정리

코드 저장소의 정리 단계를 참고한다.[3]

참고

람다 함수를 활용해 큰 시스템 내의 특정 이벤트의 작은 작업 단위의 유형에 대한 응답을 제공할 수 있다. AWS는 2018년에 Application Load Balancer가 람다 함수를 호출하는 기능을 추가했다.[4]

최종 사용자가 ALB의 특정 URL 경로를 요청하면 ALB는 해당 요청을 람다 함수에 전달해 응답을 처리할 수 있다. ALB는 함수의 응답을 수신하고 최종 사용자에게 HTTP 응답으로 결과를 전달한다. ALB는 단일 로드 밸런서에서 여러 경로와 대상을 가질 수 있으며 트래픽의 일부를 특정 대상(람다 함수, 컨테이너, EC2 인스턴스 등)으로 보낼 수 있다. ALB는 헤더 값을 사용해 람다 함수로의 라우팅도 지원한다.[5] 이런 유형의 아키텍처는 간단하며 매우 비용 효율적이고 확장성이 뛰어나다.

HTTP/HTTPS를 통해 노출돼야 하는 시스템을 설계할 때 단일 ALB가 애플리케이션의 모든 트래픽을 처리할 수 있는 유연성을 제공한다.

도전 과제 1

ALB의 다른 경로에 Fargate 작업을 추가한다.

도전 과제 2

Amazon API Gateway[6]를 사용해 람다 함수를 호출한다.

---

3   https://github.com/AWSCookbook/Serverless/tree/main/501-Triggering-Lambda-With-ALB#clean-up
4   https://oreil.ly/R15DP
5   https://oreil.ly/ljYBe
6   https://aws.amazon.com/api-gateway

5.2 람다 계층을 사용한 라이브러리 패키징

문제 설명
외부 라이브러리를 사용하는 람다 함수를 배포해야 한다.

해결 방법
폴더를 생성하고 pip를 사용해 파이썬 패키지를 폴더에 설치한다. 그런 다음 폴더를 압축하고 함수에서 활용할 람다 계층layer을 생성한다(그림 5-2 참고).

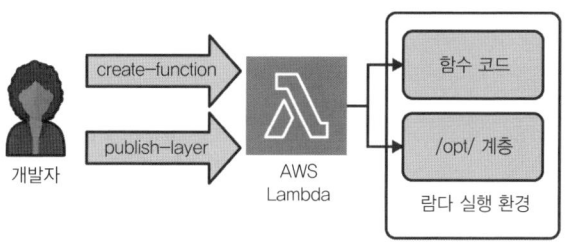

그림 5-2. 람다 함수 계층 생성

준비 사항
- 람다 함수 실행을 위한 IAM 역할

준비 단계
코드 저장소의 준비 단계를 실행한다.[7]

작업 방법
1. 저장소 파일을 다운로드하고 502-Packaging-Libraries-withLambda-Layers 디렉터리로 이동한다.

    ```
    cd 502-Packaging-Libraries-with-Lambda-Layers/
    ```

---

7 https://github.com/AWSCookbook/Serverless/tree/main/502-Packaging-Libraries-with-Lambda-Layers

2. 저장소의 lambda_function.py를 압축한다.

    ```
    zip lambda_function.zip lambda_function.py
    ```

    다음과 유사한 출력을 확인한다.

    ```
    updating: lambda_function.py (deflated 49%)
    ```

3. 계층을 사용할 람다 함수를 생성한다.

    ```
    LAMBDA_ARN=$(aws lambda create-function \
      --function-name AWSCookbook502Lambda \
      --runtime python3.8 \
      --package-type "Zip" \
      --zip-file fileb://lambda_function.zip \
      --handler lambda_function.lambda_handler --publish \
      --role \ arn:aws:iam::$AWS_ACCOUNT_ID:role/AWSCookbookLambdaRole \
      --output text --query FunctionArn)
    ```

4. 계층의 내용을 복사할 디렉터리를 생성한다.

    ```
    mkdir python
    ```

5. pip를 사용해 requests 모듈을 디렉터리에 설치한다.

    ```
    pip install requests --target="./python"
    ```

    다음과 유사한 출력을 확인한다.

    ```
    Collecting requests
      Using cached requests-2.26.0-py2.py3-none-any.whl (62 kB)
    Collecting certifi>=2017.4.17
      Using cached certifi-2021.5.30-py2.py3-none-any.whl (145 kB)
    Collecting idna<4,>=2.5
      Using cached idna-3.2-py3-none-any.whl (59 kB)
    Collecting urllib3<1.27,>=1.21.1
      Using cached urllib3-1.26.7-py2.py3-none-any.whl (138 kB)
    Collecting charset-normalizer~=2.0.0
      Using cached charset_normalizer-2.0.6-py3-none-any.whl (37 kB)
    Installing collected packages: urllib3, idna, charset-normalizer, certifi,
    ```

```
requests
Successfully installed certifi-2021.5.30 charset-normalizer-2.0.6 idna-3.2
requests-2.26.0 urllib3-1.26.7
```

6. 디렉터리 내용을 압축한다.

```
zip -r requests-layer.zip ./python
```

다음과 유사한 출력을 확인한다.

```
adding: python/ (stored 0%)
adding: python/bin/ (stored 0%)
adding: python/bin/normalizer (deflated 28%)
adding: python/requests-2.26.0.dist-info/ (stored 0%)
adding: python/requests-2.26.0.dist-info/RECORD (deflated 55%)
adding: python/requests-2.26.0.dist-info/LICENSE (deflated 65%)
adding: python/requests-2.26.0.dist-info/WHEEL (deflated 14%)
adding: python/requests-2.26.0.dist-info/top_level.txt (stored 0%)
adding: python/requests-2.26.0.dist-info/REQUESTED (stored 0%)
adding: python/requests-2.26.0.dist-info/INSTALLER (stored 0%)
adding: python/requests-2.26.0.dist-info/METADATA (deflated 58%)
```

람다 계층을 사용하려면 특정 폴더 구조를 구성해야 한다. pip를 사용해 requests 모듈을 다음과 같은 폴더 구조로 설치한다.

```
$ tree -L 1
python/ python/
├── bin
├── certifi
├── certifi-2020.12.5.dist-info
├── chardet
├── chardet-4.0.0.dist-info
├── idna
├── idna-2.10.dist-info
├── requests
├── requests-2.25.1.dist-info
├── urllib3
└── urllib3-1.26.4.dist-info

11 directories, 0 files
```

7. 계층을 게시하고 계층 arn을 환경 변수에 저장한다.

```
LAYER_VERSION_ARN=$(aws lambda publish-layer-version \
  --layer-name AWSCookbook502RequestsLayer \
  --description "Requests layer" \
  --license-info "MIT" \
  --zip-file fileb://requests-layer.zip \
  --compatible-runtimes python3.8 \
  --output text --query LayerVersionArn)
```

8. 람다 함수가 방금 생성한 계층을 사용할 수 있도록 업데이트한다.

```
aws lambda update-function-configuration \
  --function-name AWSCookbook502Lambda \
  --layers $LAYER_VERSION_ARN
```

다음과 유사한 출력을 확인한다.

```
{
  "FunctionName": "AWSCookbook502Lambda",
  "FunctionArn": "arn:aws:lambda:useast-1:111111111111:function:AWSCookbook502Lambda",
  "Runtime": "python3.8",
  "Role": "arn:aws:iam::111111111111:role/AWSCookbookLambdaRole",
  "Handler": "lambda_function.lambda_handler",
  "CodeSize": 691,
  "Description": "",
  "Timeout": 3,
  "MemorySize": 128,
  ...
```

유효성 검사. 다음 명령어로 함수를 테스트한다.

```
aws lambda invoke \
  --function-name AWSCookbook502Lambda \
  response.json && cat response.json
```

정리

코드 저장소의 정리 단계를 참고한다.[8]

참고

람다 계층을 사용해 기본 람다 런타임이 사용 가능한 패키지를 확장하고 함수에 대한 자체 사용자 지정 런타임을 제공해 사용할 수 있다. 기본 런타임은 Amazon Linux와 연결돼 있다. 자체 프로그래밍 언어 요구 사항을 지원하기 위해 Amazon Linux를 기반으로 사용자 지정 런타임을 개발할 수 있다. 사용자 정의 런타임을 게시하려면 튜토리얼[9]을 참고한다.

이 레시피에서 파이썬 requests 모듈을 계층으로 패키징하고 해당 모듈을 사용하는 파이썬 함수를 배포했다. 계층은 다른 AWS 계정과 공유해 여러 함수에서 사용할 수 있으며, 함수가 사용 중인 기존 버전에 영향을 주지 않고 계층의 새 버전을 배포하고 테스트할 수 있도록 버전 제어도 가능하다.

도전 과제

동일한 계층을 사용하는 다른 람다 함수를 생성한다.

5.3 람다 함수 스케줄링

문제 설명

람다 함수를 1분에 한 번씩 실행해야 한다.

해결 방법

EventBridge 서비스가 함수를 호출할 수 있도록 람다 함수에 권한을 추가한다. 일정 표

---

8 https://github.com/AWSCookbook/Serverless/tree/main/502-Packaging-Libraries-with-Lambda-Layers#clean-up
9 https://oreil.ly/XTWHX

현식을 사용해 함수를 대상으로 1분에 한 번씩 실행하도록 EventBridge 규칙을 구성한다(그림 5-3 참고).

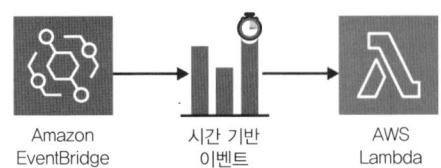

그림 5-3. 람다 함수의 시간 기반 호출을 트리거하는 EventBridge

준비 사항

- 람다 함수
- 람다 함수 실행을 허용하는 IAM 역할

준비 단계

코드 저장소의 준비 단계를 실행한다.[10]

작업 방법

1. 일정(rate(1 minute)) 표현식을 사용해 이벤트 규칙을 생성한다.

    ```
    RULE_ARN=$(aws events put-rule --name "EveryMinuteEvent" \
      --schedule-expression "rate(1 minute)")
    ```

 시간 기반 이벤트 규칙을 정의할 때 일정 표현식에 rate 형식 혹은 Cron 형식[11]을 사용할 수 있다. 위에서 생성한 규칙의 Cron 표현식은 다음과 같다.

```
RULE_ARN=$(aws events put-rule --name "EveryMinuteEvent" \
  --schedule-expression "cron(* * * * ? *)")
```

---

10 https://github.com/AWSCookbook/Serverless/tree/main/503-Triggering-Lambda-Functions-on-a-Schedule
11 https://crontab.guru/

표현식에 대한 자세한 내용은 다음 지원 문서[12]를 참고한다.

2. EventBridge 서비스가 호출할 수 있도록 람다 함수에 권한을 추가한다.

```
aws lambda add-permission --function-name $LAMBDA_ARN \ --action
lambda:InvokeFunction --statement-id events \ --principal events.amazonaws.
com
```

다음과 유사한 출력을 확인한다.

```
{ "Statement": "{\"Sid\":\"events\",\"Effect\":\"Allow\",\"Principal\":{\"Ser
vice \":\"events.amazonaws.com\"},\"Action\":\"lambda:InvokeFunction\",\"Res
ource\": \"arn:aws:lambda:us-east-1:111111111111:function:AWSCookbook503Lamb
da\"}" }
```

3. 생성한 규칙의 대상으로 람다 함수를 추가한다.

```
aws events put-targets --rule EveryMinuteEvent \
  --targets "Id"="1","Arn"="$LAMBDA_ARN"
```

다음과 유사한 출력을 확인한다.

```
{
  "FailedEntryCount": 0,
  "FailedEntries": []
}
```

EventBridge에서 사용 가능한 대상은 제공 문서[13]를 확인한다.

유효성 검사. CloudWatch Logs 로그 그룹을 통해 60초마다 함수가 호출되는지 확인한다.

---

12 https://oreil.ly/K7e8Z
13 https://oreil.ly/Rggow

```
aws logs tail "/aws/lambda/AWSCookbook503Lambda" --follow --since 10s
```

로그 그룹(log group)이 생성될 때까지 시간이 걸린다. 로그 그룹이 없다면 다음 오류를 반환한다.

```
An error occurred (ResourceNotFoundException) when calling the
FilterLogEvents operation: The specified log group does not exist.
```

다음과 유사한 출력을 확인한다.

```
$ aws logs tail "/aws/lambda/AWSCookbook503Lambda" --follow --since 10s 2021-
06-12T21:17:30.605000+00:00 2021/06/12/ [$LATEST]4d1335bf8b0846938cb585871
db38374 START RequestId: 685481eb-9279-4007-854c-f99289bf9609 Version: $LATEST
2021-06-12T21:17:30.607000+00:00 2021/06/12/ [$LATEST]4d1335bf8b0846938cb585871
db38374 AWS Cookbook Lambda function run at 2021-06-12 21:17:30.607500 2021-06-
12T21:17:30.608000+00:00 2021/06/12/ [$LATEST]4d1335bf8b0846938cb585871db38374 END
RequestId: 685481eb-9279-4007-854c-f99289bf9609 2021-06-12T21:17:30.608000+00:00
2021/06/12/ [$LATEST]4d1335bf8b0846938cb585871db38374 REPORT RequestId: 685481eb-
9279-4007-854c-f99289bf9609 Duration: 0.94 ms Billed Duration: 1 ms Memory Size: 128
MB Max Memory Used: 51 MB ...
```

Ctrl-C를 입력해 출력을 종료한다.

람다 함수는 이벤트 규칙의 대상으로 추가한 시간부터 1분 간격으로 호출된다.

정리

코드 저장소의 정리 단계를 참고한다.[14]

참고

일정에 따라 함수를 실행하면 다음과 같은 작업을 수행할 수 있다.

---

14 https://github.com/AWSCookbook/Serverless/tree/main/503-Triggering-Lambda-Functions-on-a-Schedule#clean-up

- 주가 확인

- 날씨 확인

- 예약된 프로세스 시작

- EC2 시작 및 중지 예약

리소스를 프로비저닝하지 않고도 일정에 따라 서버리스 기능을 실행할 수 있으므로 비용과 관리를 최소한으로 유지할 수 있다. 서버를 업데이트할 필요가 없으며 유휴 상태일 때 비용을 지불할 필요가 없다.

도전 과제

다음 명령어를 사용해 이벤트 규칙을 일시 중지한 다음 활성화한다.

```
aws events disable-rule --name "EveryMinuteEvent"
aws events enable-rule --name "EveryMinuteEvent"
```

 EventBridge는 기존에 Amazon CloudWatch Events로 불린 서비스다. EventBridge는 이벤트를 예약하기 위해 선호하는 방법이며 CloudWatch Events와 동일한 API를 사용한다.

AWS 서비스가 다른 AWS 서비스와 상호 작용하기 위해 권한을 명시적으로 부여해야 한다. 이 경우 `aws lambda add-permission` 명령을 사용하여 람다 함수를 호출할 수 있는 권한을 EventBridge에 부여해야 한다.

5.4 람다 함수에서 EFS 파일 시스템 사용

문제 설명

기존 서버가 사용하는 네트워크 파일 시스템에 람다가 접근할 수 있어야 한다.

해결 방법

그림 5-4와 같이 람다 함수를 생성하고 EFS 파일 시스템을 마운트한다.

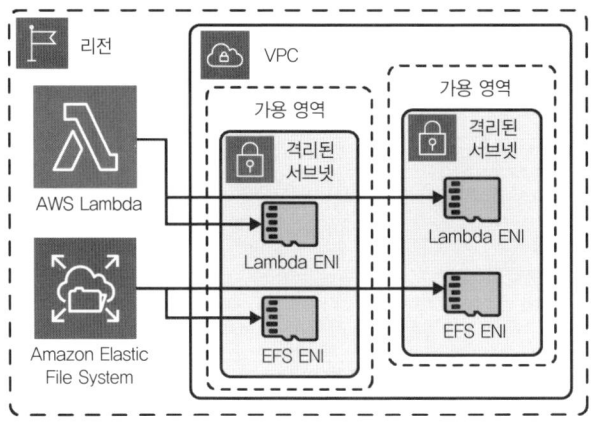

그림 5.4 VPC 서브넷 내의 ENI에 람다 액세스

준비 사항

- 2개의 AZ에 배포된 퍼블릭 서브넷과 라우팅 테이블
- EFS 파일 시스템
- 람다 함수 실행을 위한 IAM 역할

준비 단계

코드 저장소의 준비 단계를 실행한다.[15]

작업 방법

1. 람다 함수가 사용할 새 보안 그룹을 생성한다.

    ```
    LAMBDA_SG_ID=$(aws ec2 create-security-group \
      --group-name AWSCookbook504LambdaSG \
    ```

---

15 https://github.com/AWSCookbook/Serverless/tree/main/504-Mounting-an-EFS-Filesystem-to-Lambda

```
             --description "Lambda Security Group" --vpc-id $VPC_ID \
             --output text --query GroupId)
```

2. EFS 파일 시스템의 보안 그룹에 람다 함수의 보안 그룹의 TCP 포트 2049에 대한 액세스를 허용하는 수신 규칙을 추가한다.

```
aws ec2 authorize-security-group-ingress \
    --protocol tcp --port 2049 \
    --source-group $LAMBDA_SG_ID \
    --group-id $EFS_SECURITY_GROUP
```

다음과 유사한 출력을 확인한다.

```
{
  "Return": true,
  "SecurityGroupRules": [{
      "SecurityGroupRuleId": "sgr-0f837d0b090ba38de",
      "GroupId": "sg-0867c2c4ca6f4ab83",
      "GroupOwnerId": "611652777867",
      "IsEgress": false,
      "IpProtocol": "tcp",
      "FromPort": 2049,
      "ToPort": 2049,
      "ReferencedGroupInfo": {
          "GroupId": "sg-0c71fc94eb6cd1ae3"
      }
    }
  ]
}
```

3. 다음 명령으로 assert-role-policy.json 파일을 사용해 IAM 역할을 생성한다.

```
aws iam create-role --role-name AWSCookbook504Role \
    --assume-role-policy-document file://assume-role-policy.json
```

4. 람다 함수가 VPC 내에서 실행할 수 있도록 AWSLambdaVPCAccessExecutionRole IAM 관리형 정책을 IAM 역할에 연결한다.

```
aws iam attach-role-policy --role-name AWSCookbook504Role \
```

```
    --policy-arn arn:aws:iam::aws:policy/service-role/
AWSLambdaVPCAccessExecutionRole
```

5. 저장소의 lambda_function.py를 압축한다.

    ```
    zip lambda_function.zip lambda_function.py
    ```

6. EFS 파일 시스템의 ACCESS_POINT_ARN을 사용해 람다 함수를 생성한다.

    ```
    LAMBDA_ARN=$(aws lambda create-function \
      --function-name AWSCookbook504Lambda \
      --runtime python3.8 \
      --package-type "Zip" \
      --zip-file fileb://lambda_function.zip \
      --handler lambda_function.lambda_handler --publish \
      --role \
      arn:aws:iam::$AWS_ACCOUNT_ID:role/AWSCookbook504Role \
      --file-system-configs Arn="$ACCESS_POINT_ARN",LocalMountPath="/mnt/efs" \
      --output text --query FunctionArn \
      --vpc-config SubnetIds=${ISOLATED_SUBNETS},SecurityGroupIds=${LAMBDA_SG_ID})
    ```

7. 다음 명령어를 사용해 람다 함수가 활성화되는 것을 확인한다.

    ```
    aws lambda get-function --function-name $LAMBDA_ARN \
      --output text --query Configuration.State
    ```

유효성 검사. 람다 함수를 실행해 파일을 확인한다.

```
aws lambda invoke \
  --function-name $LAMBDA_ARN \
  response.json && cat response.json
```

정리

코드 저장소의 정리 단계를 참고한다.[16]

---

16 https://github.com/AWSCookbook/Serverless/tree/main/504-Mounting-an-EFS-Filesystem-to-Lambda#clean-up

참고

서버리스 컴퓨팅과 서버리스 영구 저장소(파일 시스템 및 데이터베이스 모두)를 함께 사용해 컴퓨팅 및 스토리지 운영 오버헤드를 크게 줄일 수 있다. AWS를 사용해 기본 인프라를 관리하면서 온디맨드 방식으로 스토리지를 프로비저닝하고 확장할 수 있다. 많은 애플리케이션이 Amazon S3와 같은 객체 스타일 스토리지 서비스를 사용하지만 그 외의 애플리케이션은 전통적인 파일 스타일 스토리지 서비스를 사용한다. 이 레시피에서 사용한 람다와 EFS를 사용하면 이를 쉽게 해결할 수 있다.

Amazon EFS를 AWS Lambda를 통합해 다음과 같은 솔루션을 구축할 수 있다.

- 애플리케이션을 위한 영구 스토리지
- 유지 보수
- 이벤트 기반 알림
- 이벤트 기반 파일 처리

완전 관리형의 특성과 온디맨드의 특성을 사용해 비용 효율적이고 현대적인 애플리케이션 아키텍처의 설계, 구축, 배포, 운영이 가능해진다.

도전 과제1

동일한 EFS 파일 시스템을 사용하는 또 다른 람다 함수를 생성한다.

도전 과제2

지난 30일 동안 변경된 파일이 있는지 감지하는 람다 함수를 생성해 예약된 스케줄로 실행한다.

참고할 레시피

레시피 5.9 '람다에서 VPC 내의 리소스 접근'

5.5 AWS Signer를 사용한 람다 코드의 무결성 확인

문제 설명
람다 함수 코드의 무결성을 확인하고 코드가 서명된 후 수정되지 않았음을 확인할 수 있어야 한다.

해결 방법
서명 프로필signing profile을 생성한 다음 AWS Signer를 사용해 코드에 서명을 활성화한다. 코드 서명 구성을 참고해 서명된 코드를 사용하는 람다 함수를 배포한다(그림 5-5).

그림 5-5. 람다 함수 코드 서명 프로세스

준비 사항
- 버전 관리를 활성화한 S3 버킷
- AWS Signer가 대상으로 사용할 S3 버킷
- 람다 함수 실행을 위한 IAM 역할

준비 단계
코드 저장소의 준비 단계를 실행한다.[17]

작업 방법
1. 람다 함수에서 사용할 압축된 코드의 S3의 객체 버전을 가져와 환경 변수에 저장한다.

---

17 https://github.com/AWSCookbook/Serverless/tree/main/505-Running-Trusted-Code-in-Lambda-Using-AWS-Signer

```
OBJ_VER_ID=$(aws s3api list-object-versions \
  --bucket awscookbook505-src-$RANDOM_STRING \
  --prefix lambda_function.zip \
  --output text --query Versions[0].VersionId)
```

2. 서명 프로필을 생성한다.

```
SIGNING_PROFILE_ARN=$(aws signer put-signing-profile \
  --profile-name AWSCookbook505_$RANDOM_STRING \
  --platform AWSLambda-SHA384-ECDSA \
  --output text --query arn)
```

다음 명령을 실행해 사용 가능한 서명 플랫폼 목록을 찾을 수 있다.

```
aws signer list-signing-platforms
```

3. 람다 함수에 서명 프로필을 참고하는 코드 서명 구성을 생성한다.

```
CODE_SIGNING_CONFIG_ARN=$(aws lambda create-code-signing-config \
  --allowed-publishers SigningProfileVersionArns=$SIGNING_PROFILE_ARN \
  --output text --query CodeSigningConfig.CodeSigningConfigArn)
```

4. 서명 작업을 시작한다.

```
SIGNING_JOB_ID=$(aws signer start-signing-job \
  --source 's3={bucketName=awscookbook505-src-'"$ {RANDOM_STRING}"',key=lambda_function.zip,version='"$OBJ_VER_ID"'}' \
  --destination 's3={bucketName=awscookbook505-dst-'"$ {RANDOM_STRING}"',prefix=signed-}' \
  --profile-name AWSCookbook505_$RANDOM_STRING \
  --output text --query jobId)
```

다음 명령어로 서명 작업이 성공했는지 확인한다.

```
aws signer list-signing-jobs --status Succeeded
```

다음과 유사한 출력을 확인한다.

```
{
  "jobs": [{
            "jobId": "efd392ae-2503-4c78-963f-8f40a58d770f",
            "source": {
                "s3": {
                    "bucketName": "awscookbook505-src-<<unique>>",
                    "key": "lambda_function.zip",
                    "version": "o.MffnpzjBmaBR1yzvoti0AnluovMtMf"
                }
            },
            "signedObject": {
                "s3": {
                    "bucketName": "awscookbook505-dst-<<unique>>",
                    "key": "signed-efd392ae-2503-4c78-963f-8f40a58d770f.zip"
                }
            },
            "signingMaterial": {},
            "createdAt": "2021-06-13T11:52:51-04:00",
            "status": "Succeeded",
            ...
```

5. 서명된 코드의 S3 객체 키를 확인한다.

```
OBJECT_KEY=$(aws s3api list-objects-v2 \
    --bucket awscookbook505-dst-$RANDOM_STRING \
    --prefix 'signed-' \
    --output text --query Contents[0].Key)
```

6. 서명된 코드를 사용하는 람다 함수를 생성한다.

```
LAMBDA_ARN=$(aws lambda create-function \
    --function-name AWSCookbook505Lambda \
    --runtime python3.8 \
    --package-type "Zip" \
    --code S3Bucket=awscookbook505-dst-$RANDOM_STRING,S3Key=$OBJECT_KEY \
    --code-signing-config-arn $CODE_SIGNING_CONFIG_ARN \
    --handler lambda_function.lambda_handler --publish \
    --role \ arn:aws:iam::$AWS_ACCOUNT_ID:role/AWSCookbookLambdaRole \
    --output text --query FunctionArn)
```

7. 다음 명령을 사용해 람다 함수가 활성화된 것을 확인한다.

   ```
   aws lambda get-function --function-name $LAMBDA_ARN \
     --output text --query Configuration.State
   ```

유효성 검사. AWS 콘솔에서 람다 함수를 확인한다. '함수에 서명된 코드가 있어 인라인으로 편집할 수 없습니다'라는 메시지를 확인한다.

정리

코드 저장소의 정리 단계를 참고한다.[18]

참고

보안 책임자와 애플리케이션 개발자는 AWS Signer를 사용해 주어진 환경에 신뢰할 수 있는 코드만 배포하도록 허용하는 규칙을 적용하는 DevSecOps 전략을 구현할 수 있다. 이를 통해 규정 준수 요구 사항을 충족하고 애플리케이션의 보안 상태를 높일 수 있다.

AWS Signer[19]에서 생성한 디지털 서명을 사용해 코드를 검증하고 시행 정책을 적용해 코드 배포 및 실행을 제한할 수 있다. 이 기능은 보안 및 규정 준수 거버넌스 정책의 '대응적reactive' 제어에서 '예방적preventive' 제어로의 전략적 전환점을 제공한다.

도전 과제 1

소스 코드를 수정한 뒤 다시 서명하고 람다 함수를 배포한다.

도전 과제 2

`CodeSigningPolicies`를 `Warn`에서 `Enforce`로 변경해 서명의 유효성 검사를 성공하지 못한 경우 배포를 차단하도록 한다. 이 기능을 활용해 서명된 코드만 실행하는 환경을

---

18 https://github.com/AWSCookbook/Serverless/tree/main/505-Running-Trusted-Code-in-Lambda-Using-AWS-Signer#clean-up

19 https://oreil.ly/sPLFP

만들 수 있다.

```
"CodeSigningPolicies": { "UntrustedArtifactOnDeployment": "Warn"
 },
```

5.6 컨테이너 이미지를 람다에 배포

문제 설명

기존의 컨테이너 기반 개발 프로세스와 도구를 사용해 서버리스 함수를 배포해야 한다.

해결 방법

도커Docker 이미지를 생성해 Amazon ECR Elastic Container Registry 리포지토리repository로 푸시한다. 패키지 유형의 이미지와 ECR의 이미지의 URL을 참고해서 람다 함수를 생성한다(그림 5-6 참고).

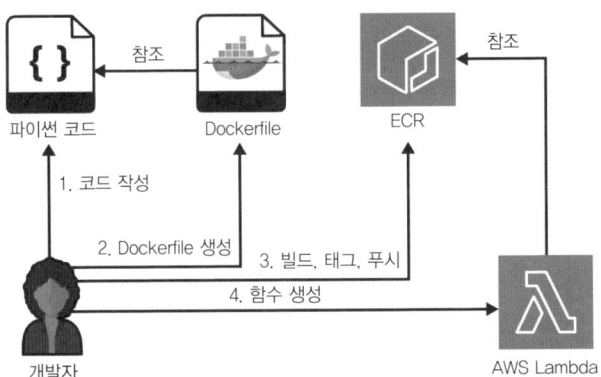

그림 5-6. 도커 이미지에 패키징된 람다 코드 배포

준비 사항

- ECR 저장소
- 람다 함수 실행을 위한 IAM 역할

- 도커를 빌드할 수 있는 환경

준비 단계
코드 저장소의 준비 단계를 실행한다.[20]

작업 방법

1. ECR 로그인 정보를 가져와 도커에 전달한다.

   ```
   aws ecr get-login-password | docker login --username AWS \
     --password-stdin $AWS_ACCOUNT_ID.dkr.ecr.$AWS_REGION.amazonaws.com
   ```

   다음과 유사한 출력을 확인한다.

   ```
   Login Succeeded
   ```

2. 저장소를 참고해 람다에서 실행할 app.py 파일을 생성한다.

   ```
   import sys
   def handler(event, context):
     return 'Hello from the AWS Cookbook ' + sys.version + '!'
   ```

3. 저장소를 참고에 다음과 같이 AWS가 제공하는 파이썬 이미지를 참조하는 Dockerfile을 생성한다.

   ```
   FROM public.ecr.aws/lambda/python:3.8

   COPY app.py ./
   CMD ["app.handler"]
   ```

4. Dockerfile 및 app.py 파일이 있는 폴더에 컨테이너 이미지를 빌드한다. 프로세스를 완료하는 데 몇 분이 소요된다.

   ```
   docker build -t aws-cookbook506-image .
   ```

---

20 https://github.com/AWSCookbook/Serverless/tree/main/506-Packaging-Lambda-Code-in-a-Container-Image

다음과 유사한 출력을 확인한다.

```
[+] Building 19.1s (4/6)
 => [internal] load build definition from Dockerfile
   0.0s
 => => transferring dockerfile: 36B
   0.0s
 => [internal] load .dockerignore
   0.0s
 => => transferring context: 2B
   0.0s
 => [internal] load metadata for public.ecr.aws/lambda/python:3.8
   2.2s
 => [internal] load build context
   0.0s
...
```

5. ECR에 푸시할 수 있도록 이미지에 태그를 추가한다.

```
docker tag \
  aws-cookbook506-image:latest \
  $AWS_ACCOUNT_ID.dkr.ecr.$AWS_REGION.amazonaws.com/aws-cookbook-506repo:latest
```

6. 이미지를 ECR 리포지토리로 푸시한다. 프로세스를 완료하기까지 몇 분이 소요된다.

```
docker push \
  $AWS_ACCOUNT_ID.dkr.ecr.$AWS_REGION.amazonaws.com/aws-cookbook-506repo:latest
```

다음과 유사한 출력을 확인한다.

```
The push refers to repository [111111111111.dkr.ecr.us-east-1.amazonaws.com/awscookbook-506repo]
5efc5a3f50dd: Pushed
a1f8e0568112: Pushing [=====>
] 10.3MB/98.4MB
bcf453d1de13: Pushing [>
] 3.244MB/201.2MB
```

```
f6ae2f36d5d7: Pushing [==============================>  ]  4.998MB/8.204MB
5959c8f9752b: Pushed
3e5452c20c48: Pushed
9c4b6b04eac3: Pushing [>
```

7. 다음 명령어와 같이 푸시한 도커 이미지의 url을 람다의 ImageUri 값으로 지정해 함수를 생성한다.

```
LAMBDA_ARN=$(aws lambda create-function \
  --function-name AWSCookbook506Lambda \
  --package-type "Image" \
  --code ImageUri=$AWS_ACCOUNT_ID.dkr.ecr.$AWS_REGION.amazonaws.com/awscookbook-506repo:latest \
  --role \
  arn:aws:iam::$AWS_ACCOUNT_ID:role/AWSCookbookLambdaRole \
  --output text --query FunctionArn)
```

컨테이너 이미지를 사용하는 함수를 생성할 때 --runtime 및 --handler 매개 변수를 사용하지 않는다.

다음 명령을 사용해 람다 함수가 활성 상태에 들어간 시점을 확인할 수 있다.

```
aws lambda get-function --function-name $LAMBDA_ARN \
  --output text --query Configuration.State
```

유효성 검사. AWS 콘솔에서 람다를 선택한 뒤 Functions 메뉴로 이동한다. 함수가 이미지 유형으로 배포된 것을 확인할 수 있다.

함수를 호출하고 응답을 확인한다.

```
aws lambda invoke \
  --function-name $LAMBDA_ARN response.json && cat response.json
```

다음과 유사한 출력을 확인한다.

```
{
  "StatusCode": 200,
```

```
    "ExecutedVersion": "$LATEST"
}
"Hello from the AWS Cookbook 3.8.8 (default, Mar 8 2021, 20:13:42) \n[GCC 7.3.1
20180712 (Red Hat 7.3.1-12)]!"
```

정리

코드 저장소의 정리 단계를 참고한다.[21]

참고

AWS Lambda는 컨테이너 이미지에 애플리케이션 코드를 패키징해서 배포할 수 있는 기능을 제공한다. 이 기능을 사용해 이미 사용 중인 기존 빌드, 테스트, 패키지, 배포 파이프라인을 사용할 수 있다. 컨테이너 이미지를 사용하면 최대 10GB 크기의 애플리케이션 코드를 패키징할 수 있다. 람다 런타임 환경에 필요한 런타임 인터페이스 클라이언트[22]를 포함하기만 하면 AWS에서 제공하는 기본 이미지를 사용하거나 자체 이미지를 생성할 수 있다.

Amazon ECR에 컨테이너 이미지를 저장할 수 있으며 함수는 컨테이너 이미지를 저장한 ECR 리포지토리와 동일한 계정에 있어야 한다.

도전 과제

애플리케이션 코드를 업데이트하고, 새 이미지를 생성한 뒤 ECR에 푸시하고, 람다 함수를 업데이트한다.

---

21 https://github.com/AWSCookbook/Serverless/tree/main/506-Packaging-Lambda-Code-in-a-Container-Image#clean-up
22 https://oreil.ly/N4wd7

5.7 S3의 CSV 데이터를 람다를 사용해 DynamoDB로 로드

문제 설명
CSV 파일을 S3에 업로드하고 S3에서 DynamoDB로 데이터를 로드해야 한다.

해결 방법
S3 데이터를 DynamoDB로 로드하는 람다 함수를 생성하고 `S3:PutObject` 이벤트가 람다 함수를 트리거하는 S3 알림을 구성한다(그림 5-7 참고).

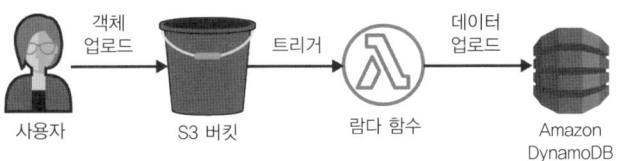

그림 5-7. 람다 함수를 사용해 DynamoDB 테이블에 데이터 로드

준비 단계
코드 저장소의 준비 단계를 실행한다.[23]

작업 방법

1. 저장소의 파일을 다운로드받고 다음 디렉터리로 이동한다.

    ```
    cd 507-Importing-CSV-to-DynamoDB-from-S3
    ```

2. DynamoDB 테이블을 생성한다.

    ```
    aws dynamodb create-table \
      --table-name 'AWSCookbook507' \
      --attribute-definitions 'AttributeName=UserID,AttributeType=S' \
      --key-schema 'AttributeName=UserID,KeyType=HASH' \
      --sse-specification 'Enabled=true,SSEType=KMS' \
    ```

---

[23] https://github.com/AWSCookbook/Serverless/tree/main/507-Importing-CSV-to-DynamoDB-from-S3

```
    --provisioned-throughput \
    'ReadCapacityUnits=5,WriteCapacityUnits=5'
```

3. S3 버킷 이름에 사용할 고유 접미사를 설정한다.

    ```
    RANDOM_STRING=$(aws secretsmanager get-random-password \
    --exclude-punctuation --exclude-uppercase \
    --password-length 6 --require-each-included-type \
    --output text \
    --query RandomPassword)
    ```

4. S3 버킷을 생성한다.

    ```
    aws s3api create-bucket --bucket awscookbook507-$RANDOM_STRING
    ```

5. 저장소의 assume-role-policy.json 파일을 사용해 S3 및 DynamoDB 사용을 허용하는 람다 함수에 대한 역할을 생성한다.

    ```
    aws iam create-role --role-name AWSCookbook507Lambda \
    --assume-role-policy-document file://assume-role-policy.json
    ```

6. `AmazonS3ReadOnlyAccess`에 대한 IAM 관리형 정책을 IAM 역할에 연결한다.

    ```
    aws iam attach-role-policy --role-name AWSCookbook507Lambda \
    --policy-arn arn:aws:iam::aws:policy/AmazonS3ReadOnlyAccess
    ```

7. `AmazonDynamoDBFullAccess`에 대한 IAM 관리형 정책을 IAM 역할에 연결한다.

    ```
    aws iam attach-role-policy --role-name AWSCookbook507Lambda \
    --policy-arn arn:aws:iam::aws:policy/AmazonDynamoDBFullAccess
    ```

이 레시피에서는 단순화를 위해 `AmazonDynamoDBFullAccess`를 사용했지만 특정 DynamoDB 테이블 리소스에 대한 람다 함수 권한의 범위를 제한하는 것을 권장한다. 보다 좁은 범위의 권한을 만드는 방법에 대한 자세한 내용은 레시피 1.2를 참고한다.

8. `AWSLambdaBasicExecutionRole` IAM 관리형 정책을 IAM 역할에 연결한다.

    ```
    aws iam attach-role-policy --role-name AWSCookbook507Lambda \
    ```

```
              --policy-arn arn:aws:iam::aws:policy/service-role/
        AWSLambdaBasicExecutionRole
```

9. 함수 코드를 압축한다.

   ```
   zip lambda_function.zip lambda_function.py
   ```

10. 압축한 파일을 사용해 람다 함수를 생성한다.

    ```
    LAMBDA_ARN=$(aws lambda create-function \
      --function-name AWSCookbook507Lambda \
      --runtime python3.8 \
      --package-type "Zip" \
      --zip-file fileb://lambda_function.zip \
      --handler lambda_function.lambda_handler --publish \
      --environment Variables={bucket=awscookbook507-$RANDOM_STRING} \
      --role \
      arn:aws:iam::$AWS_ACCOUNT_ID:role/AWSCookbook507Lambda \
      --output text --query FunctionArn)
    ```

11. S3 서비스에 람다 함수에 대한 호출 권한을 부여한다.

    ```
    aws lambda add-permission --function-name $LAMBDA_ARN \ --action
    lambda:InvokeFunction --statement-id s3invoke \ --principal s3.amazonaws.com
    ```

12. 저장소의 notification-template.json 파일을 참고해 파일이 업로드될 때 람다 함수를 자동으로 트리거하기 위한 이벤트를 생성한다.

    ```
    {
      "LambdaFunctionConfigurations": [
    {
        "Id": "awscookbook507event",
        "LambdaFunctionArn": "LAMBDA_ARN",
        "Events": [
            "s3:ObjectCreated:*"
        ],
        "Filter": {
            "Key": {
                "FilterRules": [{
                    "Name": "prefix",
    ```

```
                            "Value": "sample_data.csv"
                        }
                    ]
                }
            }
        ]
    }
```

13. sed 명령을 사용해 notificationtemplate.json 파일의 값을 환경 변수로 치환한다.

    ```
    sed -e "s/LAMBDA_ARN/${LAMBDA_ARN}/g" \
      notification-template.json > notification.json
    ```

14. 람다 함수를 트리거하는 S3 버킷 알림 설정을 구성한다.

    ```
    aws s3api put-bucket-notification-configuration \
      --bucket awscookbook507-$RANDOM_STRING \
      --notification-configuration file://notification.json
    ```

15. 파일을 S3에 업로드한다.

    ```
    aws s3 cp ./sample_data.csv s3://awscookbook507-$RANDOM_STRING
    ```

유효성 검사. DynamoDB 콘솔 혹은 CLI 명령을 사용해 테이블을 스캔한다.

```
aws dynamodb scan --table-name AWSCookbook507
```

DynamoDB는 AWS SDK를 통해 애플리케이션에서 쉽게 CRUD 작업을 수행할 수 있도록 AWS API 엔드포인트를 제공한다.

정리

코드 저장소의 정리 단계를 참고한다.[24]

참고

AWS Lambda와 Amazon DynamoDB를 사용해 운영 오버헤드를 최소화하면서 데이터베이스 지속성을 크게 확장할 수 있는 애플리케이션을 구축할 수 있다. 개발자는 서버 인프라에 대해 걱정하지 않고 애플리케이션을 구축할 수 있다.

 이 글을 쓰는 시점에서 람다 함수는 900초의 제한 시간을 가진다.[25] 대용량 CSV 파일에 문제가 있거나 DynamoDB 테이블에 쓰기 용량이 충분하지 않은 경우 문제가 발생할 수 있다.

이벤트 기반 애플리케이션은 AWS에서 최신 클라우드 네이티브 애플리케이션을 구축하기 위해 알아야 할 중요한 개념이다. notification.json 파일을 생성할 때와 람다 함수, S3 버킷 그리고 객체를 버킷에 넣을 때 람다 함수를 트리거하는 키 패턴을 지정했다. 이벤트 기반 아키텍처event driven architecture를 사용하면 필요할 때만 함수를 실행하기 때문에 애플리케이션 실행과 관련된 비용과 복잡성을 최소화할 수 있다.

도전 과제 1

sample_data.csv 파일에 새 데이터를 추가하고 버킷에서 파일을 삭제한 다음 다시 업로드한다. 기존 데이터는 유지되고 새 데이터가 추가되는 것을 확인한다.

도전 과제 2

다른 파일 이름을 사용할 수 있도록 S3 알림 및 람다 함수를 변경한다.

24　https://github.com/AWSCookbook/Serverless/tree/main/507-Importing-CSV-to-DynamoDB-from-S3#clean-up
25　https://docs.aws.amazon.com/ko_kr/lambda/latest/dg/gettingstarted-limits.html

도전 과제 3

특정 DynamoDB 테이블에만 액세스 권한을 가지는 세분화된 IAM 정책을 생성하고 람다 함수에 연결한다.

5.8 프로비저닝된 동시성을 사용해 람다 시작 시간 단축

문제 설명

임의로 설정한 5개의 서버리스 함수를 콜드 스타트cold start 없이 가능한 한 빨리 호출해야 한다.

해결 방법

람다 함수를 생성하고 함수의 프로비저닝된 동시성provisioned concurrency을 5로 설정한다(그림 5-8 참고).

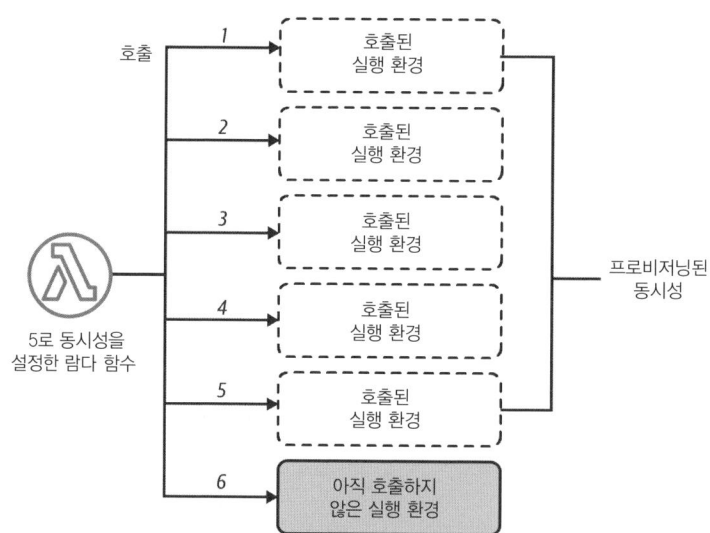

그림 5-8. 람다 함수의 프로비저닝된 동시성 설정

준비 사항

람다 함수 실행을 위한 IAM 역할

준비 단계

코드 저장소의 준비 단계를 실행한다.[26]

작업 방법

1. 저장소의 파일을 참고해 lambda_function.py 파일을 생성한다.

    ```
    from datetime import datetime
    import time

    def lambda_handler(event, context):
      time.sleep(5)
      print('AWS Cookbook Function run at {}'.format(str(datetime.now())))
    ```

2. 함수 코드를 압축한다.

    ```
    zip lambda_function.zip lambda_function.py
    ```

3. 람다 함수를 생성한다.

    ```
    aws lambda create-function \
      --function-name AWSCookbook508Lambda \
      --runtime python3.8 \
      --package-type "Zip" \
      --zip-file fileb://lambda_function.zip \
      --handler lambda_function.lambda_handler --publish \
      --timeout 20 \
      --role \
      arn:aws:iam::$AWS_ACCOUNT_ID:role/AWSCookbookLambdaRole
    ```

4. 다음 명령을 사용해 람다 함수가 활성화된 것을 확인한다.

26　https://github.com/AWSCookbook/Serverless/tree/main/508-Reducing-Lambda-Startup-Times-with-Lambda-Concurrency

```
aws lambda get-function --function-name AWSCookbook509Lambda \
  --output text --query Configuration.State
```

람다 함수 별칭[27]을 사용하면 함수의 특정 버전을 참고할 수 있다. 각 람다 함수는 하나 이상의 별칭을 할당할 수 있다. 초기 별칭은 LATEST로 설정된다.

5. 람다 함수의 프로비저닝된 동시성 설정을 구성한다.

```
aws lambda put-provisioned-concurrency-config \
  --function-name AWSCookbook508Lambda \
  --qualifier LATEST \
  --provisioned-concurrent-executions 5
```

유효성 검사. 함수를 연속으로 6번 호출한다.

```
aws lambda invoke --function-name AWSCookbook508Lambda response.json &
aws lambda invoke --function-name AWSCookbook508Lambda response.json
```

프로비저닝된 동시성 기능을 확인하려면 배포한 람다 함수를 병렬로 실행하는 스크립트를 작성해야 한다.

정리
코드 저장소의 정리 단계를 참고한다.[28]

참고
함수 코드의 실행 환경은 요청 시 프로비저닝되므로 함수를 실행하는 데 약간의 시간이 필요하다. 이것을 콜드 스타트라고 한다. 람다는 일정 기간 동안 실행 환경을 웜^{warm} 상

---

27 https://oreil.ly/8vXHA
28 https://github.com/AWSCookbook/Serverless/tree/main/508-Reducing-Lambda-Startup-Times-with-Lambda-Concurrency#clean-up

태로 유지하므로 함수를 다시 호출하면 프로비저닝 단계 없이 코드를 빠르게 실행한다. 함수가 더 많은 동시성을 달성해야 하는 경우, 콜드 스타트를 피하고자 프로비저닝된 동시성 기능을 사용해 복제한 실행 환경을 '웜' 상태로 유지할 수 있다.

때때로 마이크로서비스microservice 기반 애플리케이션에서 개발자는 시간에 민감한 요구사항을 가진 솔루션을 구축해야 한다. 프로비저닝된 동시성 기능을 사용하면 함수를 호출할 때 필요한 시간을 최소화할 수 있다.

도전 과제 1

람다 함수 앞에 API Gateway를 구성하고 bees with machine guns[29] 또는 Apache Bench[30]를 사용해 로드 테스트load test를 진행한다.

도전 과제 2

시간 및/또는 성능 지표(예: 응답 시간)를 기반으로 람다 함수의 프로비저닝된 동시성 값을 수정하는 애플리케이션의 autoscaling을 구성한다.

5.9 람다에서 VPC 내의 리소스 접근

문제 설명

람다 함수를 사용해 VPC 내의 ElastiCache 클러스터에 접근할 수 있어야 한다.

해결 방법

Redis 클라이언트 연결 및 패키지를 포함한 람다 함수를 생성하고 VPC 서브넷 및 보안 그룹을 지정한다. 그런 다음 ElastiCache 서브넷 그룹과 ElastiCache 클러스터를 생성한다. Redis 클러스터 엔드포인트를 사용하는 람다 함수를 호출한다(그림 5-9 참고).

---

29 https://oreil.ly/EmxSn
30 https://oreil.ly/3i7WV

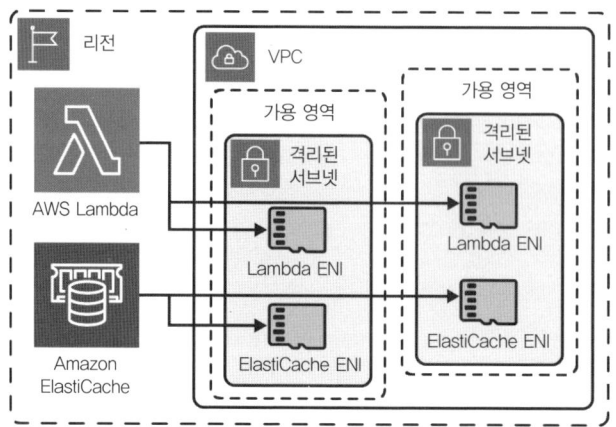

그림 5-9. VPC 내의 ElastiCache 클러스터에 액세스하는 람다 함수

준비 사항

- 람다 함수 실행을 위한 IAM 역할

준비 단계

코드 저장소의 준비 단계를 실행한다.[31]

작업 방법

1. 람다 함수가 VPC 내에서 실행할 수 있는 기능을 부여해야 하기 때문에 AWS LambdaVPCAccess IAM 관리형 정책을 IAM 역할에 연결한다.

    ```
    aws iam attach-role-policy --role-name AWSCookbookLambdaRole \
      --policy-arn arn:aws:iam::aws:policy/service-role/
    AWSLambdaVPCAccessExecutionRole
    ```

2. 현재 디렉터리에 Redis Python 패키지를 설치한다.

    ```
    pip install redis -t .
    ```

---

31 https://github.com/AWSCookbook/Serverless/tree/main/509-Accessing-VPC-Resources-with-Lambda

3. 함수 코드를 압축한다.

   ```
   zip -r lambda_function.zip lambda_function.py redis*
   ```

4. 람다에 대한 보안 그룹을 생성한다.

   ```
   LAMBDA_SG_ID=$(aws ec2 create-security-group \
     --group-name Cookbook509LambdaSG \
     --description "Lambda Security Group" --vpc-id $VPC_ID \
     --output text --query GroupId)
   ```

5. HTTP 요청에 응답할 람다 함수를 생성한다.

   ```
   LAMBDA_ARN=$(aws lambda create-function \
     --function-name AWSCookbook509Lambda \
     --runtime python3.8 \
     --package-type "Zip" \
     --zip-file fileb://lambda_function.zip \
     --handler lambda_function.lambda_handler --publish \
     --role arn:aws:iam::$AWS_ACCOUNT_ID:role/AWSCookbookLambdaRole \
     --output text --query FunctionArn \
     --vpc-config SubnetIds=${TRIMMED_ISOLATED_SUBNETS},SecurityGroupIds=$
   {LAMBDA_SG_ID})
   ```

6. ElastiCache 서브넷 그룹을 생성한다.

   ```
   aws elasticache create-cache-subnet-group \
     --cache-subnet-group-name "AWSCookbook509CacheSG" \
     --cache-subnet-group-description "AWSCookbook509CacheSG" \
     --subnet-ids $ISOLATED_SUBNETS
   ```

7. 하나의 노드를 가진 ElastiCache Redis 클러스터를 생성한다.

   ```
   aws elasticache create-cache-cluster \
     --cache-cluster-id "AWSCookbook509CacheCluster" \
     --cache-subnet-group-name AWSCookbook509CacheSG \
     --engine redis \
     --cache-node-type cache.t3.micro \
     --num-cache-nodes 1
   ```

캐시 클러스터 생성이 완료될 때까지 기다린다.

8. HOSTNAME을 클러스터의 엔드포인트를 사용하도록 함수를 호출한다.

```
aws lambda invoke \
  --cli-binary-format raw-in-base64-out \
  --function-name $LAMBDA_ARN \
  --payload '{ "hostname": "HOSTNAME" }' \
  response.json && cat response.json
```

정리

코드 저장소의 정리 단계를 참고한다.[32]

참고

람다 함수는 기본적으로 AWS 환경에서 프로비저닝한 VPC에 액세스할 수 없다. 하지만 VPC에서 네트워크 인터페이스를 프로비저닝하면 람다를 VPC에 연결할 수 있다. ElastiCache는 VPC에 네트워크 인터페이스를 가진 컴퓨팅 노드가 필요하므로 ElastiCache 노드에 액세스하려면 람다를 VPC 내에 구성해야 한다.

함수가 사용하는 메모리는 실행 환경이 끝나고 다시 시작할 때까지 유지되지 않는다. 애플리케이션에서 메모리 지속성에 대한 액세스가 필요한 경우(예: HTTP 세션) Amazon ElastiCache의 `redis` 또는 `memcached`를 사용해 세션 스토리지 및 키/값 스토리지를 구현할 수 있다. 이러한 솔루션은 빠른 읽기/쓰기를 위해 인 메모리 캐시를 구현하면서 애플리케이션에 필요한 메모리 지속성을 유지하면서 애플리케이션을 수평적으로 확장할 수 있도록 도와준다.

도전 과제

Redis용 Amazon ElastiCache에서 값을 읽고 쓸 수 있도록 람다 함수를 구성한다.

---

[32] https://github.com/AWSCookbook/Serverless/tree/main/509-Accessing-VPC-Resources-with-Lambda#clean-up

6장
컨테이너

6.0 들어가며

컨테이너^{container}는 애플리케이션 코드, 바이너리, 구성 파일, 라이브러리를 단일 패키지로 구성할 수 있기 때문에 제어 및 일관성을 유지하면서 애플리케이션을 개발, 테스트, 실행할 수 있다. 이에 따라 로컬 환경에서 동일한 런타임 환경으로 빠르게 컨테이너를 패키징하고 테스트할 수 있다. 컨테이너를 사용하면 일반적으로 무언가를 빌드하고 사용자에게 배포하는 시간을 줄이면서 배포에 대한 일관성을 보장할 수 있다.

컨테이너는 실행 중인 호스트(노트북, 서버 또는 클라우드)의 기본 컴퓨팅 및 메모리 기능을 활용하는 완전한 환경이다. 동일한 호스트에서 여러 컨테이너를 충돌 없이 실행할 수 있으며, 여러 컨테이너를 서로 통신할 목적으로 실행할 수 있다. 예를 들어 웹사이트의 백엔드를 실행하는 컨테이너와 프론트엔드 웹 애플리케이션 컨테이너를 실행할 수 있다. 한 번에 여러 컨테이너를 실행하고 항상 사용할 수 있는 상태를 보장하고자 Kubernetes 및 Docker Swarm과 같은 컨테이너 오케스트레이터$^{container\ orchestrator}$를 사용한다.

Amazon ECS$^{Elastic\ Container\ Service}$ 및 Amazon EKS$^{Elastic\ Kubernetes\ Service}$와 같은 컨테이너 오케스트레이터를 사용해 컨테이너를 실행할 수 있다. AWS 컨테이너 오케스트레이터 서비스(Amazon ECS 및 Amazon EKS)는 Amazon EC2 또는 AWS Fargate 컴퓨팅 엔진을 사용해 워크로드를 실행한다. ECS Anywhere 및 EKS Anywhere를 사용해 자체 데

이터 센터 내에서 ECS 및 EKS를 사용할 수도 있다. 다음 웹사이트[1]에서 AWS의 최신 컨테이너 서비스를 확인할 수 있다.

일부 AWS 서비스(AWS CodeDeploy, AWS CodePipeline, Amazon Elastic Container Registry)를 사용해 개발 수명 주기를 간소화하고 워크플로를 자동화할 수 있다. 해당 서비스는 Amazon ECS, Amazon EKS와 통합돼 있다. 네트워크 기능을 제공하는 Amazon Virtual Private Cloud, AWS Elastic Load Balancing, AWS Cloud Map, Amazon Route 53를 사용하고 Amazon CloudWatch, Amazon Managed Service for Prometheus[2]를 사용해 로깅 및 모니터링 문제를 해결할 수 있다. AWS IAM 및 AWS KMS$^{Key\ Management\ System}$를 사용해 보안 기능을 제공할 수 있다. 6장의 레시피에서는 이러한 서비스를 사용해 요구 사항을 충족시키는 방법을 알아본다.

로컬 환경 설정

28페이지의 'CLI 설정' 단계에 따라 구성을 확인하고 필요한 환경 변수를 설정한 뒤 6장에 해당하는 저장소의 코드를 복제한다.

```
git clone https://github.com/AWSCookbook/Containers
```

도커 설치 및 확인

윈도우^{Windows} 및 맥^{Mac} 사용자는 Docker Desktop[3]을 사용하며 리눅스^{Linux} 사용자는 Docker Linux Engine[4]을 사용한다. 6장의 레시피에서는 도커를 사용해 일관된 작업 환경을 생성한다. 각 OS의 안정적인 최신 버전의 도커를 설치해야 한다.

맥OS

1. Docker Desktop[5]의 지침을 따른다.

---

1 https://aws.amazon.com/containers
2 https://aws.amazon.com/prometheus
3 https://oreil.ly/Wfv89
4 https://oreil.ly/taxpH
5 https://docs.docker.com/desktop/mac/install/

2. 설치 후 Docker Desktop 애플리케이션을 실행한다.

윈도우

1. Docker Desktop[6]의 지침을 따른다.
2. 설치 후 Docker Desktop 애플리케이션을 실행한다.

리눅스

1. Docker Engin Install[7]의 지침을 따른다.
2. 도커 데몬daemon을 시작한다.

다음 명령을 사용해 도커가 설치된 것을 확인한다.

```
docker --version
```

다음과 유사한 출력을 확인한다.

```
Docker version 19.03.13, build 4484c46d9d
```

`docker images` 명령을 실행해 로컬 머신의 이미지를 확인한다.

```
REPOSITORY TAG IMAGE ID CREATED SIZE
```

6.1 Amazon ECR에 컨테이너 이미지 빌드, 태그, 푸시

문제 설명

생성 후 태그한 컨테이너 이미지를 저장할 저장소를 제공해야 한다.

---

6 https://docs.docker.com/desktop/windows/install
7 https://docs.docker.com/engine/install/

해결 방법

먼저 Amazon ECR에 리포지토리를 생성한다. Dockerfile을 만들고 이를 사용해 도커 이미지를 빌드한다. 그림 6-1과 같이 컨테이너 이미지에 2개의 태그를 적용하고 새로 생성한 ECR 저장소에 푸시한다.

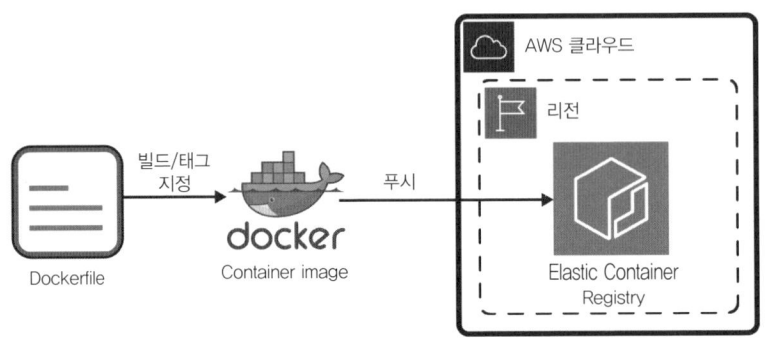

그림 6-1. 컨테이너 이미지를 빌드, 태그 및 푸시

준비 단계

코드 저장소의 준비 단계를 실행한다.[8]

작업 방법

1. AWS Management Console에 로그인해 Elastic Container Registry를 검색한다. **리포지토리 만들기** 버튼을 클릭한다.

    리포지토리 이름을 입력하고 그림 6-2와 같이 기본값을 사용해 **리포지토리 생성**을 다시 클릭한다.

---

[8] https://github.com/AWSCookbook/Containers/tree/main/601-Build-An-ECR-Repo

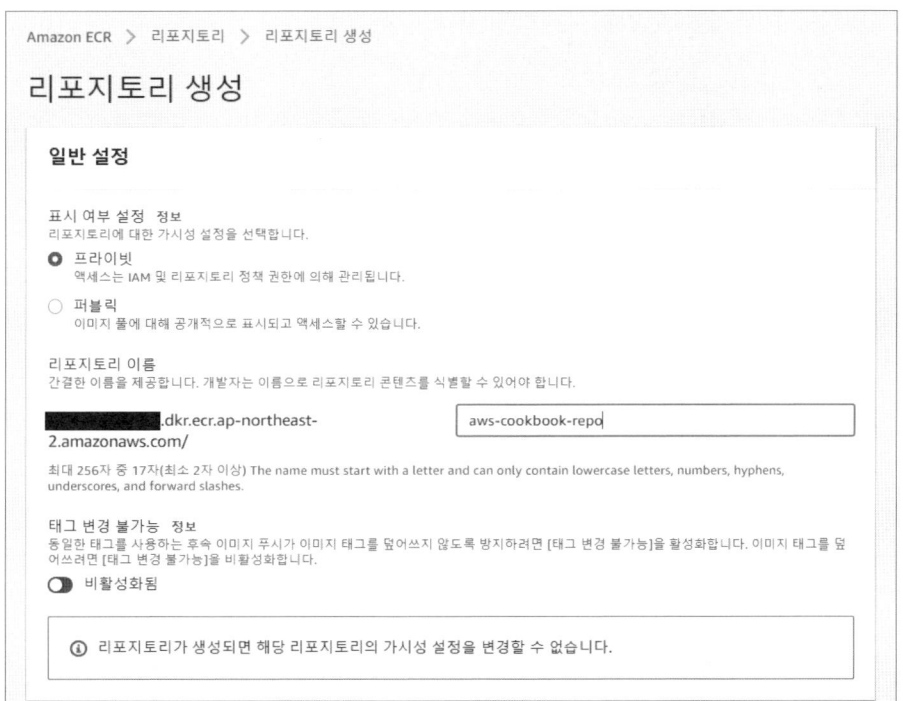

그림 6-2. ECR 저장소 생성

그림 6-3과 같이 이제 컨테이너 이미지를 저장할 수 있는 Amazon ECR에 리포지토리를 생성했다.

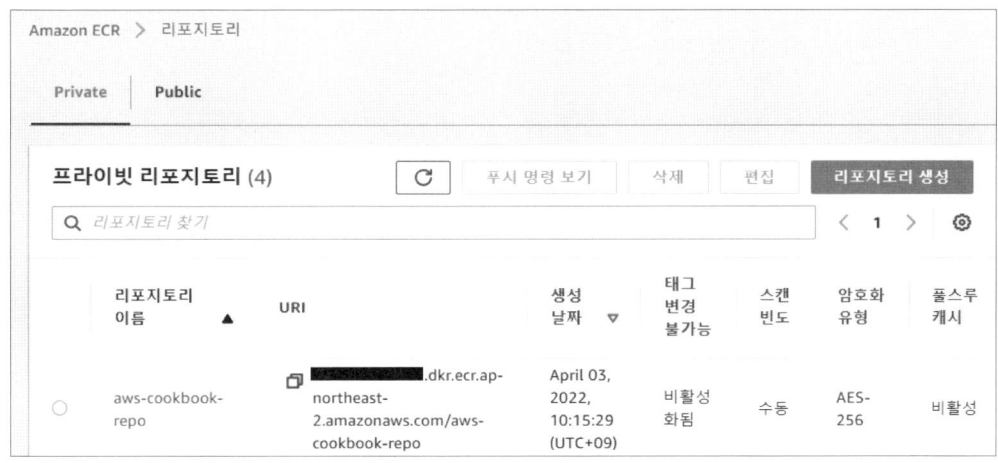

그림 6-3. 생성한 ECR 저장소의 스크린샷

6장 | 컨테이너　317

명령줄을 통해 ECR 리포지토리를 생성할 수 있다.

```
REPO=aws-cookbook-repo && \
  aws ecr create-repository --repository-name $REPO
```

다음과 유사한 출력을 확인한다.

```
{
  "repository": {
      "repositoryArn": "arn:aws:ecr:us-east-1:111111111111:repository/aws-
  cookbookrepo",
      "registryId": "111111111111",
      "repositoryName": "aws-cookbook-repo",
      "repositoryUri": "611652777867.dkr.ecr.us-east-1.amazonaws.com/aws-
  cookbookrepo",
      "createdAt": "2021-10-02T19:57:56-04:00",
      "imageTagMutability": "MUTABLE",
      "imageScanningConfiguration": {
          "scanOnPush": false
      },
      "encryptionConfiguration": {
          "encryptionType": "AES256"
      }
  }
}
```

2. Dockerfile을 생성한다.

   ```
   echo FROM nginx:latest > Dockerfile
   ```

    이 명령은 `nginx:latest` 이미지를 기본 이미지로 사용하는 Dockerfile을 생성한다. 이 Dockerfile은 기본 이미지만 사용하므로 결과적으로 `nginx:latest` 이미지와 동일하다. COPY 및 ADD Dockerfile 지시문을 사용해 이미지에 HTML 파일을 포함할 수 있다.

3. 이미지를 빌드한 뒤 태그한다. 이미지 레이어를 다운로드하고 결합하는 데 몇 분 정도가 필요하다.

   ```
   docker build . -t \
     $AWS_ACCOUNT_ID.dkr.ecr.$AWS_REGION.amazonaws.com/aws-cookbook-repo:latest
   ```

4. 태그를 추가한다.

   ```
   docker tag \
     $AWS_ACCOUNT_ID.dkr.ecr.$AWS_REGION.amazonaws.com/aws-cookbook-repo:latest \
     $AWS_ACCOUNT_ID.dkr.ecr.$AWS_REGION.amazonaws.com/aws-cookbook-repo:1.0
   ```

5. Docker 로그인 정보를 가져온다.

   ```
   aws ecr get-login-password | docker login --username AWS \
     --password-stdin $AWS_ACCOUNT_ID.dkr.ecr.us-east-1.amazonaws.com
   ```

   다음 출력을 확인한다.

   ```
   Login Succeeded
   ```

개인 저장소에 작업을 실행하려면 인증 토큰이 필요하다. 토큰은 12시간 동안 지속되므로 수동으로 갱신해야 한다. 인증 토큰을 얻는 작업을 자동화하고자 awslabs 깃허브 저장소[9]의 ECR 도커 자격 증명 도우미를 사용해 인증 토큰을 얻는 작업을 자동화할 수 있다.

6. 각 이미지 태그를 Amazon ECR에 푸시한다.

   ```
   docker push \
     $AWS_ACCOUNT_ID.dkr.ecr.$AWS_REGION.amazonaws.com/aws-cookbook-repo:latest
   docker push \
     $AWS_ACCOUNT_ID.dkr.ecr.$AWS_REGION.amazonaws.com/aws-cookbook-repo:1.0
   ```

ECR 저장소에 첫 번째 푸시에 의한 이미지가 존재하기 때문에 두 번째 이미지를 푸시할 때 'Layer already exists'를 확인할 수 있다.

유효성 검사. 이제 그림 6-4와 같이 Amazon ECR에서 태그돼 있는 이미지를 모두 확인할 수 있다.

---

9 https://oreil.ly/xl0xD

그림 6-4. 2개의 태그를 가진 컨테이너 이미지의 스크린샷

다음과 같이 AWS CLI를 사용해서도 확인할 수 있다.

```
aws ecr list-images --repository-name aws-cookbook-repo
```

다음과 유사한 출력을 확인한다.

```
{
  "imageIds": [
  {
      "imageDigest": "sha256:99d0a53e3718cef59443558607d1e100b325d6a2b678cd2a48b05e5e22ffeb49",
      "imageTag": "1.0"
  },
  {
      "imageDigest": "sha256:99d0a53e3718cef59443558607d1e100b325d6a2b678cd2a48b05e5e22ffeb49",
      "imageTag": "latest"
  }
  ]
}
```

정리

코드 저장소의 정리 단계를 참고한다.[10]

---

10 https://github.com/AWSCookbook/Containers/tree/main/601-Build-An-ECR-Repo#cleanup

참고
컨테이너 이미지를 위한 리포지토리는 애플리케이션 개발 프로세스의 중요한 기본 구성 요소다. 프라이빗 리포지토리를 사용해 애플리케이션 개발 프로세스의 보안을 강화할 수 있다. Amazon ECR에 다른 AWS 계정, IAM 객체, AWS 서비스에 액세스 권한을 부여할 수 있다. 이제 ECR 리포지토리에 컨테이너 이미지를 저장하고 AWS 서비스와 함께 사용할 수 있다.

Amazon ECR은 인기 있는 Docker Image Manifest V2, Schema 2,[11] 최신 OCI(Open Container Initiative)[12] 이미지를 지원한다. 이미지를 가져올 때 형식 간의 변환을 지원한다. Manifest V2, Schema 1 유형을 사용하는 도커 클라이언트를 지원하며 상호 작용할 때 즉석에서 변환한다. 현재 사용 중인 대부분의 도커 클라이언트를 지원한다.

컨테이너 태깅을 사용하면 컨테이너 이미지의 버전을 지정하고 추적할 수 있다. 이미지에 여러 태그를 적용하면 버전 관리 전략 및 배포 프로세스를 구현할 수 있다. 예를 들어 개발 환경에서 항상 'latest' 태그된 이미지를 사용하고 프로덕션 환경은 특정 버전 태그를 사용할 수 있다.

도전 과제
Dockerfile을 수정해 새 이미지를 빌드하고 새 버전 번호를 태그한 뒤 ECR에 푸시한다.

6.2 Amazon ECR에 푸시하는 컨테이너 이미지의 보안 취약점 스캔

문제 설명
ECR 리포지토리로 컨테이너 이미지를 푸시할 때마다 보안 취약점을 자동으로 스캔하고자 한다.

---

11 https://oreil.ly/FeYVY
12 https://oreil.ly/tzgdd

해결 방법

그림 6-5와 같이 Amazon ECR의 리포지토리에서 자동 이미지 스캔을 활성화한 뒤 이미지를 푸시하고 스캔 결과를 확인한다.

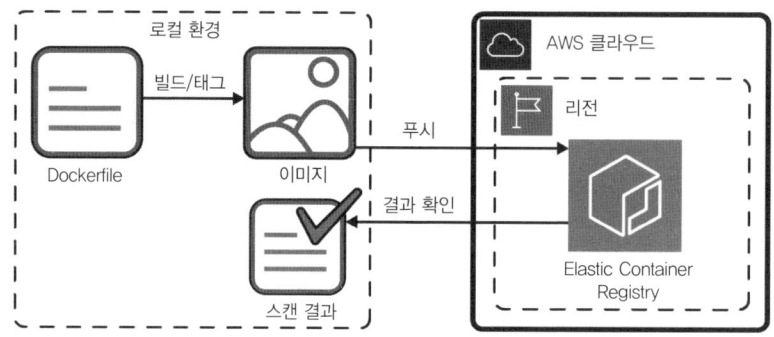

그림 6-5. 컨테이너 이미지 스캔 워크플로

준비 사항

- ECR 리포지토리

준비 단계

코드 저장소의 준비 단계를 실행한다.[13]

작업 방법

1. Dockerfile를 사용해 새 컨테이너 이미지를 빌드하는 대신 이미 배포돼 있는 NGINX 컨테이너 이미지를 사용한다.

    ```
    docker pull nginx:1.14.1
    ```

2. 미리 생성한 리포지토리에 스캔 구성을 적용한다.

    ```
    REPO=aws-cookbook-repo && \
    ```

---

13 https://github.com/AWSCookbook/Containers/tree/main/602-Image-Scanning-In-ECR

```
aws ecr put-image-scanning-configuration \
--repository-name $REPO \
--image-scanning-configuration scanOnPush=true
```

3. Docker 로그인 정보를 설정한다.

```
aws ecr get-login-password | docker login --username AWS \
    --password-stdin $AWS_ACCOUNT_ID.dkr.ecr.$AWS_REGION.amazonaws.com
```

4. ECR 리포지토리에 푸시할 수 있도록 이미지에 태그를 적용한다.

```
docker tag nginx:1.14.1 \
    $AWS_ACCOUNT_ID.dkr.ecr.$AWS_REGION.amazonaws.com/aws-cookbook-repo:old
```

5. 이미지를 푸시한다.

```
docker push \
    $AWS_ACCOUNT_ID.dkr.ecr.$AWS_REGION.amazonaws.com/aws-cookbook-repo:old
```

유효성 검사   푸시를 완료한 뒤 JSON 형식으로 스캔 결과를 확인할 수 있다.

```
aws ecr describe-image-scan-findings \
    --repository-name aws-cookbook-repo --image-id imageTag=old
```

다음과 유사한 출력을 확인한다.

```
{
  "imageScanFindings": {
      "findings": [
{
              "name": "CVE-2019-3462",
              "description": "Incorrect sanitation of the 302 redirect field
 in HTTP transport method of apt versions 1.4.8 and earlier can lead to content
 injection by a MITM attacker, potentially leading to remote code execution on the
 target machine.",
              "uri": "https://security-tracker.debian.org/tracker/CVE-2019-3462",
              "severity": "CRITICAL",
              "attributes": [
{
```

```
            "key": "package_version",
            "value": "1.4.8"
        },
```

정리

코드 저장소의 정리 단계를 참고한다.[14]

Amazon ECR의 리포지토리에 이미지가 있다면 저장소를 삭제할 수 없다. 이미지가 있는 저장소를 강제로 삭제하려면 delete-repository 명령에 --force를 추가해 실행한다.

참고

Amazon ECR의 취약점 스캐닝[15]은 오픈 소스 Clair 프로젝트[16]의 CVE^{Common Vulnerability and Exposure}[17] 데이터베이스를 사용하며 취약점의 심각함을 나타내고자 CVSS^{Common Vulnerability Scoring System} 점수를 사용한다. 이를 사용해 컨테이너 이미지의 취약점을 감지하고 수정할 수 있다. Amazon EventBridge 및 Amazon SNS^{Simple Notification Service}를 연동해 이미지에서 새로 발견한 취약점에 대한 알림을 구성할 수 있다.

스캔 기능은 이미지를 지속적으로 스캔하지 않기 때문에 정기적으로 새로 태그한 이미지를 푸시하거나 수동 스캔을 트리거해야 한다.

이 레시피의 마지막 단계의 명령어를 사용하면 언제든지 이미지에 대한 마지막 스캔 결과를 검색할 수 있다. 또한 배포하기 전에 이미지의 CVSS 점수를 확인할 수 있도록 자동화된 CI/CD 프로세스의 일부로 사용할 수 있다.

---

14   https://github.com/AWSCookbook/Containers/tree/main/602-Image-Scanning-In-ECR#clean-up
15   https://oreil.ly/ZSiob
16   https://github.com/quay/clair
17   https://cve.mitre.org/

도전 과제 1

최신 NGINX 컨테이너 이미지로 업데이트해 취약점을 수정한다.

도전 과제 2

리포지토리의 취약점을 감지하면 이메일을 보내도록 SNS 주제를 구성한다.

6.3 Amazon Lightsail을 사용한 컨테이너 배포

문제 설명

컨테이너 기반 애플리케이션을 신속하게 배포하고 안전하게 접근할 수 있도록 구성해야 한다.

해결 방법

AWS에 애플리케이션을 빠르게 배포할 수 있는 방법을 제공하는 Lightsail[18]을 사용한다. 그림 6-6과 같이 Lightsail을 사용해 NGINX 컨테이너를 배포한다.

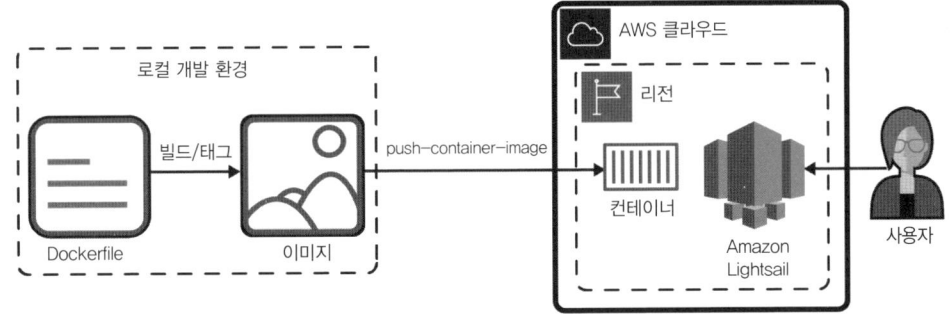

그림 6-6. 컨테이너 이미지를 사용한 Amazon Lightsail 배포

---

18 https://oreil.ly/SaZCa

준비 사항

- Docker Desktop, AWS CLI(버전 2) 그리고 AWS CLI용 Lightsail Control 플러그인(lightsailctl)[19]을 설치한다.

준비 단계

코드 저장소의 준비 단계를 실행한다.[20]

작업 방법

Lightsail은 여러 가지 컨테이너 서비스 용량을 제공한다. 이 레시피에서는 나노(nano)를 사용한다. 각 서비스 용량의 비용 목록은 Lightsail 가격 책정 가이드[21]에서 확인할 수 있다.

1. Lightsailctl을 설치한 뒤 다음 명령어로 새 컨테이너 서비스를 생성한다.

    ```
    aws lightsail create-container-service \
      --service-name awscookbook --power nano --scale 1
    ```

    다음과 유사한 출력을 확인한다.

    ```
    {
      "containerService": {
        "containerServiceName": "awscookbook",
        "arn": "arn:aws:lightsail:us-east-1:111111111111:ContainerService/12463
    3d7- b625-48b2-b066-5826012904d5",
        "createdAt": "2020-11-15T10:10:55-05:00",
        "location": {
            "availabilityZone": "all",
            "regionName": "us-east-1"
        },
        "resourceType": "ContainerService",
    ```

---

19 https://oreil.ly/Tn2B9
20 https://github.com/AWSCookbook/Containers/tree/main/603-Deploy-Container-With-Lightsail
21 https://oreil.ly/DSPNv

```
              "tags": [],
              "power": "nano",
              "powerId": "nano-1",
              "state": "PENDING",
              "scale": 1,
              "isDisabled": false,
              "principalArn": "",
              "privateDomainName": "awscookbook.service.local",
              "url": "https://awscookbook.<>.us-east-1.cs.amazonlightsail.com/"
        }
    }
```

2. 포트 80/TCP를 사용하는 NGINX 컨테이너 이미지를 가져온다(이 작업은 몇 분 정도 소요된다).

    ```
    docker pull nginx
    ```

    다음 명령을 사용해 컨테이너 서비스의 상태가 READY 상태가 됐는지 확인한다.

    ```
    aws lightsail get-container-services --service-name awscookbook
    ```

3. 컨테이너 서비스가 준비되면 컨테이너 이미지를 Lightsail로 푸시한다.

    ```
    aws lightsail push-container-image --service-name awscookbook \
      --label awscookbook --image nginx
    ```

    다음과 유사한 출력을 확인한다.

    ```
    7b5417cae114: Pushed
    Image "nginx" registered.
    Refer to this image as ":awscookbook.awscookbook.1" in deployments.
    ```

Amazon Lightsail은 퍼블릭 이미지 리포지토리를 사용하거나 Amazon Lightsail 내의 컨테이너 서비스에 컨테이너 이미지를 푸시할 수 있다. Lightsail 이미지는 프라이빗 Amazon ECR 저장소를 사용하는 대신 Lightsail 서비스 내에 저장된다. 자세한 내용은 이미지 위치에 대한 Lightsail 문서[22]를 참고한다.

---

22 https://oreil.ly/Hi4Ny

4. 이제 배포를 위해 생성한 컨테이너 서비스와 푸시한 이미지를 연결한다. 코드 저장소에서 제공하는 lightsaile.json을 참고해 파일을 생성한다.

   ```
   {
     "serviceName": "awscookbook",
     "containers": {
       "awscookbook": {
         "image": ":awscookbook.awscookbook.1",
         "ports": {
           "80": "HTTP"
         }
       }
     },
     "publicEndpoint": {
       "containerName": "awscookbook",
       "containerPort": 80
     }
   }
   ```

5. 배포^{deployment}를 생성한다.

   ```
   aws lightsail create-container-service-deployment \
     --service-name awscookbook --cli-input-json file://lightsail.json
   ```

   컨테이너 서비스의 ACTIVE 상태를 확인한다. 이 작업은 몇 분 정도 소요된다.

   ```
   aws lightsail get-container-services --service-name awscookbook
   ```

   엔드포인트 URL을 기록한다.

유효성 검사. 이제 브라우저 또는 curl을 사용해 엔드포인트 URL에 접근한다(URL 예시: https://awscookbook.un94eb3cd7hgk.useast-1.cs.amazonlightsail.com).

```
curl <<URL endpoint>>
```

다음과 유사한 출력을 확인한다.

...

```
<h1>Welcome to nginx</h1>
...
```

정리
코드 저장소의 정리 단계를 참고한다.[23]

참고
Lightsail은 TLS 인증서, 로드 밸런서, 컴퓨팅, 스토리지를 직접 관리한다. 또한 애플리케이션이 MySQL, PostgreSQL 데이터베이스를 사용한다면 배포의 일부로 데이터베이스를 관리할 수 있다. Lightsail은 애플리케이션의 상태를 확인하고 응답하지 않는 경우 새로운 컨테이너를 자동으로 배포한다. `Lightsail create-container-service` 명령의 power, scale 매개 변수를 변경해 필요한 워크로드에 대한 서비스를 생성할 수 있다.

이 레시피를 사용하면 단기간에 일반적인 컨테이너 기반 애플리케이션(예: Wordpress)을 배포할 수 있다. Lightsail 배포 시 사용자 지정 도메인 별칭[24]을 설정해 SEO 친화적인 URL을 제공할 수 있다.

도전 과제
더 많은 트래픽을 처리할 수 있도록 서비스를 확장한다.

6.4 AWS Copilot을 사용한 컨테이너 배포

문제 설명
기존 Dockerfile을 사용해 네트워크의 모범 사례를 따르는 웹 서비스를 빠르게 배포하고 관리하는 방법이 필요하다.

---

23 https://github.com/AWSCookbook/Containers/tree/main/603-Deploy-Container-With-Lightsail#clean-up
24 https://oreil.ly/rB5Xf

해결 방법

AWS Copilot[25]을 사용해 그림 6-7과 같은 아키텍처를 사용하는 애플리케이션을 빠르게 배포할 수 있다.

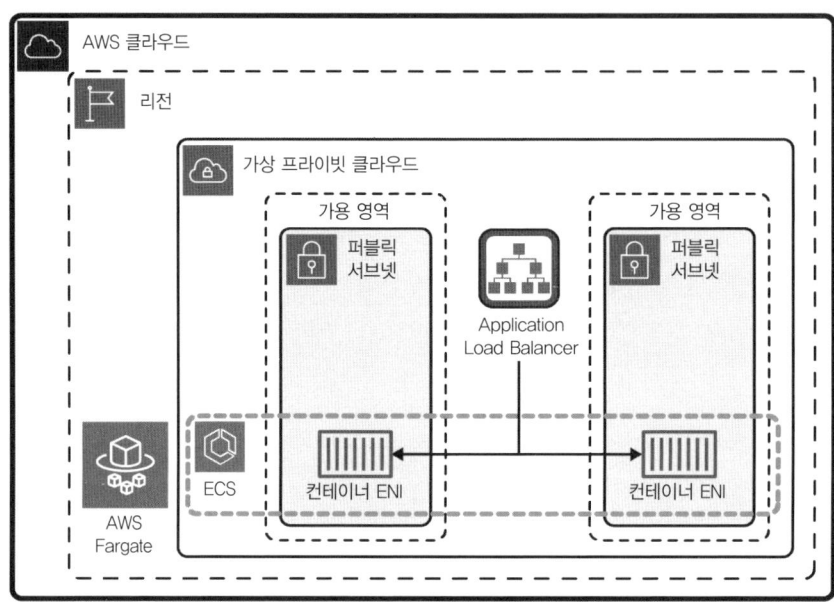

그림 6-7. AWS Copilot 로드 밸런싱된 웹 서비스 인프라

준비 사항

- AWS Copilot CLI[26]

준비 단계

코드 저장소의 준비 단계를 실행한다.[27]

---

25 https://oreil.ly/zH8YD
26 https://oreil.ly/PvZID
27 https://github.com/AWSCookbook/Containers/tree/main/604-Deploy-Container-With-Copilot-CLI

작업 방법

1. Copilot은 사용자를 대신해 Amazon ECS가 작업을 수행할 수 있도록 하는 ECS 서비스 연결 역할service-linked role을 사용한다. 이 역할은 AWS 계정에 이미 생성돼 있을 수 있다. 이 역할이 이미 생성돼 있는지 확인하려면 다음 명령을 실행한다.

   ```
   aws iam list-roles --path-prefix /aws-service-role/ecs.amazonaws.com/
   ```

   (역할이 이미 생성돼 있다면 다음 역할 생성 단계를 건너뛴다.)

   ECS 서비스 연결 역할이 없는 경우 다음 명령어를 사용해 역할을 생성한다.

   ```
   aws iam create-service-linked-role --aws-service-name ecs.amazonaws.com
   ```

   IAM 서비스 연결 역할을 사용하면 AWS 서비스가 사용자를 대신해 다른 AWS 서비스와 안전하게 상호 작용할 수 있다. 이러한 역할 사용에 대한 내용은 AWS 문서[28]를 참고한다.

2. 코드 저장소에서 레시피에 해당하는 디렉터리로 이동한다.

   ```
   cd 604-Deploy-Container-With-Copilot-CLI
   ```

   이 레시피에서는 사용자가 원하는 Dockerfile을 사용할 수 있다. 사용자의 컨테이너를 사용하기로 선택한 경우 컨테이너의 포트 80/TCP이 열려 있는지 확인하거나 copilot init 명령을 사용해 다른 포트를 구성해야 한다.

3. 이제 AWS Copilot을 사용해 NGINX Dockerfile을 Amazon ECS에 배포한다.

   ```
   copilot init --app web --name nginx --type 'Load Balanced Web Service' \
     --dockerfile './Dockerfile' --port 80 --deploy
   ```

   copilot init 명령에 인수를 지정하지 않으면 배포 옵션 메뉴를 확인할 수 있다.

---

28 https://oreil.ly/CwzCZ

배포는 몇 분 정도 걸린다. 터미널에서 배포 진행 상황을 확인할 수 있다.

유효성 검사. 배포가 완료되면 다음 명령을 사용해 배포된 서비스에 대한 정보를 확인한다.

    copilot svc show

정리

코드 저장소의 정리 단계를 참고한다.[29]

참고

Copilot은 개발 워크플로 및 배포 수명 주기를 간소화할 수 있도록 Amazon ECS, AWS Fargate, AWS App Runner에 대한 배포를 단순화하는 CLI를 제공한다.

`copilot init` 명령을 사용해 현재 작업 디렉터리에 copilot이라는 디렉터리를 생성했다. 애플리케이션과 연결된 manifest.yml을 사용해 구성을 확인하고 수정할 수 있다.

copilot 명령어로 생성되는 기본 환경은 테스트 환경이다. `copilot env init` 명령을 사용해 필요에 따라 새로운 환경을 추가하고 환경을 서로 격리된 상태로 유지할 수 있다.

Copilot은 모범 사례에 따라 Amazon ECS에서 컨테이너를 호스팅하는 데 필요한 모든 리소스를 구성한다. 이런 구성에는 여러 가용 영역에 배포, 서브넷 계층을 사용한 트래픽을 분할과 AWS KMS를 사용한 암호화 등이 포함돼 있다.

AWS Copilot 명령어 `copilot pipeline`를 사용해 CI/CD 파이프라인을 이용한 자동화된 배포를 구성할 수 있다. 현재 지원하는 모든 기능과 예제는 AWS Copilot 홈페이지[30]에서

---

29 https://github.com/AWSCookbook/Containers/tree/main/604-Deploy-Container-With-Copilot-CLI#clean-up
30 https://aws.github.io/copilot-cli

확인할 수 있다.

도전 과제
Amazon ECS 대신 AWS App Runner[31]를 사용해 배포할 수 있도록 애플리케이션을 재구성한다.

6.5 블루/그린 배포로 컨테이너 업데이트

문제 설명
컨테이너 기반 애플리케이션을 배포할 때 중단 없이 애플리케이션을 최신 버전으로 배포하고 배포를 실패하는 경우에는 쉽게 롤백할 수 있어야 한다.

해결 방법
그림 6-8과 같이 AWS CodeDeploy를 사용해 Amazon ECS 애플리케이션에 대한 블루/그린 배포blue/green deployment를 적용한다.

---

31 https://oreil.ly/BvUTg

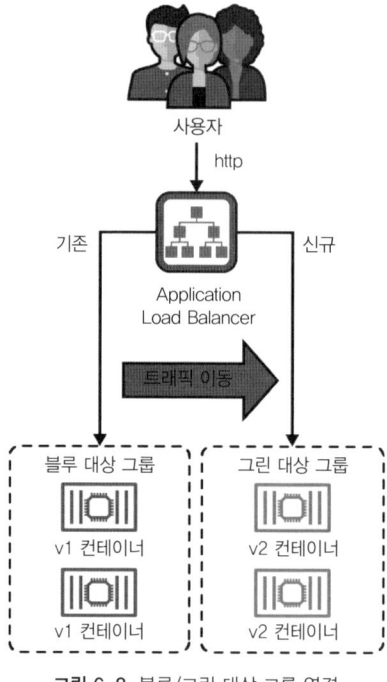

그림 6-8. 블루/그린 대상 그룹 연결

준비 단계

코드 저장소의 준비 단계를 실행한다.[32]

작업 방법

1. CDK 스택을 배포한 후 웹 브라우저를 열고 CDK 출력의 `LOAD_BALANCER_DNS` 주소를 확인한다. 실행 중인 '블루Blue' 애플리케이션을 확인한다.

   ```
   E.g.:
   firefox $LOAD_BALANCER_DNS:8080
   or
   open http://$LOAD_BALANCER_DNS:8080
   ```

---

32 https://github.com/AWSCookbook/Containers/tree/main/605-Updating-Containers-With-BlueGreen

2. 저장소의 assert-role-policy.json과 다음 명령을 사용해 IAM 역할을 생성한다.

   ```
   aws iam create-role --role-name ecsCodeDeployRole \
     --assume-role-policy-document file://assume-role-policy.json
   ```

3. CodeDeployRoleForECS에 대한 IAM 관리형 정책을 IAM 역할에 연결한다.

   ```
   aws iam attach-role-policy --role-name ecsCodeDeployRole \
     --policy-arn arn:aws:iam::aws:policy/AWSCodeDeployRoleForECS
   ```

4. CodeDeploy의 '그린green' 대상 그룹으로 사용할 새 ALB 대상 그룹을 생성한다.

   ```
   aws elbv2 create-target-group --name "GreenTG" --port 80 \
     --protocol HTTP --vpc-id $VPC_ID --target-type ip
   ```

5. CodeDeploy 애플리케이션을 생성한다.

   ```
   aws deploy create-application --application-name awscookbook-605 \
     --compute-platform ECS
   ```

CodeDeploy를 사용하고자 몇 가지 구성을 포함한 템플릿 파일(codedeploy-template.json)을 참고한다.

6. sed 명령을 사용해 템플릿 파일의 내용을 환경 변수의 값으로 치환한다.

   ```
   sed -e "s/AWS_ACCOUNT_ID/${AWS_ACCOUNT_ID}/g" \
     -e "s|PROD_LISTENER_ARN|${PROD_LISTENER_ARN}|g" \
     -e "s|TEST_LISTENER_ARN|${TEST_LISTENER_ARN}|g" \
     codedeploy-template.json > codedeploy.json
   ```

sed(stream editor의 줄임말)는 터미널 세션 및 스크립트에서 텍스트 찾기 및 바꾸기 작업을 포함한 여러 가지 유형의 텍스트 조작을 위한 유용한 도구다. 이 예제에서는 sed를 사용해 템플릿 파일의 값을 cdk deploy의 출력 값으로 설정한 환경 변수의 값으로 치환하고자 사용했다.

7. 다음 명령어로 배포 그룹을 생성한다.

```
aws deploy create-deployment-group --cli-input-json file://codedeploy.json
```

8. `sed` 명령을 사용해 업데이트해야 할 애플리케이션에 대한 정보를 포함한 `appspec-template.yaml`의 내용을 환경 변수의 값으로 치환한다.

```
sed -e "s|FargateTaskGreenArn|${FARGATE_TASK_GREEN_ARN}|g" \
    appspec-template.yaml > appspec.yaml
```

9. CDK 배포를 통해 생성한 S3 버킷에 `appspec.yaml`을 복사한다.

```
aws s3 cp ./appspec.yaml s3://$BUCKET_NAME
```

10. 마지막으로 배포에 대한 구성 파일을 생성한다. `sed`를 사용해 deployment-template.json 파일의 S3 버킷 이름을 치환한다.

```
sed -e "s|S3BucketName|${BUCKET_NAME}|g" \
    deployment-template.json > deployment.json
```

11. 이제 배포 구성을 사용해 배포를 생성한다.

```
aws deploy create-deployment --cli-input-json file://deployment.json
```

그림 6-9와 같이 AWS 콘솔에서 배포 상태를 확인한다(개발자 도구 → CodeDeploy → 배포로 이동한 후 배포 ID 클릭).

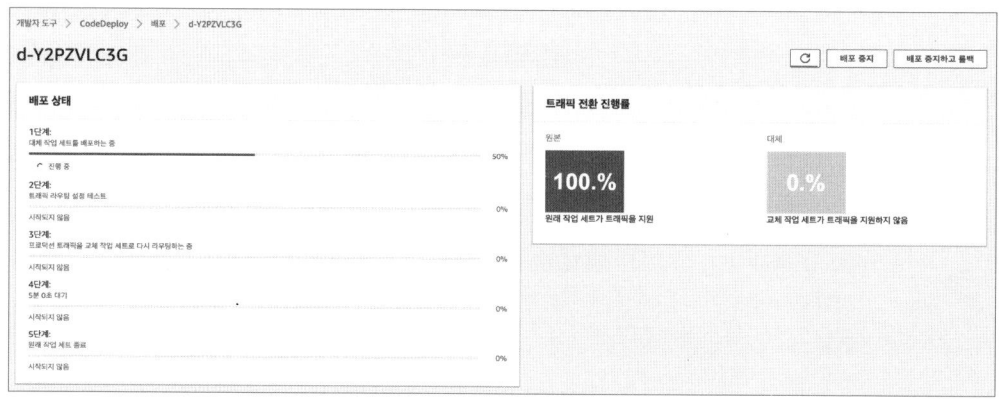

그림 6-9. 초기 배포 상태

유효성 검사. 트래픽 전환 진행률이 100%에 도달하면 동일한 URL을 방문해 새 버전이 배포된 것을 확인할 수 있다.

 업데이트된 애플리케이션을 확인하려면 브라우저를 새로 고치거나 캐시를 지워야 할 수도 있다.

정리
코드 저장소의 정리 단계를 참고한다.[33]

참고
CodeDeploy는 카나리(Canary), 한 번에 모두(AllAtOnce), 블루/그린(Blue/Green) 등의 여러 가지 배포 전략[34]을 지원하며 컷오버(cut over) 윈도우를 긴 대기 시간으로 설정하거나 트래픽 전환이 발생하기 전에 충족해야 할 조건을 정의해 사용자 지정 배포 전략을 사용할 수 있다. CodeDeploy의 블루/그린 전략은 모든 트래픽이 새 버전으로 라우팅되는 동안 애플리케이션의 이전 버전을 5분간 실행 상태로 유지한다. 새 버전이 제대로 작동하지 않는다면 별도의 AWS Application Load Balancer 대상 그룹에서 이전 버전이 계속 실행 중이기 때문에 트래픽을 원래 버전으로 빠르게 라우팅할 수 있다.

CodeDeploy는 ALB 대상 그룹을 사용해 '프로덕션' 애플리케이션을 관리한다. AWS CDK를 사용해 초기 스택을 배포할 때 기존의 블루 컨테이너를 ALB의 포트 8080과 연결된 대상 그룹에 등록했다. 새 버전의 배포를 시작한 후 CodeDeploy는 새로운 버전의 ECS 서비스를 시작하고 이를 사용자가 생성한 그린 대상 그룹과 연결한 다음 모든 트래픽을 그린 대상 그룹으로 이동한다. 최종적으로 그린 버전의 컨테이너를 ALB의 포트 8080을 통해 제공한다. 이제 이전 대상 그룹을 사용해 다음 블루/그린 배포를 실행할 수 있다.

---

33 https://github.com/AWSCookbook/Containers/tree/main/605-Updating-Containers-With-BlueGreen#clean-up
34 https://oreil.ly/18B4u

위와 같이 이전 버전으로 빠르게 롤백할 수 있는 배포 전략은 CI/CD의 일반적인 패턴이다. 롤백이 필요하지 않으면 초기 버전을 종료하고 다음에 배포할 때 프로세스를 반복해 새 버전을 블루 대상 그룹에 넣고 준비가 되면 트래픽을 해당 그룹으로 이동한다. 이 전략을 사용하면 새 애플리케이션 버전이 사용자에게 미치는 영향을 최소화하면서 더 자주 배포할 수 있다.

배포 조건을 통해 배포 성공 기준을 정의할 수 있다. 사용자 지정 배포 전략과 배포 조건을 조합해 CodeDeploy 프로세스에 자동화 테스트를 구축할 수 있다. 이렇게 하면 트래픽이 새 배포로 전송되기 전에 모든 테스트를 실행할 수 있다.

도전 과제
이전의 컨테이너 배포로 롤백을 트리거하고 결과를 관찰한다.

6.6 Amazon ECS의 컨테이너 워크로드 자동 확장

문제 설명
자동적으로 확장이 가능한 컨테이너 서비스를 배포해야 한다.

해결 방법
그림 6-10과 같이 CPU 부하가 증가할 때 서비스에서 더 많은 컨테이너를 추가하도록 ECS 서비스에 대한 CloudWatch 경보 및 조정 정책을 구성한다.

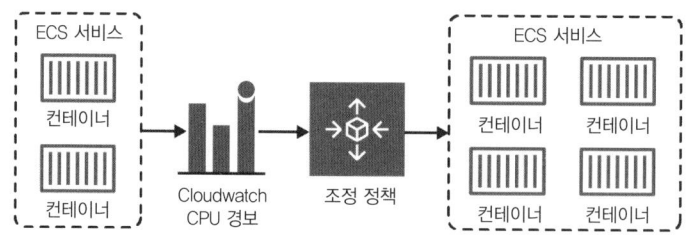

그림 6-10. CloudWatch 경보 및 조정 정책을 적용한 ECS 서비스

준비 단계

코드 저장소의 준비 단계를 실행한다.[35]

작업 방법

1. curl 명령(또는 웹 브라우저)을 사용하고 ECS 서비스 URL에 액세스해 배포돼 있는 것을 확인한다.

    ```
    curl -v -m 3 $LOAD_BALANCER_DNS
    ```

2. 다음 명령어로 verbose(-v) 및 3초 제한 시간(-m 3) 플래그를 사용해 전체 연결을 확인하고 제한 시간이 설정됐는지 확인한다.

    ```
    curl -v -m 3 http://AWSCookbook.us-east-1.elb.amazonaws.com:80/
    * Trying 1.2.3.4...
    * TCP_NODELAY set
    * Connected to AWSCookbook.us-east-1.elb.amazonaws.com (1.2.3.4) port 80<
    > GET / HTTP/1.1
    > Host: AWSCookbook.us-east-1.elb.amazonaws.com:80
    > User-Agent: curl/7.64.1
    > Accept: */*
    >
    < HTTP/1.1 200
    < Content-Type: application/json
    < Content-Length: 318
    < Connection: keep-alive
    <
    {

    "URL":"http://awscookbookloadtestloadbalancer-36821611.useast-1.elb.amazonaws.com:80/",
        "ContainerLocalAddress":"10.192.2.179:8080",
        "ProcessingTimeTotalMilliseconds":"0",
        "LoadBalancerPrivateIP":"10.192.2.241",
        "ContainerHostname":"ip-10-192-2-179.ec2.internal",
    ```

---

35 https://github.com/AWSCookbook/Containers/tree/main/606-Autoscaling-Container-Workloads

```
"CurrentTime":"1605724705176"
}
Closing connection 0
```

동일한 curl 명령을 연속으로 여러 번 실행하면 ContainerHostname 및 ContainerLocal Address가 바뀌는 것을 확인할 수 있다. 이를 통해 ECS 서비스에서 정의한 대로 항상 두 컨테이너 간에 로드 밸런싱을 수행하고 있음을 확인할 수 있다.

3. 자동 크기 조정 트리거가 사용할 수 있는 역할을 생성한다. 코드 저장소[36]의 task-execution-assume-role.json을 참고한다.

   ```
   aws iam create-role --role-name AWSCookbook606ECS \
     --assume-role-policy-document file://task-execution-assume-role.json
   ```

4. 자동 확장을 위한 관리형 정책을 연결한다.

   ```
   aws iam attach-role-policy --role-name AWSCookbook606ECS --policy-arn
   arn:aws:iam::aws:policy/service-role/AmazonEC2ContainerServiceAutoscaleRole
   ```

5. 자동 크기 조정 대상을 등록한다.

   ```
   aws application-autoscaling register-scalable-target \
     --service-namespace ecs \
     --scalable-dimension ecs:service:DesiredCount \
     --resource-id service/$ECS_CLUSTER_NAME/AWSCookbook606 \
     --min-capacity 2 \
     --max-capacity 4
   ```

6. CPU 사용량이 평균 50% 이상이 되면 자동 크기 조정 정책을 실행하도록 설정한다.

   ```
   aws application-autoscaling put-scaling-policy --service-namespace ecs \
     --scalable-dimension ecs:service:DesiredCount \
     --resource-id service/$ECS_CLUSTER_NAME/AWSCookbook606 \
     --policy-name cpu50-awscookbook-606 --policy-type TargetTrackingScaling \
     --target-tracking-scaling-policy-configuration file://scaling-policy.json
   ```

---

[36] https://github.com/AWSCookbook/Containers

7. curl 명령을 실행해 높은 **CPU** 로드를 시뮬레이션한다.

    ```
    curl -v -m 3 $LOAD_BALANCER_DNS/cpu
    ```

이 명령을 사용해 해당 URL을 호출하면 컨테이너가 CPU에 부하를 주는 프로세스를 실행하기 때문에 3초 후에 시간 초과 오류를 반환한다(CDK를 사용해 배포한 ECS 서비스는 높은 CPU 사용량을 시뮬레이션하기 위해 CPU 부하 생성기를 포함한다). 다음은 위 명령어의 출력을 보여 준다.

```
curl -v m- 3 http://AWSCookbookLoadtestLoadBalancer-36821611.useast-1.elb.amazonaws.com:80/cpu
* Trying 52.4.148.24...
* TCP_NODELAY set
* Connected to AWSCookbookLoadtestLoadBalancer-36821611.useast-1.elb.amazonaws.com (52.4.148.245) port 80 (#0)
> GET /cpu HTTP/1.1
> Host: AWSCookbookLoadtestLoadBalancer-36821611.us-east-1.elb.amazonaws.com:80
> User-Agent: curl/7.64.1
> Accept: */*
>

* Operation timed out after 3002 milliseconds with 0 bytes received
* Closing connection 0 curl: (28) Operation timed out after 3002 milliseconds with 0 bytes received
```

유효성 검사. 약 5분 정도 기다린 후 AWS 콘솔에 로그인하고 Elastic Container Service를 찾은 다음 클러스터 페이지로 이동해 배포된 클러스터를 선택하고 ECS 서비스를 선택한다. 원하는 작업 개수$^{desired\ count}$가 4로 증가했는지 확인한다. **작업** 탭을 클릭해 현재 서비스에 대해 실행 중인 4개의 컨테이너 작업을 확인할 수 있다.

측정치 탭을 클릭해 서비스의 CPU 사용량을 확인한다. 자동 크기 조정 작업을 트리거하고자 크기 조정 목표를 50%로 설정하고 서비스에 2개의 컨테이너를 추가하도록 설정했다. 그림 6-11은 측정치 그래프의 예시를 나타낸다.

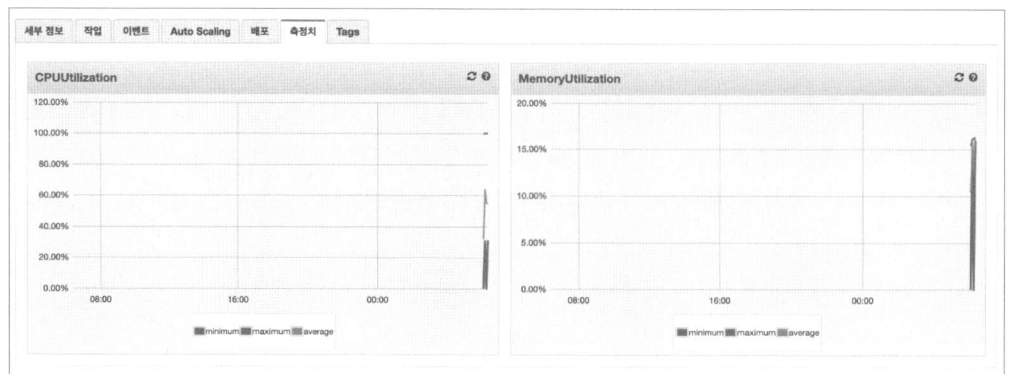

그림 6-11. ECS 서비스 측정치

정리

코드 저장소의 정리 단계를 참고한다.[37]

참고

AWS 서비스에서 애플리케이션을 실행할 때 Auto Scaling을 사용해 비용을 절감할 수 있다. 이를 통해 애플리케이션은 로드가 증가함에 따라 자체 리소스를 프로비저닝할 수 있으며 애플리케이션이 유휴 상태일 때 리소스를 해지한다. AWS 서비스가 사용자를 대신해 이와 같은 작업을 수행할 때 서비스가 IAM을 통해 해당 기능을 실행할 수 있는 권한을 구체적으로 부여해야 한다.

이러한 작업에 대한 지표는 CloudWatch에서 확인할 수 있다. 자동 크기 조정을 구성하고자 사용할 수 있는 데이터 요소와 측정 항목은 다양하며 가장 일반적인 것들 중 일부는 다음과 같다.

- 네트워크 I/O
- CPU 사용량

---

37 https://github.com/AWSCookbook/Containers/tree/main/606-Autoscaling-Container-Workloads#clean-up

- 메모리 사용량
- 트랜잭션 수

이 레시피에서는 ECS 서비스의 CPU 사용량 지표를 모니터링한다. 측정치를 50%로 설정하고 ECS 서비스의 HTTP 엔드포인트에 대한 cURL 호출로 CPU 로드를 트리거한다. 확장을 트리거하는 측정치는 실행 중인 애플리케이션의 유형과 애플리케이션을 구성하는 기술에 따라 달라진다. 모범 사례로 자동 확장을 구현할 측정치를 선택하기 전에 일정 기간 동안 애플리케이션 측정치를 관찰해 기준선을 설정해야 한다.

도전 과제

제공한 샘플 애플리케이션을 자체 애플리케이션으로 교체하고 요구 사항에 맞게 대상 조정 정책을 구성해 본다.

6.7 이벤트를 통해 Fargate 컨테이너 작업 시작

문제 설명

파일에 대한 이벤트를 처리하고자 컨테이너 작업을 트리거해야 한다.

해결 방법

그림 6-12와 같이 Amazon EventBridge를 사용해 파일이 S3에 업로드된 후 Fargate에서 ECS 컨테이너 작업 시작을 트리거한다.

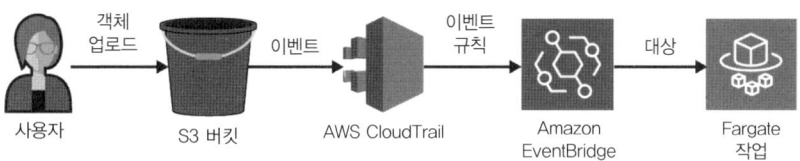

그림 6-12. 컨테이너 EventBridge 패턴

준비 단계

코드 저장소의 준비 단계를 실행한다.[38]

작업 방법

1. CloudTrail이 S3 버킷의 이벤트를 기록하도록 구성한다.

    ```
    aws cloudtrail put-event-selectors --trail-name $CLOUD_TRAIL_ARN
    --eventselectors "[{ \"ReadWriteType\": \"WriteOnly\", \"IncludeManagementEve
    nts\":false, \"DataResources\": [{ \"Type \": \"AWS::S3::Object\", \"Values\":
    [\"arn:aws:s3:::$BUCKET_NAME/input/\"] }], \"ExcludeManagementEventSources\":
    [] }]"
    ```

    저장소의 policy1.json을 참고해 수임 역할 정책^{assume-role policy} JSON 문을 생성한다.

    ```
    {
      "Version": "2012-10-17",
      "Statement": [{
          "Effect": "Allow",
          "Principal": {
              "Service": "events.amazonaws.com"
          },
          "Action": "sts:AssumeRole"
        }
      ]
    }
    ```

2. 역할을 생성하고 policy1.json 파일을 지정한다.

    ```
    aws iam create-role --role-name AWSCookbook607RuleRole \
      --assume-role-policy-document file://policy1.json
    ```

3. 저장소의 policy2.json을 참고해 정책 문서를 생성한다.

    ```
    {
    ```

---

[38] https://github.com/AWSCookbook/Containers/tree/main/607-Fargate-Task-With-Event

```
        "Version": "2012-10-17",
        "Statement": [{
                "Effect": "Allow",
                "Action": ["ecs:RunTask"],
                "Resource": ["arn:aws:ecs:*:*:task-definition/*"]
        }, {
                "Effect": "Allow",
                "Action": "iam:PassRole",
                "Resource": ["*"],
                "Condition": {
                    "StringLike": {
                        "iam:PassedToService": "ecs-tasks.amazonaws.com"
                    }
                }
        }
        }
```

4. 이제 방금 생성한 IAM 정책 JSON을 IAM 역할에 연결한다.

```
aws iam put-role-policy --role-name AWSCookbook607RuleRole \
   --policy-name ECSRunTaskPermissionsForEvents \
   --policy-document file://policy2.json
```

5. S3 버킷의 파일 업로드를 모니터링하는 EventBridge 규칙을 생성한다.

```
aws events put-rule --name "AWSCookbookRule" --role-arn "arn:aws:iam::
$AWS_ACCOUNT_ID:role/AWSCookbook607RuleRole" --event-pattern "{\"source\":
[\"aws.s3\"],\"detail-type\":[\"AWS API Call via CloudTrail\"],\"detail\":
{\"eventSource\":[\"s3.amazonaws.com\"],\"eventName\":[\"CopyObject\",\"PutO
bject \",\"CompleteMultipartUpload\"],\"requestParameters\":{\"bucketName\":
[\"$BUCKET_NAME\"]}}}"
```

6. targets-template.json의 값을 수정해 target.json을 생성한다.

```
sed -e "s|AWS_ACCOUNT_ID|${AWS_ACCOUNT_ID}|g" \
   -e "s|AWS_REGION|${AWS_REGION}|g" \
   -e "s|ECSClusterARN|${ECS_CLUSTER_ARN}|g" \
   -e "s|TaskDefinitionARN|${TASK_DEFINITION_ARN}|g" \
   -e "s|VPCPrivateSubnets|${VPC_PRIVATE_SUBNETS}|g" \
   -e "s|VPCDefaultSecurityGroup|${VPC_DEFAULT_SECURITY_GROUP}|g" \
   targets-template.json > targets.json
```

7. ECS 클러스터, ECS 작업 정의, IAM 역할, 네트워킹 매개 변수를 사용하는 규칙 대상을 생성해 규칙이 트리거할 대상을 지정한다. 이 경우 Fargate에서 컨테이너를 시작한다.

```
aws events put-targets --rule AWSCookbookRule \
  --targets file://targets.json
```

다음과 유사한 출력을 확인한다.

```
{
  "FailedEntryCount": 0,
  "FailedEntries": []
}
```

8. S3 버킷이 비어 있는지 확인한다.

```
aws s3 ls s3://$BUCKET_NAME/
```

9. maze.jpg 파일을 S3 버킷에 복사한다.

```
aws s3 cp maze.jpg s3://$BUCKET_NAME/input/maze.jpg
```

이제 이미지 파일을 처리하기 위한 ECS 작업을 트리거한다. ecs list-tasks 명령으로 작업을 확인할 수 있다. 작업은 약 2~3분 동안 실행된다.

```
aws ecs list-tasks --cluster $ECS_CLUSTER_ARN
```

다음과 유사한 출력을 확인할 수 있다.

```
{
  "taskArns": ["arn:aws:ecs:us-east-1:111111111111:task/cdk-aws-cookbook-607-
  AWSCookbookEcsCluster46494E6E-MX7kvtp1sYWZ/d86f16af55da56b5ca4874d6029"]
}
```

유효성 검사. 몇 분 후 S3 버킷에 생성된 출력 디렉터리를 확인한다.

```
aws s3 ls s3://$BUCKET_NAME/output/
```

출력 파일을 다운로드한 후 확인한다.

```
aws s3 cp s3://$BUCKET_NAME/output/output.jpg ./output.jpg
```

파일 뷰어로 output.jpg를 열어 처리된 파일을 확인한다.

정리
코드 저장소의 정리 단계를 참고한다.[39]

참고
서버리스 이벤트 기반 아키텍처를 사용하면 장기 실행 애플리케이션 워크로드를 필요할 때 쉽게 확장할 수 있고 아키텍처의 탄력성을 높일 수 있다. 애플리케이션이 처리할 이벤트가 없는 경우 컴퓨팅 리소스에 대해 비용을 지불하지 않아도 되므로 잠재적인 비용 절감도 애플리케이션 아키텍처를 선택할 때 고려해야 한다.

이벤트 기반 아키텍처는 S3와 람다 함수를 사용하는 것이 일반적이지만, 이와 같은 장기 실행 데이터 처리 작업 및 계산 작업은 제한 시간이 있는 람다 함수에 비해 제한 시간이 없는 Fargate가 더욱 적합하다.

Amazon ECS는 작업task과 서비스service를 실행할 수 있다. 서비스는 작업으로 구성되며 일반적으로 서비스가 특정 작업 집합을 계속 실행한다는 점에서 장기 실행이 가능하다. 작업은 컨테이너가 시작하고 일부 데이터를 처리한 다음 완료되면 정상적으로 종료한다. 이 레시피에서는 S3 이벤트에 대한 응답으로 컨테이너가 작업을 시작해 파일을 처리한 뒤 종료한다.

도전 과제
EventBridge를 사용해 다양한 유형의 이벤트 기반 솔루션을 오케스트레이션할 수 있다. 하지만 이 레시피의 솔루션은 S3의 트리거를 사용해 유사한 기능을 달성할 수

---
[39] https://github.com/AWSCookbook/Containers/tree/main/607-Fargate-Task-With-Event#clean-up

있다. 제공 문서[40]를 참고해 S3 이벤트에서 직접 호출할 람다 함수를 배포하고 구성한다.

6.8 Amazon ECS의 컨테이너 로그 캡처

문제 설명
컨테이너에서 실행 중인 애플리케이션의 로그를 검사해야 한다.

해결 방법
Amazon CloudWatch로 로그를 보내고자 컨테이너의 ECS 작업 정의 내에서 awslogs 드라이버를 구성한다. 컨테이너가 CloudWatch 로그를 작성할 수 있도록 IAM 역할을 제공하면 컨테이너 로그를 Amazon CloudWatch로 스트리밍할 수 있다. 위 구성의 설정과 프로세스는 그림 6-13과 같다.

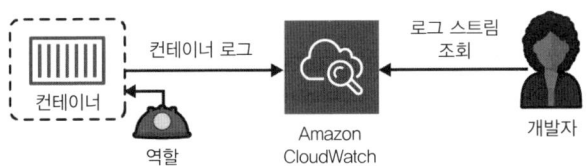

그림 6-13. CloudWatch로 컨테이너 로그 스트리밍

준비 단계
코드 저장소의 준비 단계를 실행한다.[41]

작업 방법

1. 저장소의 task-execution-assume-role.json 파일을 참고해 다음 내용으로 파일을 생성한다.

---

40 https://oreil.ly/rfTno
41 https://github.com/AWSCookbook/Containers/tree/main/608-Capturing-Logs-From-Containers-Running-On-ECS

```
{
  "Version": "2012-10-17",
  "Statement": [{
      "Sid": "",
      "Effect": "Allow",
      "Principal": {
          "Service": "ecs-tasks.amazonaws.com"
      },
      "Action": "sts:AssumeRole"
  }]
}
```

2. 다음 명령문을 사용해 IAM 역할을 생성한다.

   ```
   aws iam create-role --role-name AWSCookbook608ECS \
     --assume-role-policy-document file://task-execution-assume-role.json
   ```

3. ECS 작업 실행을 위한 AWS 관리형 IAM 정책을 방금 생성한 IAM 역할에 연결한다.

   ```
   aws iam attach-role-policy --role-name AWSCookbook608ECS --policy-arn
     arn:aws:iam::aws:policy/service-role/AmazonECSTaskExecutionRolePolicy
   ```

4. CloudWatch에서 로그 그룹을 생성한다.

   ```
   aws logs create-log-group --log-group-name AWSCookbook608ECS
   ```

5. 저장소의 taskdef.json을 참고해 다음 내용으로 파일을 생성한다.

   ```
   {
     "networkMode": "awsvpc",
     "containerDefinitions": [{
         "portMappings": [{
             "hostPort": 80,
             "containerPort": 80,
             "protocol": "tcp"
         }],
         "essential": true,
         "entryPoint": ["sh", "-c"],
         "logConfiguration": {
   ```

```
                    "logDriver": "awslogs",
                    "options": {
                        "awslogs-group": "AWSCookbook608ECS",
                        "awslogs-region": "us-east-1",
                        "awslogs-stream-prefix": "LogStream"
                    }
                },
                "name": "awscookbook608",
                "image": "httpd:2.4",
                "command": ["/bin/sh -c \"echo 'Hello AWS Cookbook Reader, this
container is running on ECS!' > /usr/local/apache2/htdocs/index.html && httpd-
foreground\""]
            }],
            "family": "awscookbook608",
            "requiresCompatibilities": ["FARGATE"],
            "cpu": "256",
            "memory": "512"
        }
```

6. 이제 IAM 역할과 ECS 작업 정의 구성을 사용해 ECS 작업을 생성하고 IAM 역할을 연결한다.

    ```
    aws ecs register-task-definition --execution-role-arn \
      "arn:aws:iam::$AWS_ACCOUNT_ID:role/AWSCookbook608ECS" \
      --cli-input-json file://taskdef.json
    ```

7. AWS CDK를 사용해 생성한 ECS 클러스터에서 ECS 작업을 실행한다.

    ```
    aws ecs run-task --cluster $ECS_CLUSTER_NAME \
      --launch-type FARGATE --network-configuration "awsvpcConfiguration={subnet
    s=[$VPC_PUBLIC_SUB NETS],securityGroups=[$VPC_DEFAULT_SECURITY_GROUP],assign
    PublicIp=ENABLED}" --task-definition awscookbook608
    ```

유효성 검사. 작업이 실행 중인지 확인하고자 작업 상태를 확인한다. 작업의 ARN[Amazon Resource Name]을 검색한다.

```
TASK_ARNS=$(aws ecs list-tasks --cluster $ECS_CLUSTER_NAME \
  --output text --query taskArns)
```

describe-tasks 명령의 출력으로 RUNNING 상태를 확인한다.

```
aws ecs describe-tasks --cluster $ECS_CLUSTER_NAME --tasks $TASK_ARNS
```

작업의 상태가 RUNNING이라면 다음 명령을 사용해 로그를 확인한다.

```
aws logs describe-log-streams --log-group-name AWSCookbook608ECS
```

다음과 유사한 출력을 확인한다.

```
{
  "logStreams": [{
      "logStreamName": "LogStream/webserver/97635dab942e48d1bab11dbe88c8e5c3",
      "creationTime": 1605584764184,
      "firstEventTimestamp": 1605584765067,
      "lastEventTimestamp": 1605584765067,
      "lastIngestionTime": 1605584894363,
      "uploadSequenceToken": "49612420096740389364147985468451499506623702081936625922",
      "arn": "arn:aws:logs:us-east-1:111111111111:log-group:AWSCookbook608ECS:logstream:LogStream/webserver/97635dab942e48d1bab11dbe88c8e5c3",
      "storedBytes": 0
  }]
}
```

위 출력의 logStreamName을 사용해 get-log-events 명령을 실행한다.

```
aws logs get-log-events --log-group-name AWSCookbook608ECS \
  --log-stream-name <<logStreamName>>
```

다음과 유사한 출력을 확인한다.

```
{
  "events": [{
      "timestamp": 1605590555566,
      "message": "[Tue Nov 17 05:22:35.566054 2020] [mpm_event:notice] [pid 7:tid 140297116308608] AH00489: Apache/2.4.46 (Unix) configured -- resuming normal operations",
```

```
            "ingestionTime": 1605590559713
      }, {
            "timestamp": 1605590555566,
            "message": "[Tue Nov 17 05:22:35.566213 2020] [core:notice] [pid 7:tid
  140297116308608] AH00094: Command line: 'httpd -D FOREGROUND'",
            "ingestionTime": 1605590559713
      }],
      "nextForwardToken": "f/35805865872844590178623550035180924397996026459535048705",
      "nextBackwardToken": "b/35805865872844590178623550035180924397996026459535048704"
}
```

정리

코드 저장소의 정리 단계를 참고한다.[42]

참고

이 레시피에서는 ECS 작업task이 CloudWatch에 로그를 생성할 수 있도록 awslogs 드라이버와 IAM 역할을 구성했다. 이는 AWS에서 컨테이너로 작업할 때 애플리케이션의 문제 해결 및 디버깅을 위해 일반적으로 사용하는 패턴이다. 이런 구성은 Copilot과 같은 도구를 사용하면 자동으로 구성할 수 있지만, Amazon ECS를 직접 구성한다면 개발자가 직접 구성해야 한다.

awslogs 드라이버는 /dev/stdout 및 /dev/stderr에 대한 PID 1 프로세스 출력[43]을 캡처한다. 컨테이너의 첫 번째 프로세스는 이러한 스트림에 로깅하는 유일한 프로세스다. 로그를 확인하고자 하는 애플리케이션이 컨테이너 내부에서 PID 1로 실행되고 있는지 확인한다.

대부분의 AWS 서비스가 서로 통신하려면 통신에 필요한 수준의 권한을 허용하는 역할을 할당해야 한다. 컨테이너는 awslogs logConfiguration 드라이버[44]를 통해 Cloud

---

42 https://github.com/AWSCookbook/Containers/tree/main/608-Capturing-Logs-From-Containers-Running-On-ECS#clean-up
43 https://oreil.ly/XY2UF
44 https://oreil.ly/OrzrZ

WatchLogs 작업을 허용하는 역할이 연결돼 있어야 한다.

```
{
  "Version": "2012-10-17",
  "Statement": [{
      "Effect": "Allow"
      "Action": ["logs:CreateLogGroup", "logs:CreateLogStream", "logs:PutLogEvents", "logs:DescribeLogStreams"],
      "Resource": ["arn:aws:logs:*:*:*"]
  }]
}
```

CloudWatch 로그는 여러 가지 AWS 서비스에 대한 중앙 로깅 솔루션을 제공한다. 여러 컨테이너를 실행할 때 디버깅을 위해 로그를 빠르게 검색할 수 있어야 한다.

도전 과제

로그 스트림의 로그를 확인[45]하면 애플리케이션이 생성하는 로그를 실시간으로 확인할 수 있다. `aws logs tail` 명령을 사용해 최신 로그를 확인한다.

---

45 https://oreil.ly/kFrGf

7장
빅데이터

7.0 들어가며

데이터 과학과 관련된 도구가 계속 발전함에 따라 많은 기업에서 데이터를 '새로운 황금'[1]으로 취급해 매일 새롭고 흥미로운 방식으로 데이터를 활용하고 있다. 최신 분석 도구를 사용하면 과거 데이터를 빠르게 마이닝해 다양한 인사이트와 패턴을 찾아낼 수 있다. 비용이 저렴한 데이터 스토리지가 나오면서 데이터를 폐기하는 대신 데이터를 보관하고 과거 데이터 분석을 통해 인사이트를 찾고, 트렌드를 발견하고, AI/ML 모델을 교육하고, 미래 기술을 구현할 준비를 할 수 있다.

시간이 지남에 따라 수집할 수 있는 데이터의 양을 비롯해 다양한 데이터 유형과 구조를 수집하게 된다. IoT 장치를 통해 센서 데이터를 수집한다면 시간이 지남에 따라 확장할 수 있는 방식으로 데이터를 캡처하고 저장할 방법이 필요하다. 새로운 데이터 소스는 예측하기 어려운 스키마를 가진 정형, 반정형 또는 비정형 데이터일 수 있기 때문에 다양한 데이터를 변환하고 분석할 수 있는 도구가 필요하다.

AWS re:Invent 2020에서 진행한 'AWS의 데이터 레이크 및 분석 소개An Introduction to Data Lakes and Analytics on AWS'[2] 발표에서 AWS에서 빅 데이터 및 분석을 위해 사용할 수 있는 서비스를 소개한다. 7장에는 빅데이터에 관련한 많은 주제 가운데 S3로 데이터를 전송하

---

1 https://oreil.ly/6EDB0
2 https://oreil.ly/WcmSj

고, S3에서 데이터를 검색하고, 데이터를 변환해 AWS에서 데이터로 작업하는 레시피를 중점적으로 다룬다.

로컬 환경 설정

28페이지의 'CLI 설정' 단계에 따라 구성을 확인하고 필요한 환경 변수를 설정한 뒤 7장에 해당하는 저장소의 코드를 복제한다.

```
git clone https://github.com/AWSCookbook/BigData
```

7.1 스트리밍 데이터 수집을 위한 Kinesis 스트림 사용

문제 설명

애플리케이션의 스트리밍 데이터를 수집하는 방법을 구현해야 한다.

해결 방법

그림 7-1과 같이 스트림을 생성하고 AWS CLI를 사용해 스트림에 레코드를 삽입한다.

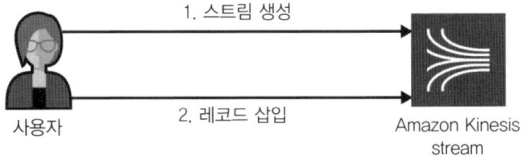

그림 7-1. 스트리밍 데이터 수집을 위해 Kinesis 스트림 사용

준비 단계

코드 저장소의 준비 단계를 실행한다.[3]

---

3 https://github.com/AWSCookbook/BigData/tree/main/701-Using-Kinesis-Stream-for-Ingestion-of-Streaming-Data

작업 방법

1. Kinesis 스트림을 생성한다.

   ```
   aws kinesis create-stream --stream-name AWSCookbook701 --shard-count 1
   ```

    데이터 스트림을 확장해 데이터 흡수를 빠르게 처리하기 위해서는 샤드(shard)[4]의 개념을 잘 이해해야 한다. 각 샤드는 읽기에 대해 초당 최대 5개의 트랜잭션을 지원할 수 있으며, 최대 초당 2MB의 읽기 속도를 지원한다. 쓰기의 경우 각 샤드는 초당 최대 1,000개의 레코드를 지원할 수 있으며 파티션 키를 포함해 초당 1MB의 쓰기 속도를 지원한다. 더 많은 데이터를 처리해야 하는 경우 언제든지 스트림을 다시 샤딩(reshard)할 수 있다.

2. 스트림이 ACTIVE 상태로 변경된 것을 확인한다.

   ```
   aws kinesis describe-stream-summary --stream-name AWSCookbook701
   ```

   다음과 유사한 출력을 확인한다.

   ```
   {
     "StreamDescriptionSummary": {
         "StreamName": "AWSCookbook701",
         "StreamARN": "arn:aws:kinesis:us-east-1:111111111:stream/AWSCookbook701",
         "StreamStatus": "ACTIVE",
         "RetentionPeriodHours": 24,
         "StreamCreationTimestamp": "2021-10-12T17:12:06-04:00",
         "EnhancedMonitoring": [{
             "ShardLevelMetrics": []
         }],
         "EncryptionType": "NONE",
         "OpenShardCount": 1,
         "Consumer Count": 0
     }
   }
   ```

유효성 검사. Kinesis 스트림에 레코드를 삽입한다.

---

[4] https://oreil.ly/XKI0q

```
aws kinesis put-record --stream-name AWSCookbook701 \
  --partition-key 111 \
  --cli-binary-format raw-in-base64-out \
  --data={\"Data\":\"1\"}
```

다음과 유사한 출력을 확인한다.

```
{
  "ShardId": "shardId-000000000000",
  "SequenceNumber": "49622914081337086513355510347442886426455090590105206786"
}
```

Kinesis 스트림에서 레코드를 가져온다. 샤드 반복자[iterator][5]를 가져와 **getrecords** 명령을 실행한다.

```
SHARD_ITERATOR=$(aws kinesis get-shard-iterator \
  --shard-id shardId-000000000000 \
  --shard-iterator-type TRIM_HORIZON \
  --stream-name AWSCookbook701 \
  --query 'ShardIterator' \
  --output text) aws kinesis get-records --shard-iterator $SHARD_ITERATOR \
  --query Records[0].Data --output text | base64 --decode
```

다음과 유사한 출력을 확인한다.

{"Data":"1"}

데이터를 스트림에 게시할 때 base64로 인코딩된다. JSON 객체 내의 데이터 요소에 대한 출력을 base64 --decode로 파이프해 레코드를 확인할 수 있다.

5　https://oreil.ly/dFx8m

정리

코드 저장소의 정리 단계를 참고한다.[6]

참고

스트리밍 데이터는 다양한 소스에서 가져올 수 있다. 스트림에 기록을 삽입하는 소스는 생산자producer[7]이며, 스트림에서 레코드를 가져오는 개체는 소비자consumer[8]다. 스트리밍 데이터의 경우 실시간 정보를 다루고 있으므로 즉시 조치를 취하거나 나중에 사용하려고 저장해야 할 수 있다(레시피 7.2 참고). 다음은 생산자의 몇 가지 예시 목록이다.

- 실시간 금융 데이터
- IoT 및 센서 데이터
- 웹 및 모바일 애플리케이션의 최종 사용자 클릭스트림clickstream

KPL Kinesis Producer Library 및 KCL Kinesis Client Library을 사용해 애플리케이션 내에서 데이터를 생산할 수 있다. Kinesis 스트림의 데이터를 사용하고자 애플리케이션에서 레코드를 읽고 응답하도록 구성하거나 스트림에서 직접 람다 함수를 호출할 수 있다. 추가적으로 Kinesis 서비스 내에서 직접 Kinesis Data Analytics[9]를 사용할 수 있다.

Kinesis 서비스는 요구 사항에 맞춰 자동으로 확장되지만 할당량 및 제한을 숙지해야 한다.[10] 샤드 구성의 용량을 초과하지 않도록 한다.

---

6 https://github.com/AWSCookbook/BigData/tree/main/701-Using-Kinesis-Stream-for-Ingestion-of-Streaming-Data#clean-up
7 https://oreil.ly/ze6Wd
8 https://oreil.ly/dzRG2
9 https://oreil.ly/lyR4E
10 https://oreil.ly/f7kq3

도전 과제

Kinesis 데이터를 처리하고자 람다 함수를 자동으로 트리거하도록 구성한다.

7.2 Amazon Kinesis Data Firehose를 사용한 Amazon S3로 데이터 스트리밍

문제 설명
스트리밍 데이터를 객체 스토리지로 전달하고자 한다.

해결 방법
그림 7-2와 같이 S3 버킷을 생성하고, Kinesis 스트림을 생성한 뒤, 스트림 데이터를 S3 버킷으로 전달하도록 Kinesis Data Firehose를 구성한다.

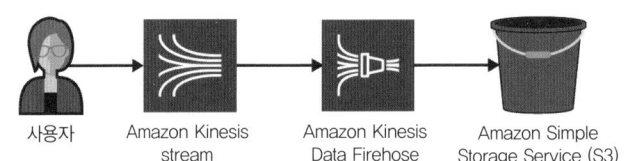

그림 7-2. Amazon Kinesis Data Firehose를 사용해 Amazon S3로 데이터 스트리밍

준비 사항

- Kinesis 스트림
- S3 버킷에 업로드된 CSV 파일

준비 단계
코드 저장소의 준비 단계를 실행한다.[11]

---

11 https://github.com/AWSCookbook/BigData/tree/main/702-Streaming-Data-to-S3-Using-Kinesis-Firehose

작업 방법

1. Kinesis Data Firehose 콘솔을 열고 Create delivery stream 버튼을 클릭한다. 그림 7-3과 같이 Amazon Kinesis Data Streams를 소스로 선택하고 Amazon S3를 대상으로 선택한다.

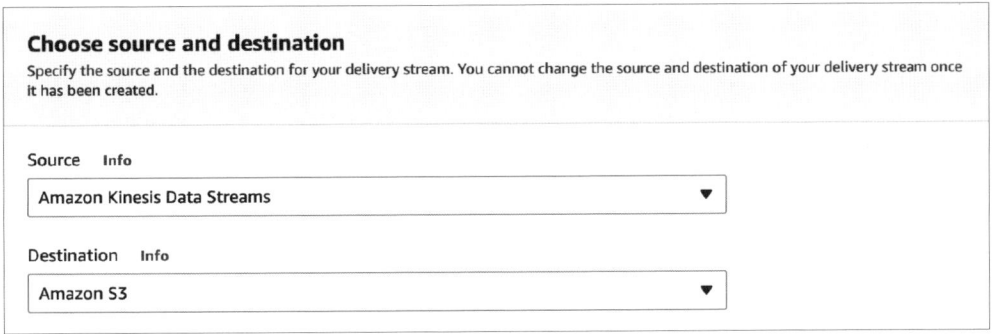

그림 7-3. Kinesis Data Firehose 소스 및 대상 선택

2. 소스 설정에서 그림 7-4와 같이 준비 단계에서 생성한 Kinesis 스트림을 선택한다.

그림 7-4. Kinesis 데이터 스트림 선택

3. 대상 설정은 그림 7-5와 같이 준비 단계에서 생성한 S3 버킷을 찾아 선택하고 동적 분할Dynamic partitioning과 S3 버킷 접두사S3 bucket prefix는 기본값을 사용한다.

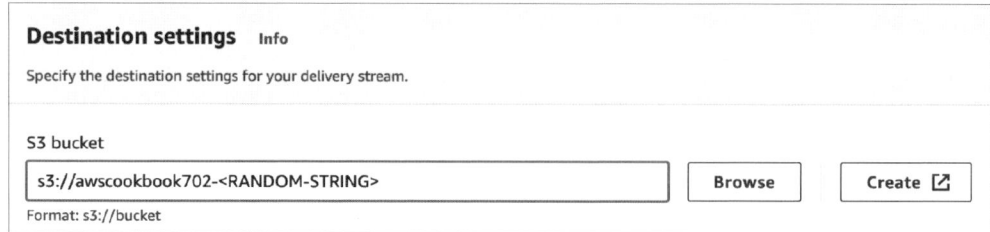

그림 7-5. Kinesis Data Firehose 대상 구성

4. 고급 설정Advanced settings 섹션에서 Create or update IAM role이 선택됐는지 확인한다. 이를 통해 그림 7-6과 같이 Kinesis가 스트림 및 S3 버킷에 액세스하는 데 사용할 수 있는 IAM 역할을 생성한다.

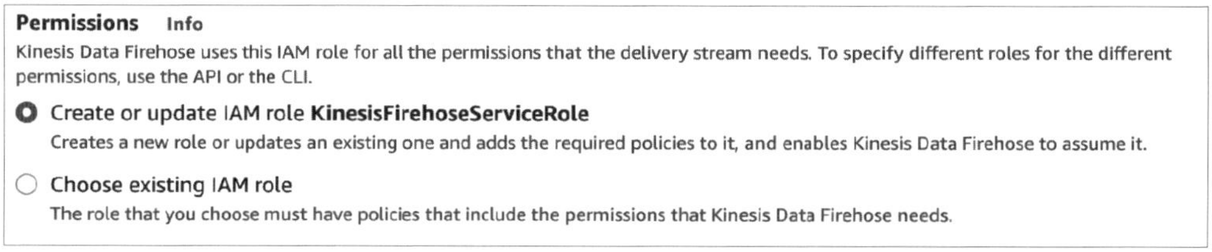

그림 7-6. Kinesis Data Firehose 서비스에 대한 IAM 역할 생성

유효성 검사. Kinesis 콘솔 내에서 스트림으로의 전송을 테스트할 수 있다. 왼쪽 탐색 메뉴에서 Delivery streams를 클릭하고 생성한 스트림을 선택한 다음 Test with demo data 섹션에서 Start sending demo data 버튼을 클릭한다. 이제 그림 7-7과 같이 샘플 데이터가 스트림으로 전송된 후 S3 버킷으로 전송되고 있는지 확인할 수 있다.

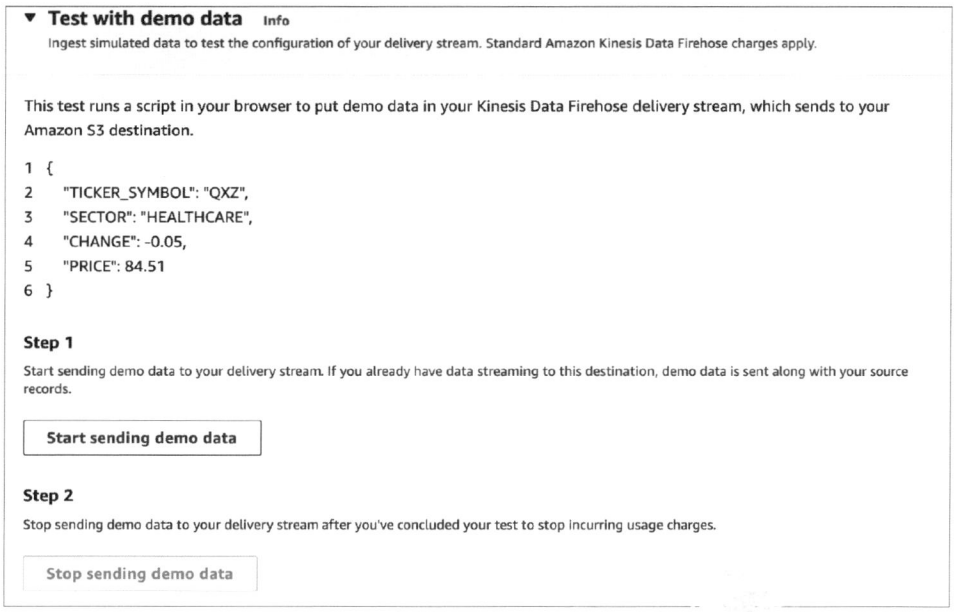

그림 7-7. Kinesis Data Firehose를 사용한 테스트 데이터 전송

몇 분 후 그림 7-8과 유사한 결과를 S3 버킷에서 확인할 수 있다.

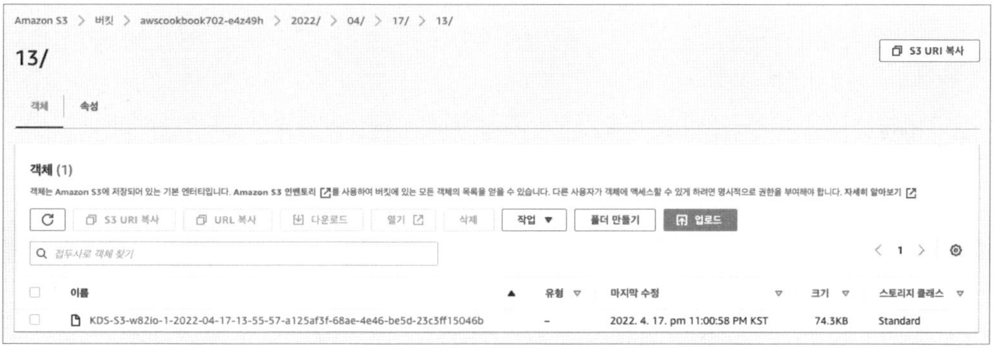

그림 7-8. Kinesis 스트림의 데이터를 저장한 S3 버킷

파일을 다운로드해 검사하면 다음과 유사한 출력을 확인할 수 있다.

{"CHANGE":3.95,"PRICE":79.75,"TICKER_SYMBOL":"SLW","SECTOR":"ENERGY"} {"CHANGE":7.27,"PRICE":96.37,"TICKER_SYMBOL":"ALY","SECTOR":"ENERGY"} {"CHANGE":-

7장 | 빅데이터 **363**

```
5,"PRICE":81.74,"TICKER_SYMBOL":"QXZ","SECTOR":"HEALTHCARE"} {"CHANGE":-
0.6,"PRICE":98.4,"TICKER_SYMBOL":"NFLX","SECTOR":"TECHNOLOGY"} {"CHANGE":-
0.46,"PRICE":18.92,"TICKER_SYMBOL":"PLM","SECTOR":"FINANCIAL"} {"CHANGE":4.09,"PRICE
":100.46,"TICKER_SYMBOL":"ALY","SECTOR":"ENERGY"} {"CHANGE":2.06,"PRICE":32.34,"TICK
ER_SYMBOL":"PPL","SECTOR":"HEALTHCARE"}
{"CHANGE":-2.99,"PRICE":38.98,"TICKER_SYMBOL":"KFU","SECTOR":"ENERGY"}
```

정리

코드 저장소의 정리 단계를 참고한다.[12]

참고

애플리케이션은 다양한 소스에서 수집한 스트리밍 데이터를 실시간으로 소비하거나 데이터에 반응해야 한다. 하지만 경우에 따라 스트림의 데이터를 저장하고 나중에 확인하거나 처리해야 할 수 있다. Kinesis Data Firehose를 사용하면 S3, Amazon Redshift, OpenSearch 및 다양한 엔드포인트에 데이터를 전달할 수 있다. 스트림이 다양한 대상을 지원해야 하는 경우 여러 전달 스트림을 단일 생산자 스트림에 연결해 데이터를 전달할 수도 있다.

 Kinesis Data Firehose는 데이터 볼륨을 원활히 처리하고자 자동적으로 확장한다. 데이터 스트림이 대용량 데이터를 수신하기 시작하더라도 추가 리소스를 구성하거나 프로비저닝할 필요가 없다. Kinesis Data Firehose 기능에 대한 자세한 내용은 AWS 문서[13]를 확인한다.

Firehose를 통해 대상에서 도달하기 전에 데이터를 변환해야 하는 경우 변환^{transform}을 구성할 수 있다. 스트리밍 데이터를 변환 시 자동으로 람다 함수를 호출한다(버퍼 크기에 대한 정보는 다음 Firehose 문서[14]를 참고한다). 데이터 전달을 완료하기 전에 레코드의 스키마를 수정하거나 개인 식별 정보 삭제 및 데이터를 다른 소스와 결합할 수 있다. 변환을 위해 호출하는 람다 함수는 Kinesis Data Firehose API가 지정한 규칙을 따라야

---

12   https://github.com/AWSCookbook/BigData/tree/main/702-Streaming-Data-to-S3-Using-Kinesis-Firehose#clean-up
13   https://oreil.ly/9h2Bc
14   https://oreil.ly/PW0LN

한다. AWS Serverless Application Repository[15]에서 'firehose'를 검색해 변환에 사용할 수 있는 람다 함수의 예시를 확인할 수 있다.

도전 과제
S3에 전송하기 전에 스트리밍 데이터의 특정 필드를 제거하는 변환을 적용한 Firehose 전송을 구성한다.

7.3 AWS Glue 크롤러를 사용한 메타데이터 검색 자동화

문제 설명
S3의 CSV 파일을 추가 분석 및 쿼리 작업에 사용하고자 파일에 대한 스키마 및 메타데이터를 확인하고자 한다.

해결 방법
그림 7-9와 같이 AWS Glue 데이터베이스를 생성한 뒤 크롤러 구성 마법사에 따라 S3 버킷 데이터를 스캔하도록 크롤러를 구성하고, 크롤러를 실행한 뒤 결과 테이블을 확인한다.

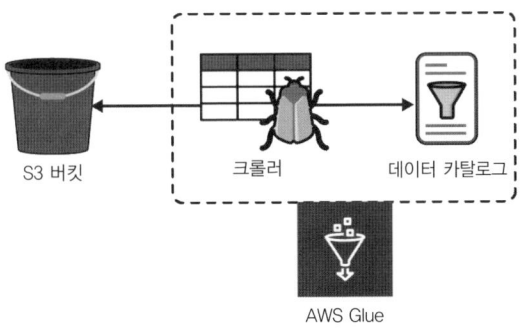

그림 7-9. AWS Glue 크롤러를 사용해 자동으로 메타데이터 검색

---
15 https://oreil.ly/q7noh

준비 사항

- S3 버킷

준비 단계

코드 저장소의 준비 단계를 실행한다.[16]

작업 방법

1. AWS Glue 콘솔로 이동해 그림 7-10과 같이 왼쪽 탐색 메뉴에서 **데이터베이스**를 선택하고 **데이터베이스 추가**를 선택한다.

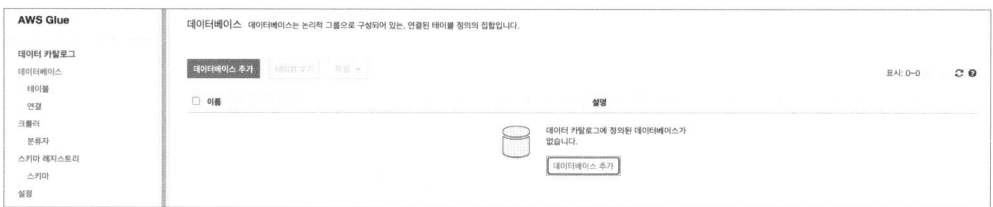

그림 7-10. Glue 데이터 카탈로그에서 데이터베이스 생성

2. 그림 7-11의 대화 상자와 같이 데이터베이스에 이름(예: `awscookbook703`)을 지정하고 **생성**을 클릭한다.

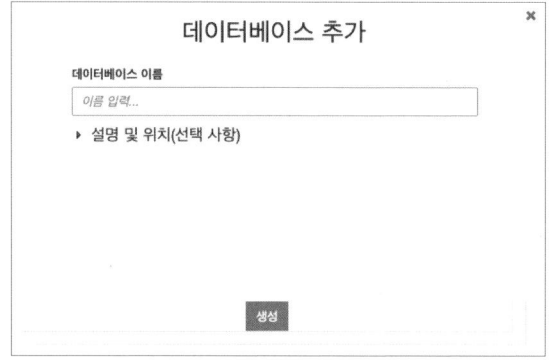

그림 7-11. 데이터베이스 이름 입력

---

16   https://github.com/AWSCookbook/BigData/tree/main/703-Automatically-Discover-Metadata-with-Glue-Crawlers

3. 왼쪽 탐색 메뉴에서 **테이블**을 선택하고 그림 7-12와 같이 **테이블 추가**를 선택한 뒤 **크롤러를 사용해 테이블을 추가**를 선택한다.

그림 7-12. Glue Data Catalog에 테이블 추가

4. 크롤러 정보 추가에 다음과 같이 정보를 입력한다.

- 크롤러 이름: awscookbook703

- Crawler source type: Data stores

- Repeat crawls of S3 data stores: Crawl all folders

- 데이터 스토어 선택: S3

- 포함 경로: awscookbook-〈문자열〉

- IAM 역할 선택: IAM 역할 생성

- 역할 이름: AWSGlueServiceRole-AWSCookbook703

- 빈도: 온디맨드 실행

- 데이터베이스: awscookbook703

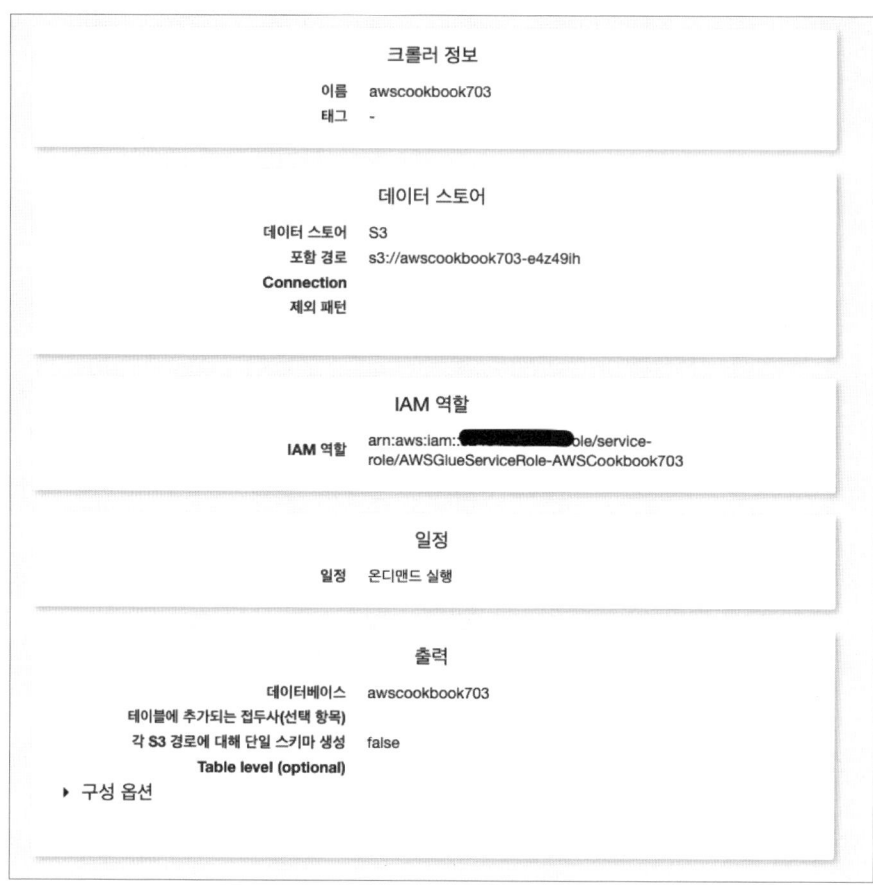

그림 7-13. Glue 크롤러에 대한 설정

5. 왼쪽 탐색 메뉴에서 **크롤러**를 선택한다. 그림 7-14와 같이 이전 단계에서 생성한 크롤러를 선택하고 **크롤러 실행**을 클릭한다.

Glue 크롤러가 완료되기까지 몇 분 정도 소요된다. 완료 후 검색된 스키마 및 메타데이터의 테이블 속성을 확인할 수 있다.

그림 7-14. Glue 크롤러 구성 요약

유효성 검사. 생성한 크롤러의 구성을 확인한다. AWS CLI 또는 Glue 콘솔을 사용할 수 있다. LastCrawl 상태가 SUCCEEDED로 변경된 것을 확인한다.

```
aws glue get-crawler --name awscookbook703
```

다음과 유사한 출력을 확인한다.

```
{
  "Crawler": {
      "Name": "awscookbook703",
      "Role": "service-role/AWSGlueServiceRole-AWSCookbook703",
      "Targets": {
          "S3Targets": [{
              "Path": "s3://awscookbook704-<RANDOM_STRING>/data",
```

```
                    "Exclusions": []
                }],
                "JdbcTargets": [],
                "MongoDBTargets": [],
                "DynamoDBTargets": [],
                "CatalogTargets": []
            },
            "DatabaseName": "awscookbook703",
            "Classifiers": [],
            "RecrawlPolicy": {
                "RecrawlBehavior": "CRAWL_EVERYTHING"
            },
            "SchemaChangePolicy": {
                "UpdateBehavior": "UPDATE_IN_DATABASE",
                "DeleteBehavior": "DEPRECATE_IN_DATABASE"
            },
            "LineageConfiguration": {
                "CrawlerLineageSettings": "DISABLE"
            },
            "State": "READY",
            "CrawlElapsedTime": 0,
            "CreationTime": "2021-10-12T12:45:18-04:00",
            "LastUpdated": "2021-10-12T12:45:18-04:00",
            "LastCrawl": {
                "Status": "SUCCEEDED",
                "LogGroup": "/aws-glue/crawlers",
                "LogStream": "awscookbook703",
                "MessagePrefix": "16e867b7-e972-4ceb-b318-8e78370949d8",
                "StartTime": "2021-10-12T12:54:19-04:00"
            },
            "Version": 1,
            "LakeFormationConfiguration": {
                "UseLakeFormationCredentials": false,
                "AccountId": ""
            }
        }
    }
```

 AWS Glue 크롤러를 실행한 정보는 Amazon CloudWatch 로그에 기록된다. 크롤러의 활동을 디버그해야 하는 경우 /aws-glue/crawlers 로그 그룹에서 로그를 확인할 수 있다.

Glue 콘솔에서 생성한 테이블을 선택하고 **속성 보기**를 클릭하거나 다음 AWS CLI 명령을 실행해 JSON 정보를 확인할 수 있다.

```
aws glue get-table --database-name awscookbook703 --name data
```

JSON 속성은 다음과 유사한 출력을 가진다.

```
{
  "StorageDescriptor": {
    "cols": {
      "FieldSchema": [{
            "name": "title",
            "type": "string",
            "comment": ""
          },
          {
            "name": "other titles",
            "type": "string",
            "comment": ""
          },
          {
            "name": "bl record id",
            "type": "bigint",
            "comment": ""
          }... <중략> ...
        ]
    },
    "location": "s3://awscookbook703-<문자열>/data/",
    "inputFormat": "org.apache.hadoop.mapred.TextInputFormat",
    "outputFormat": "org.apache.hadoop.hive.ql.io.HiveIgnoreKeyTextOutputFormat",
    "compressed": "false",
    "numBuckets": "-1",
    "SerDeInfo": {
```

```
            "name": "",
            "serializationLib": "org.apache.hadoop.hive.serde2.lazy.LazySimpleSerDe",
            "parameters": {
                "field.delim": ","
            }
        },
        "bucketCols": [],
        "sortCols": [],
        "parameters": {
            "skip.header.line.count": "1",
            "sizeKey": "43017100",
            "objectCount": "1",
            "UPDATED_BY_CRAWLER": "awscookbook703",
            "CrawlerSchemaSerializerVersion": "1.0",
            "recordCount": "79367",
            "averageRecordSize": "542",
            "CrawlerSchemaDeserializerVersion": "1.0",
            "compressionType": "none",
            "classification": "csv",
            "columnsOrdered": "true",
            "areColumnsQuoted": "false",
            "delimiter": ",",
            "typeOfData": "file"
        },
        "SkewedInfo": {},
        "storedAsSubDirectories": "false"
    },
    "parameters": {
        "skip.header.line.count": "1",
        "sizeKey": "43017100",
        "objectCount": "1",
        "UPDATED_BY_CRAWLER": "awscookbook703",
        "CrawlerSchemaSerializerVersion": "1.0",
        "recordCount": "79367",
        "averageRecordSize": "542",
        "CrawlerSchemaDeserializerVersion": "1.0",
        "compressionType": "none",
        "classification": "csv",
        "columnsOrdered": "true",
        "areColumnsQuoted": "false",
```

```
            "delimiter": ",",
            "typeOfData": "file"
        }
    }
```

정리

코드 저장소의 정리 단계를 참고한다.[17]

참고

AWS는 중간 데이터베이스를 사용하지 않아도 다양한 소스에서 S3로 수집 및 저장한 대량의 데이터를 일시적으로 쿼리하는 기능을 제공한다. 데이터를 쿼리하고자 데이터의 위치, 어떻게 분할이 됐는지, 구조화된 데이터인지, 데이터 크기, 데이터 스키마를 정의해야 한다. AWS Glue 서비스의 특정 기능 중 하나인 Glue 크롤러를 사용하면 스토리지에 있는 다양한 데이터에 대한 메타데이터를 검색할 수 있다. Crawlers[18]는 데이터 소스(이 경우 S3 버킷)에 연결하고, 소스의 객체를 스캔하고, 데이터 스키마와 연결된 테이블로 Glue 데이터 카탈로그 데이터베이스를 채운다.

S3 버킷 소스 외에도 크롤러를 사용해 JDBC(Java Database Connectivity) 데이터 저장소 및 DynamoDB 테이블을 스캔할 수 있다. JDBC 테이블의 경우 Glue가 JDBC 소스에 대한 네트워크 연결[19]을 사용할 수 있도록 연결을 정의해야 한다.

도전 과제

크롤러를 일정한 간격으로 실행하도록 구성해 테이블과 메타데이터가 자동으로 업데이트되도록 한다.

---

17 https://github.com/AWSCookbook/BigData/tree/main/703-Automatically-Discover-Metadata-with-Clue-Crawlers#clean-up
18 https://oreil.ly/49nom
19 https://oreil.ly/Gasxy

7.4 Amazon Athena를 사용한 S3 내의 파일 쿼리

문제 설명
S3에 저장된 CSV 파일을 인덱싱하지 않고 SQL 쿼리를 실행하고자 한다.

해결 방법
그림 7-15와 같이 Amazon Athena의 결과 S3 버킷 위치를 구성한 뒤 Athena 편집기에서 데이터 카탈로그 데이터베이스와 테이블을 생성하고 S3 버킷의 데이터의 SQL 쿼리를 실행한다.

그림 7-15. Amazon Athena를 사용한 S3의 파일 쿼리

준비 사항
- CSV 파일이 있는 S3 버킷

준비 단계
코드 저장소의 준비 단계를 실행한다.[20]

작업 방법
1. AWS 콘솔에 로그인한 뒤 Athena 콘솔로 이동한다. 그림 7-16과 같은 화면을 확인할 수 있다.

---

[20] https://github.com/AWSCookbook/BigData/tree/main/704-Query-Files-on-S3-Using-Amazon-Athena

그림 7-16. Athena 콘솔

2. 쿼리 편집기에서 **설정** 탭을 클릭하고 생성한 S3 버킷과 접두사 s3://awscookbook704-<문자열>/data를 지정해 쿼리 결과 위치를 구성한다. **관리**를 클릭하고 버킷을 선택한 다음 **선택**을 클릭한다. 추가적으로 결과를 암호화할 수 있다(그림 7-17 참고).

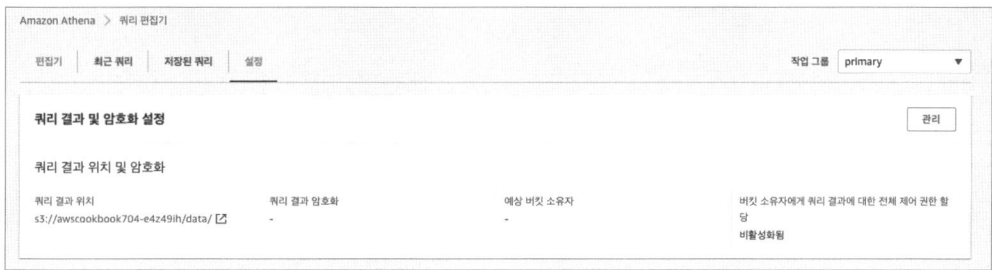

그림 7-17. Athena 결과 대상 구성

3. **편집기** 탭으로 돌아가서 다음 SQL 문을 실행해 Data Catalog 데이터베이스를 생성한다.

    CREATE DATABASE `awscookbook704db`

그림 7-18과 유사한 출력을 확인한다.

그림 7-18. 데이터베이스 생성 SQL

4. 쿼리 편집기에서 다음 명령문을 실행해 데이터의 S3 버킷 위치와 데이터의 스키마를 참고하는 테이블을 생성한다. BUCKET_NAME을 생성한 버킷의 이름으로 바꿔준다.

```
CREATE EXTERNAL TABLE IF NOT EXISTS awscookbook704db.`awscookbook704table`(
    `title` string,
    `other titles` string,
    `bl record id` bigint,
    `type of resource` string,
    `content type` string,
    `material type` string,
    `bnb number` string,
    `isbn` string,
    `name` string,
    `dates associated with name` string,
    `type of name` string,
    `role` string,
    `all names` string,
    `series title` string,
```

```
    `number within series` string,
    `country of publication` string,
    `place of publication` string,
    `publisher` string,
    `date of publication` string,
    `edition` string,
    `physical description` string,
    `dewey classification` string,
    `bl shelfmark` string,
    `topics` string,
    `genre` string,
    `languages` string,
    `notes` string)
ROW FORMAT SERDE 'org.apache.hadoop.hive.serde2.lazy.LazySimpleSerDe' WITH
SERDEPROPERTIES (
    'serialization.format' = ',',
    'field.delim' = ','
) LOCATION 's3://BUCKET_NAME/data/'
TBLPROPERTIES ('has_encrypted_data'='false');
```

 AWS Glue 크롤러를 사용해 S3의 데이터를 크롤링하고 데이터베이스, 테이블, 메타데이터를 최신 상태로 유지할 수 있다. Glue 크롤러를 구성하는 방법은 레시피 7.3을 참고한다.

유효성 검사. 쿼리 편집기를 열고 쿼리를 실행해 'Marvel universe'으로 제목을 가진 데이터를 쿼리한다.

```
SELECT * FROM awscookbook704table WHERE title='"Marvel universe"' LIMIT 100
```

그림 7-19와 유사한 출력을 확인한다.

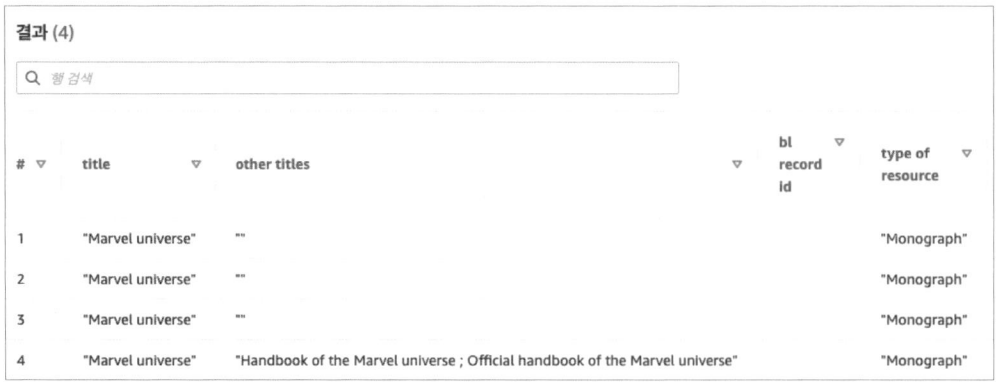

그림 7-19. Athena 콘솔의 쿼리 결과

샘플 데이터셋의 상위 100개 행을 선택하는 쿼리는 다음과 같다.

    SELECT * FROM awscookbook704table LIMIT 100;

정리

코드 저장소의 정리 단계를 참고한다.[21]

참고

과거에는 대량의 데이터를 쿼리하고자 추출, 변환, 로드(ETL, Extract, Transform, Load) 프로세스를 사용해 데이터를 전처리해야 하는 경우가 대부분이었다. 데이터 양이 거대하다면 ETL 프로세스는 오랜 시간이 필요하다. 처음에 데이터를 수집하기 시작할 때는 무엇을 쿼리해야 하는지 모르기 때문에 테이블 스키마 디자인이 힘들 수 있다. 초기에는 다양한 소스에서 데이터를 수집하고 객체 스토리지에 저장해 데이터 레이크data lake를 구현한다. Amazon Athena를 사용하면 표준 SQL을 사용해 데이터 레이크 내의 텍스트 기반 데이터를 직접 쿼리할 수 있다.

Athena 쿼리를 실행하기 전에 데이터 메타데이터, 스키마, 데이터 위치를 설정해야

21　https://github.com/AWSCookbook/BigData/tree/main/704-Query-Files-on-S3-Using-Amazon-Athena#clean-up

한다. Athena 서비스를 설정하고자 테이블, 데이터베이스, Data Catalog[22]의 개념을 이해하는 것이 중요하다. 레시피 7.3에서 살펴본 Glue 서비스를 사용해 데이터 레이크의 데이터를 크롤링해 메타데이터 정보를 최신 상태로 유지해 항상 쿼리를 실행할 준비가 되도록 할 수 있다. 고유한 스키마를 정의하는 대신 Athena 서비스에서 Glue 데이터 카탈로그를 사용해 시간을 절약할 수 있다.

S3를 데이터 레이크로 사용하기 시작하면서 여러 서비스에서 상호 작용하거나 다른 팀 구성원을 위해 특정 수준의 권한을 적용해야 할 수도 있다. AWS Lake Formation[23]은 S3, Glue, Athena와 같은 서비스를 권한을 부여하는 기능을 함께 제공하는 관리형 서비스다.

Athena 서비스는 대규모 데이터셋에 대해 자동으로 확장해 병렬로 쿼리를 실행하므로 리소스 프로비저닝에 대해 걱정할 필요가 없다. 자세한 내용은 Athena 설명서[24]를 참고한다.

도전 과제
사전 정의된 스키마가 없는 S3의 소스 데이터셋에 대해 Glue 크롤러를 사용해 Glue 데이터 카탈로그 생성하고 해당 카탈로그를 사용할 수 있도록 Athena를 구성한다.

7.5 AWS Glue DataBrew를 사용한 데이터 변환

문제 설명
CSV로 저장된 데이터에 추가적인 처리를 하기 전에 특정 열의 모든 문자를 대문자로 변환하고자 한다.

---

22 https://oreil.ly/wLxfa
23 https://oreil.ly/wStEx
24 https://oreil.ly/hWrqZ

해결 방법

Glue DataBrew에서 샘플 CSV 데이터셋을 사용해 프로젝트로 만든다. 샘플 세트의 Name 열을 대문자로 변환하는 작업을 설정한다. 변환 결과를 확인한다(그림 7-20 참고).

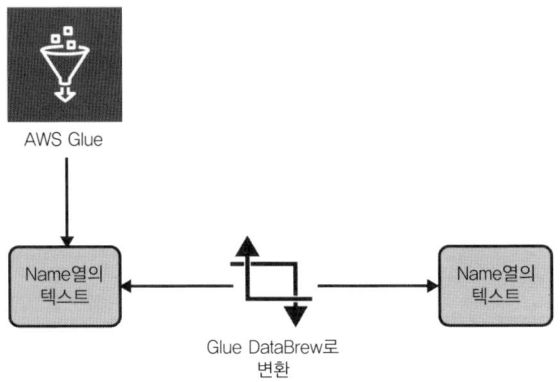

그림 7-20. AWS Glue DataBrew로 데이터 변환

작업 방법

1. AWS 콘솔에서 **AWS Glue DataBrew** 콘솔을 검색해 클릭한다.

2. 그림 7-21과 같이 **샘플 프로젝트 생성**을 클릭하고 **2020년의 인기 아기 이름**을 선택한다. **새 IAM 역할 생성**을 선택하고 awscookbook으로 역할 접미사를 입력한 다음 **프로젝트 생성**을 클릭한다. 세션을 준비하는 데 약간의 시간이 걸리며 그림 7-22와 같이 진행 상황을 확인할 수 있다.

그림 7-21. Glue DataBrew에서 샘플 프로젝트 생성

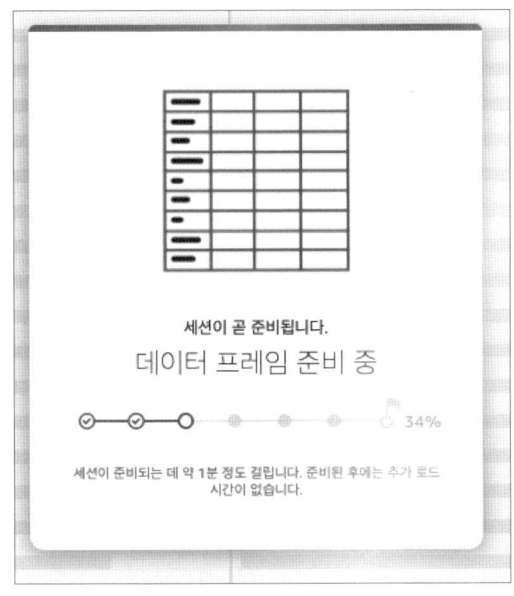

그림 7-22. Glue DataBrew에서 세션 준비

3. 세션이 준비되면 메뉴에서 **형식**을 클릭한다. 그런 다음 그림 7-23과 같이 드롭다운 메뉴에서 **대문자로 변경**을 선택한다.

그림 7-23. 문자열을 대문자로 변경

4. 오른쪽 메뉴에서 **소스 열**을 name으로 설정하고 **적용**을 클릭한다(그림 7-24 참고).

그림 7-24. 소스 열을 대문자로 포맷하기

유효성 검사. 그림 7-25와 같이 업데이트된 이름 열을 확인한다.

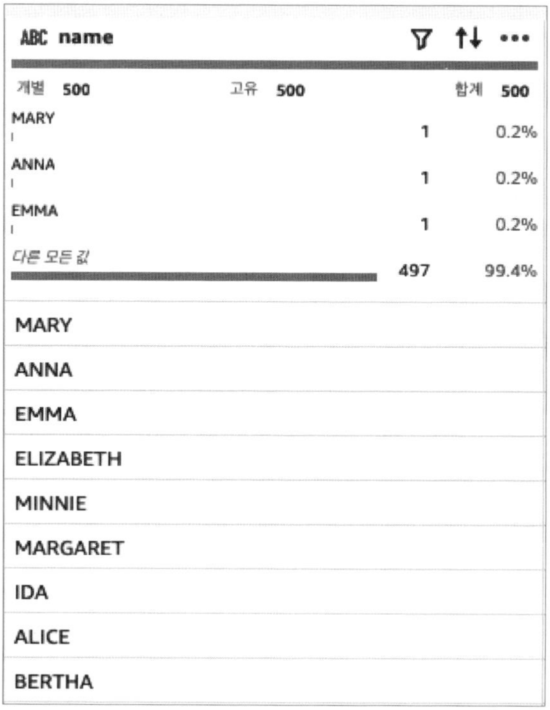
ABC name
개별 500
고유 500
합계 500
MARY
1
0.2%
ANNA
1
0.2%
EMMA
1
0.2%
다른 모든 값
497
99.4%
MARY
ANNA
EMMA
ELIZABETH
MINNIE
MARGARET
IDA
ALICE
BERTHA

그림 7-25. 대문자 레시피 적용 결과

그림 7-26과 같이 오른쪽 상단 모서리에 있는 작업 메뉴에서 **CSV 다운로드**를 선택한다.

작업 생성
계보
작업
CSV 다운로드
데이터 카탈로그에서 그리드 보기
에 표시된
프로젝트 편집
프로젝트 복제
프로젝트 삭제
시작하기
피드백 전송
모두 지우기

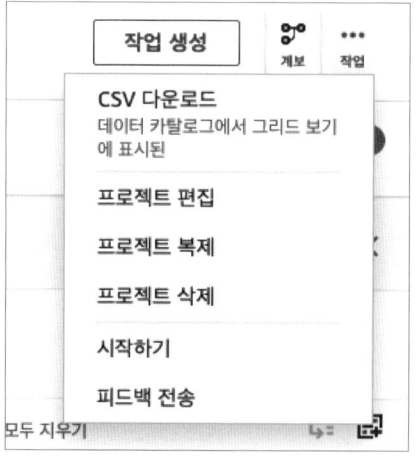

그림 7-26. CSV 작업 다운로드

정리
코드 저장소의 정리 단계를 참고한다.[25]

참고
다양한 소스에서 가져온 대량의 데이터를 처리하고자 다양한 방식으로 데이터를 변환해야 하는 요구 사항이 생길 수 있다. 과거에는 복잡한 ETL 작업 또는 타사 도구를 사용해 프로그래밍 방식으로 이 작업을 수행해야 했지만 AWS DataBrew를 사용해 데이터 형식 지정, 정리, 정보 추출 작업을 간소화할 수 있다. 복잡한 조인 및 분할을 수행하고 시각적 인터페이스를 사용해 DataBrew 서비스 내에서 사용자 정의 기능을 실행할 수 있다.

DataBrew는 로 코드 개발 플랫폼LCDP, Low-Code Development Platform[26]의 한 예로서 복잡한 개발 플랫폼에 대한 지식이 없어도 원하는 결과를 빠르게 달성할 수 있게 해주는 도구다. 웹 브라우저에서 Glue DataBrew를 사용해 레시피 작업[27]을 시각적으로 디자인해 데이터를 처리하고 결과를 미리 확인하고 데이터 처리 워크플로를 자동화할 수 있다. 레시피 작업을 저장하면 DataBrew가 이를 처리하고 S3, Glue 데이터 카탈로그 또는 JDBC 데이터 소스로 다시 전달하도록 수신 데이터에 대한 S3 트리거를 설정해 워크플로를 자동화할 수 있다.

도전 과제
직접 사용하는 데이터셋을 업로드해 DataBrew 콘솔에서 레시피 작업을 생성한다. 그 후 요청 시 또는 트리거를 통해 자동으로 변환 작업을 실행하고 변환 작업의 결과를 S3에 저장하도록 구성한다.

---

25 https://github.com/AWSCookbook/BigData/tree/main/705-Transforming-Data-with-Glue-DataBrew#clean-up
26 https://oreil.ly/GKEer
27 https://oreil.ly/fNFFY

8장
AI/ML

8.0 들어가며

머신러닝ML, Machine Learning과 인공지능AI, Artificial Intelligence이 최근 기술 트렌드를 주도하고 있다. 클라우드 컴퓨팅의 대규모 확장성과 발전하는 알고리즘이 결합해 컴퓨터가 인간처럼 생각하는 능력을 빠르게 진화시키고 있다. 이제 AI 덕분에 인간의 개입이 필요한 지루한 작업은 자동화가 가능하다.

AI와 ML은 복잡한 기술이다. 8장의 레시피를 통해 AWS에서 구현하기 쉬운 AI 서비스 중 일부를 살펴보고 고유한 모델을 구축할 수 있다. 레시피를 사용해 작업하면서 이러한 기술을 활용할 수 있는 솔루션을 생각하는 기회가 되길 바란다.

레시피에서는 해당 주제에 대해서는 가볍게 다루기 때문에 더 깊이 파고들고 싶다면 『Data Science on AWS』[1]를 참고하자.

로컬 환경 설정

28페이지의 'CLI 설정' 단계에 따라 구성을 확인하고 필요한 환경 변수를 설정한 뒤 8장에 해당하는 저장소의 코드를 복제한다.

```
git clone https://github.com/AWSCookbook/ArtificialIntelligence
```

---

[1] https://learning.oreilly.com/library/view/data-science-on/9781492079385

8.1 팟캐스트 음성을 텍스트로 변환

문제 설명
팟캐스트podcast와 같은 MP3 기반 오디오를 텍스트로 변환하고자 한다.

해결 방법
Amazon Transcribe를 사용해 영어 전사transcription를 생성하고 결과를 S3 버킷에 저장한다(그림 8-1 참고).

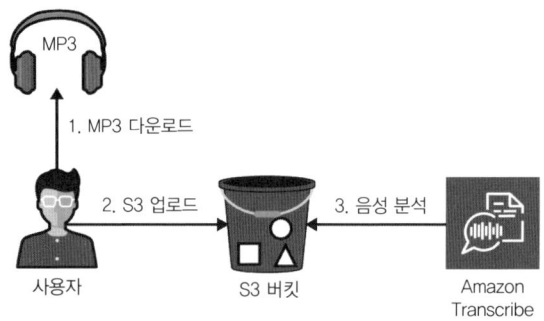

그림 8-1. Amazon Transcribe 사용한 MP3 파일 전사

준비 사항

- S3 버킷
- jq CLI JSON 프로세서

준비 단계
코드 저장소의 준비 단계를 실행한다.[2]

---

2 https://github.com/AWSCookbook/ArtificialIntelligence/tree/main/801-Transcribing-a-podcast

작업 방법

1. MP3 형식의 팟캐스트를 다운로드해 S3 버킷에 업로드한다.

   ```
   curl https://d1le29qyzha1u4.cloudfront.net/AWS_Podcast_Episode_453.mp3 \
   -o podcast.mp3
   ```

   다음과 유사한 출력을 확인한다.

   ```
   % Total % Received % Xferd Average Speed Time Time Time Current Dload Upload
   Total Spent Left Speed
   100 29.8M 100 29.8M 0 0 4613k 0 0:00:06 0:00:06 --:--:-- 5003k
   ```

    Amazon Transcribe이 지원하는 파일 형식은 제공 문서[3]에서 확인할 수 있다.

2. 다운로드한 파일을 S3 버킷에 업로드한다.

   ```
   aws s3 cp ./podcast.mp3 s3://awscookbook801-$RANDOM_STRING
   ```

   다음과 유사한 출력을 확인한다.

   ```
   upload: ./podcast.mp3 to s3://awscookbook801-<문자열>/podcast.mp3
   ```

3. AWS CLI를 사용해 Transcribe 작업을 시작한다.

   ```
   aws transcribe start-transcription-job \
   --language-code 'en-US' \
   --media-format 'mp3' \
   --transcription-job-name 'awscookbook-801' \
   --media MediaFileUri=s3://awscookbook801-${RANDOM_STRING}/podcast.mp3 \
   --output-bucket-name "awscookbook801-${RANDOM_STRING}"
   ```

   다음과 유사한 출력을 확인한다.

---

3 https://oreil.ly/eo3LQ

```
{
    "TranscriptionJob": {
        "TranscriptionJobName": "awscookbook-801",
        "TranscriptionJobStatus": "IN_PROGRESS",
        "LanguageCode": "en-US",
        "MediaFormat": "mp3",
        "Media": {
            "MediaFileUri": "s3://awscookbook801-<문자열>/podcast.mp3"
        },
        "StartTime": "2021-09-21T22:02:13.312000-04:00",
        "CreationTime": "2021-09-21T22:02:13.273000-04:00"
    }
}
```

AWS CLI를 사용해 작업의 상태를 확인한다. 작업 상태가 COMPLETED가 될 때까지 기다린다.

```
aws transcribe get-transcription-job \
--transcription-job-name awscookbook-801 \
--output text \
--query TranscriptionJob.TranscriptionJobStatus
```

유효성 검사. 터미널에서 전사 작업 결과를 확인한다.

```
aws s3 cp s3://awscookbook801-$RANDOM_STRING/awscookbook-801.json - \
| jq '.results.transcripts[0].transcript' --raw-output
```

다음과 유사한 출력을 확인한다.

```
This is episode 453 of the US podcast released on June 11, 2021 podcast confirmed.
Welcome to the official AWS podcast. Yeah. Mhm. Hello everyone and welcome back to
another episode of a W. S. Launch.
I'm Nicky, I'm your host. And today I am joined by Nathan Peck
...
```

정리

코드 저장소의 정리 단계를 참고한다.[4]

참고

Amazon Transcribe를 사용하면 직접 대규모 데이터셋을 수집하고 AI 모델을 훈련이 필요없이 음성 녹음을 전사해 다양한 방식으로 대규모로 처리하고 분석할 수 있다. 오디오를 텍스트로 변환하면 자연어 처리NLP, Natural Language Processing를 통해 미디어에서 인사이트를 얻을 수 있다.

Transcribe를 사용할 때 다음 사항에 대한 확인이 필요하다.

- 그 나라의 언어를 지원하는가?[5]
- 오디오의 화자[6]를 식별해야 하는가?
- 스트리밍 오디오를 지원해야 하는가?[7]

도전 과제

새 객체를 S3 버킷에 업로드하고 EventBridge를 사용해 AWS transcribe을 트리거하는 프로세스를 자동화한다.

8.2 텍스트 음성 변환

문제 설명

특정 제품 설명을 음성으로 변환하고자 한다. 제품 설명은 광고를 포함하고 있으므로 가능한 한 인간과 유사한 품질로 변환해야 한다.

---

4 https://github.com/AWSCookbook/ArtificialIntelligence/tree/main/801-Transcribing-a-podcast#clean-up
5 https://oreil.ly/8NYOB
6 https://oreil.ly/E38Ch
7 https://oreil.ly/uhrAr

해결 방법

Amazon Polly의 신경 엔진^{neural engine}을 사용해 텍스트에서 MP3를 생성한다(그림 8-2 참고).

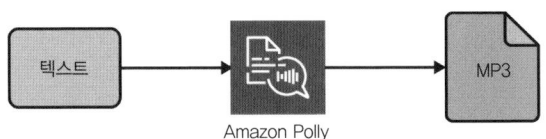

그림 8-2. Amazon Polly를 사용한 음성 변환

작업 방법

1. 다음 명령어로 텍스트의 음성 파일을 생성한다.

    ```
    aws polly synthesize-speech \
    --output-format mp3 \
    --voice-id Joanna \
    --text 'Acme products are of the very highest quality and lowest price.' \
    products.mp3
    ```

    다음과 유사한 출력을 확인한다.

    ```
    {
      "ContentType": "audio/mpeg",
      "RequestCharacters": "63"
    }
    ```

2. MP3를 확인한다.

    ```
    afplay products.mp3
    ```

3. 신경 엔진을 사용해 음성을 다시 생성한다.

    ```
    aws polly synthesize-speech \
    --output-format mp3 \
    --voice-id Joanna \
    --engine neural \
    ```

```
--text 'Acme products are of the very highest quality and lowest price.' \
products-neural.mp3
```

2단계와 유사한 출력을 확인한다.

4. MP3를 확인한다.

   ```
   afplay products-neural.mp3
   ```

5. SSML 태그[8]를 추가해 음성 속도를 수정한다.

   ```
   aws polly synthesize-speech \
   --output-format mp3 \
   --voice-id Joanna \
   --engine neural \
   --text-type ssml \
   --text 'Acme products are of the very highest quality and lowest price' \
   products-neural-ssml.mp3
   ```

   2단계와 3단계에서 수행한 것과 유사한 출력을 확인한다.

6. MP3를 확인한다.

   ```
   afplay products-neural-ssml.mp3
   ```

 Polly에서 지원하는 SSML 태그 목록은 제공 문서[9]에서 확인할 수 있다.

참고

텍스트를 음성으로 변환하는 기능을 사용하면 애플리케이션에 음성 기능을 쉽게 통합할 수 있다. 이를 통해 여러 방면에서 고객의 경험을 개선할 수 있다.

Polly를 사용해 오디오를 만들려면 다양한 음성과 SSML 태그를 실험해야 한다(고유한

---

8 https://oreil.ly/sdAQe
9 https://oreil.ly/q148r

음성을 만들 수도 있다[10]). Polly가 지원하는 여러 가지 목소리를 사용해 Amazon Alexa 기술[11]을 작성할 수 있다.

도전 과제
Polly로 사용할 수 있는 발음 사전[12]을 생성한다.

8.3 컴퓨터 비전을 사용한 양식 데이터 분석
문제 설명
문서의 내용을 디지털 방식으로 처리하고자 인쇄 문서의 텍스트를 추출하고자 한다.

해결 방법
Amazon Textract의 양식 기능을 활용하고자 AWS에서 제공하는 Textractor[13] 도구를 설치한다. 도구를 사용해 양식의 값과 키(예: 이름)를 연결한다(그림 8-3 참고).

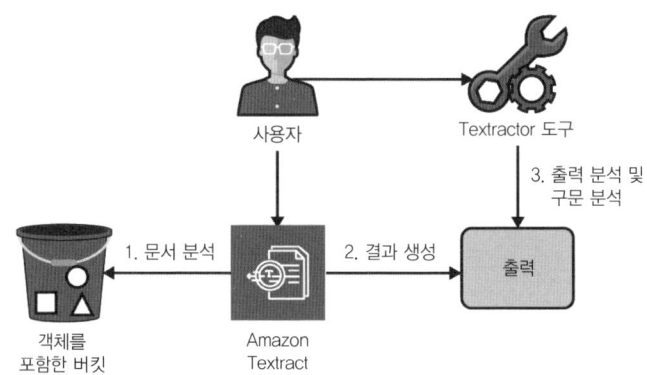

그림 8-3. Amazon Textract와 textractor 도구를 사용한 문서 분석

---

10 https://oreil.ly/vslzj
11 https://oreil.ly/A0xXZ
12 https://oreil.ly/TQrQS
13 https://oreil.ly/zPgXy

준비 사항

- S3 버킷

준비 단계

코드 저장소의 준비 단계를 실행한다.[14]

작업 방법

1. 저장소 파일의 803-Computer-Vision-Analysisof-Handwritten-Form-Data/ 디렉터리로 이동한다.

    ```
    cd 803-Computer-Vision-Analysis-of-Handwritten-Form-Data/
    ```

2. registration_form.png 파일(또는 자신의 파일)을 S3 버킷에 업로드한다.

    ```
    aws s3 cp ./registration_form.png s3://awscookbook803-$RANDOM_STRING
    ```

    다음과 유사한 출력을 확인한다.

    ```
    upload: ./registration_form.png to s3://awscookbook803-<문자열>/ registration_form.png
    ```

3. Textract를 사용해 문서를 분석하고 출력을 파일로 저장한다.

    ```
    aws textract analyze-document \
    --document '{"S3Object":{"Bucket":"'"awscookbook803-${RANDOM_STRING}"'", "Name":"registration_form.png"}}' \
    --feature-types '["FORMS"]' > output.json
    ```

4. 깃허브의 aws-samples 저장소에서 Textractor 도구를 다운로드한다.

    ```
    wget https://github.com/aws-samples/amazon-textract-textractor/blob/master/zip/ textractor.zip?raw=true -O textractor.zip
    ```

---

14 https://github.com/AWSCookbook/ArtificialIntelligence/tree/main/803-Computer-Vision-Analysis-of-Handwritten-Form-Data

 깃허브의 다음 저장소[15]에서 여러 가지 훌륭한 AWS 샘플 및 도구를 확인하고 새로운 아이디어와 접근 방식을 확인할 수 있다.

5. 다운로드받은 파일의 압축을 푼다.

    ```
    unzip textractor.zip
    ```

6. 파이썬 가상 환경을 생성한다.

    ```
    test -d .venv || python3 -m venv .venv
    ```

7. 새로 생성한 파이썬 가상 환경을 활성화한다.

    ```
    source .venv/bin/activate
    ```

8. Textractor에 필요한 파이썬 모듈을 설치한다.

    ```
    pip install -r requirements.txt
    ```

    다음과 유사한 출력을 확인한다.

    ```
    Collecting tabulate
      Downloading tabulate-0.8.9-py3-none-any.whl (25 kB)
    Installing collected packages: tabulate
    Successfully installed tabulate-0.8.9
    ```

9. boto3 모듈을 설치한다.

    ```
    pip install boto3
    ```

10. 도구를 사용해 등록 양식을 분석하고 출력을 구문 분석한다.

    ```
    python textractor.py \
    --documents s3://awscookbook803-${RANDOM_STRING}/registration_form.png \
    --text --forms
    ```

---

15 https://github.com/aws-samples

다음과 유사한 출력을 확인한다.

```
*************************************************************
Total input documents: 1 *
*************************************************************

Textracting Document # 1: registration_form.png
======================================================
Calling Textract...
Received Textract response...
Generating output...
Total Pages in Document: 1
registration_form.png textracted successfully.
*************************************************************
Successfully textracted documents: 1
*************************************************************
```

유효성 검사. 추출한 양식 데이터의 값과 각 값의 신뢰도를 확인한다.

```
cat registration_form-png-page-1-forms.csv | column -t -s,
```

다음과 유사한 출력을 확인한다.

```
Key                     KeyConfidence   Value                                   ValueConfidence
Average Score           97.0            285                                     97.0
Name:                   96.5            Elwood Blues                            96.5
Date                    94.5            2/9/2021                                94.5
Team Name:              92.0            The Blues Brothers                      92.0
Years of Experience     91.5            10                                      91.5
E-mail Address:         91.0            thebluesbrothers@theawscookbook.com     91.0
Signature               90.5            Elwood Blues                            90.5
Date                    89.0            2/9/2021                                89.0
Number of Team Members  81.0            2                                       81.0
```

정리

코드 저장소의 정리 단계를 참고한다.[16]

---

16 https://github.com/AWSCookbook/ArtificialIntelligence/tree/main/803-Computer-Vision-Analysis-of-Handwritten-Form-Data#clean-up

참고

문서를 수동으로 해석하는 대신 Textract와 같은 도구를 사용해 문서 처리 프로세스를 디지털화하고 자동화할 수 있다. 데이터 값과 필드를 연결할 수 있기 때문에 추가적인 데이터 처리를 효과적으로 수행할 수 있다.

도전 과제

저장소에서 제공하는 문서 양식을 인쇄한 뒤 수기로 응답을 작성한다. 문서를 스캔하고 Textract로 분석한다.

8.4 Comprehend를 사용해 텍스트에서 PII 수정

문제 설명

잠재적인 개인 식별 정보[PII]를 포함한 문서를 처리를 하기 전에 PII를 제거하고자 한다.

해결 방법

샘플 데이터를 생성하고 S3 버킷에 저장한다. Amazon Comprehend 작업을 시작해 PII 개체를 감지하고 수정한다(그림 8-4 참고).

그림 8-4. Amazon Comprehend를 사용해 문서의 PII 데이터 수정

준비 사항

- 분석용 파일을 저장한 S3 버킷

준비 단계

코드 저장소의 준비 단계를 실행한다.[17]

작업 방법

1. 저장소에서 제공하는 assign-role-policy.json 파일을 생성한다.

    ```
    {
      "Version": "2012-10-17",
      "Statement": [{
          "Effect": "Allow",
          "Principal": {
              "Service": "comprehend.amazonaws.com"
          },
          "Action": "sts:AssumeRole"
      }]
    }
    ```

2. S3의 데이터를 읽고 쓰는 데 사용할 수 있는 Comprehend 작업에 대한 역할을 생성한다.

    ```
    aws iam create-role --role-name AWSCookbook804Comprehend \
    --assume-role-policy-document file://assume-role-policy.json
    ```

    다음과 유사한 출력을 확인한다.

    ```
    {
        "Role": {
            "Path": "/",
            "RoleName": "AWSCookbook804Comprehend",
            "RoleId": "<문자열>",
            "Arn": "arn:aws:iam::111111111111:role/AWSCookbook804Comprehend",
            "CreateDate": "2021-09-22T13:12:22+00:00",
            "AssumeRolePolicyDocument": {
                "Version": "2012-10-17",
                "Statement": [{
                    ...
    ```

---

17 https://github.com/AWSCookbook/ArtificialIntelligence/tree/main/804-Redacting-PII-from-text-using-Comprehend

3. AmazonS3FullAccess에 대한 IAM 관리형 정책을 IAM 역할에 연결한다.

   ```
   aws iam attach-role-policy --role-name AWSCookbook804Comprehend \
   --policy-arn arn:aws:iam::aws:policy/AmazonS3FullAccess
   ```

4. Faker[18]를 사용해 샘플 PII 데이터를 생성한다.

   ```
   pip install faker faker -r=10 profile > sample_data.txt
   ```

5. 샘플 데이터를 버킷에 업로드한다.

   ```
   aws s3 cp ./sample_data.txt s3://awscookbook804-$RANDOM_STRING
   ```

6. Comprehend를 사용해 start-pii-entities-detection-job을 생성한다.

   ```
   JOB_ID=$(aws comprehend start-pii-entities-detection-job \
   --input-data-config S3Uri="s3://awscookbook804-$RANDOM_STRING/ sample_data.txt" \
   --output-data-config S3Uri="s3://awscookbook804-$RANDOM_STRING/ redacted_output/" \
   --mode "ONLY_REDACTION" \
   --redaction-config PiiEntityTypes="BANK_ACCOUNT_NUMBER","BANK_ROUTING","CREDIT_DEBIT_NUMBER", "CREDIT_DEBIT_CVV", "CREDIT_DEBIT_EXPIRY","PIN","EMAIL","ADDRESS","NAME","PHONE","SSN",MaskMode="REPLACE_WITH_PII_ENTITY_TYPE" \
   --data-access-role-arn "arn:aws:iam::${AWS_ACCOUNT_ID}:role/AWSCookbook804Comprehend" \
   --job-name "aws cookbook 804" \
   --language-code "en" \
   --output text --query JobId)
   ```

특정 방식으로 PII를 처리해야 하는 경우에 detect-pii-entities 명령어[19]를 사용하면 문서의 PII 데이터의 위치를 파악할 수 있다.

---

18 https://faker.readthedocs.io/
19 https://oreil.ly/pdrQC

7. 작업이 완료될 때까지 기다린다.

```
aws comprehend describe-pii-entities-detection-job \
--job-id $JOB_ID
```

다음과 유사한 출력을 확인한다.

```
{
  "PiiEntitiesDetectionJobProperties": {
    "JobId": "<문자열>",
    "JobName": "aws cookbook 804",
    "JobStatus": "COMPLETED",
    "SubmitTime": "2021-06-29T18:35:14.701000-04:00",
    "EndTime": "2021-06-29T18:43:21.200000-04:00",
    "InputDataConfig": {
      "S3Uri": "s3://awscookbook804-<>/sample_data.txt",
      "InputFormat": "ONE_DOC_PER_LINE"
    },
    "OutputDataConfig": {
      "S3Uri": "s3://awscookbook804-<문자열>/redacted_output/<문자열>-PII-<문자열>/output/"
    },
```

유효성 검사. 작업이 완료되면 S3의 결과 데이터의 위치를 확인한다.

```
S3_LOCATION=$(aws comprehend describe-pii-entities-detection-job \
--job-id $JOB_ID --output text \
--query PiiEntitiesDetectionJobProperties.OutputDataConfig.S3Uri)
```

S3에서 출력 파일을 다운로드한다.

```
aws s3 cp ${S3_LOCATION}sample_data.txt.out .
```

다음과 유사한 출력을 확인한다.

```
download: s3://awscookbook804-<문자열>/redacted_output/111111111111-PIIcb5991dd58105db
185a4cc1906e38411/output/sample_data.txt.out to ./sample_data.txt.out
```

결과 파일의 데이터를 확인한다.

```
cat sample_data.txt.out
```

다음과 같이 PII가 수정된 것을 확인할 수 있다.

```
{'job': 'Arts development officer', 'company': 'Vance Group', 'ssn': '[SSN]',
'residence': '[ADDRESS]\[ADDRESS]', 'current_location': (Decimal('77.6093685'),
Decimal('-90.497660')), 'blood_group': 'O-', 'website': ['http://cook.com/', 'http://
washington.biz/', 'http://owens.net/', 'http://www.benson.com/'], 'username':
'rrobinson', 'name': '[NAME]', 'sex': 'M', 'address': '[ADDRESS]\[ADDRESS]', 'mail':
'[EMAIL]', 'birthdate': datetime.date(1989, 10, 27)}
```

정리

코드 저장소의 정리 단계를 참고한다.[20]

참고

PII는 여러 가지 보안 및 규정 준수 표준과 밀접하게 연관돼 있다. 일반적으로 PII를 처리해야 하는 책임이 있는 경우 해당 데이터의 안전을 보장하기 위한 보안 메커니즘을 구현해야 한다. 또한 PII의 종류를 감지하고 분석해야 할 수도 있다. Amazon Macie[21]를 사용해 S3 버킷 또는 데이터 레이크 내에서 해당 작업을 수행할 수 있지만 애플리케이션 내에서 PII를 감지해 자체 검사 및 워크플로를 구현하고자 할 수 있다. 예를 들어 사용자가 제출한 양식에서 특정 유형의 PII를 실수로 공개했는지 감지하고 업로드를 거부할 수 있다.

Amazon Comprehend를 활용해 이러한 유형의 정보를 자동으로 감지할 수 있다. Comprehend는 탐지 기능의 품질을 보장하고자 대규모 데이터셋을 바탕으로 훈련한 모델을 사용한다.

---

20 https://github.com/AWSCookbook/ArtificialIntelligence/tree/main/804-Redacting-PII-from-text-using-Comprehend#clean-up
21 https://aws.amazon.com/macie

도전 과제

제공 문서[22]를 참고해 PII 유형을 수정하는 대신 Comprehend를 사용해 PII 유형에 레이블을 지정한다.

8.5 동영상 내의 텍스트 감지

문제 설명

동영상에서 특정 장면의 텍스트를 추출하고자 한다.

해결 방법

S3에 동영상을 업로드하고 Amazon Rekognition Video를 사용해 텍스트 감지 작업을 시작한다(그림 8-5 참고).

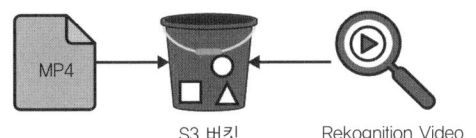

그림 8-5. Rekognition Video를 사용해 MP4에서 텍스트 감지

준비 사항

- S3 버킷

준비 단계

코드 저장소의 준비 단계를 실행한다.[23]

---

22 https://oreil.ly/u3kJq
23 https://github.com/AWSCookbook/ArtificialIntelligence/tree/main/805-Detecting-Text-in-a-Video

작업 방법

1. 저장소의 sample_movie.mp4 파일을 S3 버킷에 업로드한다.

   ```
   aws s3 cp ./sample_movie.mp4 s3://awscookbook805-$RANDOM_STRING
   ```

   다음과 유사한 출력을 확인한다.

   ```
   upload: ./sample_movie.mp4 to s3://awscookbook805-utonl0/sample_movie.mp4
   ```

    Amazon Rekognition Video는 MPEG-4(.mp4) 또는 MOV 형식의 H.264 파일을 지원한다. 동영상이 다른 코덱을 사용하는 경우 AWS Elemental MediaConvert[24]를 사용해 H.264로 변환할 수 있다.

2. 텍스트 감지 작업을 시작한다.

   ```
   JOB_ID=$(aws rekognition start-text-detection \
   --video '{"S3Object":{"Bucket":"'"awscookbook805- $RANDOM_
   STRING"'","Name":"sample_movie.mp4"}}' \
   --output text --query JobId)
   ```

   JobStatus가 IN_PROGRESS에서 SUCCEEDED로 변경될 때까지 기다린다.

   ```
   aws rekognition get-text-detection \
   --job-id $JOB_ID
   ```

   다음과 유사한 출력을 확인한다.

   ```
   {
     "JobStatus": "SUCCEEDED",
     "VideoMetadata": {
         "Codec": "h264",
         "DurationMillis": 10051,
         "Format": "QuickTime / MOV",
         "FrameRate": 30.046607971191406,
         "FrameHeight": 240,
         "FrameWidth": 320,
   ```

---

24 https://aws.amazon.com/mediaconvert

```
            "ColorRange": "LIMITED"
        },
        ...
```

유효성 검사. 다음 명령을 실행해 DetectedText 값을 확인한다.

```
aws rekognition get-text-detection \
--job-id $JOB_ID \
--query 'TextDetections[*].TextDetection.DetectedText'
```

다음과 유사한 출력을 확인한다.

```
[
  "COPYRIGHT, 1901",
  "THOMAB A. EDISON.",
  "PATENTED AuOUST 31ST. 1897",
  "COPYRIGHT,",
  "1901",
  "THOMAB",
  "A.",
  "EDISON.",
  "PATENTED",
  "AuOUST",
  "31ST.",
  "1897",
```

정리

코드 저장소의 정리 단계를 참고한다.[25]

참고

Rekognition을 사용해 비디오 파일 내에서 텍스트를 감지하고 Rekognition 서비스 내의 보고서에 출력을 저장했다. 텍스트 감지 작업의 출력은 감지한 텍스트, 시간, 기타 기능을 포함한다. 완전 관리형 서비스인 Rekognition을 사용하면 이미지 내의 텍스트를

---

25 https://github.com/AWSCookbook/ArtificialIntelligence/tree/main/805-Detecting-Text-in-a-Video#clean-up

감지하고, 대용량 파일 세트에서 일괄 처리 작업을 실행하는 등 비디오 및 이미지 내에서 여러 가지 기능[26]을 자체 학습 없이 안정적으로 탐지 모델을 사용할 수 있다.

Rekognition의 Custom Labels 기능을 사용하면 모델이 특정 비디오 및 이미지를 인식하도록 훈련시킬 수 있다. Rekognition 서비스 자체 내에서 이 모든 작업을 수행할 수 있으며 자세한 내용은 지원 문서[27]를 확인한다.

AWS SDK를 사용하면 애플리케이션 또는 하드웨어에서 Rekognition을 바로 통합할 수 있다.

도전 과제

EventBridge를 사용해 특정 S3 버킷에 파일을 업로드할 때 자동으로 텍스트 감지 작업을 시작할 수 있도록 구성한다.

8.6 Amazon Transcribe Medical과 Comprehend Medical을 사용해 의료 전문가의 음성 분석

문제 설명

의료 전문가의 받아쓰기 오디오 파일을 인식하는 솔루션을 구축하고자 한다. 해당 솔루션은 추가 분석을 위해 보호 건강 정보^{PHI, Protected Health Information}와 같은 항목을 분류할 수 있어야 한다.

해결 방법

Amazon Transcribe Medical을 사용해 오디오 파일을 텍스트화한 다음 Amazon Comprehend Medical을 사용해 의학적 맥락을 바탕으로 의료 전문가의 음성을 분석한다(그림 8-6 참고).

---

26 https://oreil.ly/Y3pzt
27 https://oreil.ly/TDARq

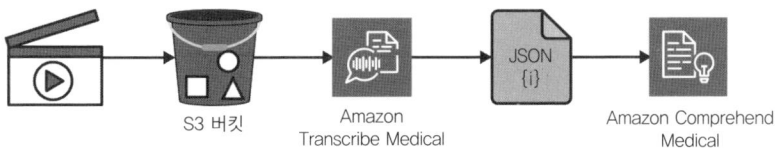

그림 8-6. AWS Transcribe Medical과 Comprehend Medical 사용한 의료 전문가 음성 텍스트 변환 및 분석

준비 사항

- 의학 용어를 포함하고 있는 음성 파일

준비 단계

코드 저장소의 준비 단계를 실행한다.[28]

작업 방법

1. 다음과 같이 의사의 전문 분야, 언어, S3 버킷, 음성 파일을 지정하는 awscookbook806-template.json이라는 JSON 파일을 생성한다.

    ```
    {
      "MedicalTranscriptionJobName": "aws-cookbook-806",
      "LanguageCode": "en-US",
      "Specialty": "PRIMARYCARE",
      "Type": "DICTATION",
      "OutputBucketName": "awscookbook806-RANDOM_STRING",
      "Media": {
          "MediaFileUri": "s3://awscookbook806-RANDOM_STRING/dictation.mp3"
      }
    }
    ```

2. sed 명령을 사용해 awscookbook806-template.json 파일의 값을 S3 버킷의 RANDOM_STRING 값으로 치환한다.

    ```
    sed -e "s/RANDOM_STRING/${RANDOM_STRING}/g" \
    ```

---

28 https://github.com/AWSCookbook/ArtificialIntelligence/tree/main/806-Physician-Dictation-Analysis

```
awscookbook806-template.json > awscookbook806.json
```

3. 생성한 JSON 파일을 사용해 의료 기록 작업을 시작한다.

```
aws transcribe start-medical-transcription-job \
--cli-input-json file://awscookbook806.json
```

다음과 유사한 출력을 확인한다.

```
{
  "MedicalTranscriptionJob": {
      "MedicalTranscriptionJobName": "aws-cookbook-806",
      "TranscriptionJobStatus": "IN_PROGRESS",
      "LanguageCode": "en-US",
      "Media": {
          "MediaFileUri": "s3://awscookbook806-<>/dictation.mp3"
      },
      "StartTime": "2021-07-14T20:24:58.012000-04:00",
      "CreationTime": "2021-07-14T20:24:57.979000-04:00",
      "Specialty": "PRIMARYCARE",
      "Type": "DICTATION"
  }
}
```

Transcribe Medical 작업의 상태가 완료될 때까지 기다린다.

```
aws transcribe get-medical-transcription-job \
--medical-transcription-job-name aws-cookbook-806 \
--output text \
--query MedicalTranscriptionJob.TranscriptionJobStatus
```

4. S3에서 출력 파일을 다운로드한다.

```
aws s3 cp s3://awscookbook806-${RANDOM_STRING}/medical/aws-cookbook-806.json \
./aws-cookbook-806.json
```

다음과 유사한 출력을 확인한다.

```
download: s3://awscookbook806-<문자열>/medical/aws-cookbook-806.json to ./
awscookbook-806.json
```

5. 다운로드한 파일에서 텍스트를 확인한다.

```
cat aws-cookbook-806.json | jq .results.transcripts
```

다음과 유사한 출력을 확인한다.

```
[{
    "transcript": "patient jane doe experiencing symptoms of headache, administered 200 mg ibuprofen twice daily."
}]
```

 다운로드한 결과 JSON 파일에서 각 단어에 대한 시간 마커를 확인할 수 있다. 해당 정보를 사용해 추가 콘텍스트 및 기능을 제공할 수 있다.

유효성 검사. Comprehend Medical의 detect entities API를 사용해 detect-entities 작업을 수행한다. 이를 통해 의료 데이터의 PHI와 같은 항목의 위치를 확인할 수 있다.

```
aws comprehendmedical detect-entities-v2 \
--text "$(cat aws-cookbook-806.json | jq .results.transcripts[0].transcript | tr -d '"')"
```

다음과 유사한 출력을 확인한다.

```
{
  "Entities": [{
          "Id": 4,
          "BeginOffset": 8,
          "EndOffset": 12,
          "Score": 0.8507962226867676,
          "Text": "jane",
          "Category": "PROTECTED_HEALTH_INFORMATION",
          "Type": "NAME",
          "Traits": []
      }, ...
```

정리

코드 저장소의 정리 단계를 참고한다.[29]

참고

Amazon Transcribe Medical과 Amazon Comprehend Medical을 사용해 의사의 음성 파일을 텍스트로 변환한 다음 음성 파일 내에서 의료 데이터 개체를 감지할 수 있다. 환자 데이터, 증상, 약물, 복용량 정보를 파악할 수 있기 때문에 환자와 의료 전문가를 위한 의료 애플리케이션을 구축하는 데 매우 유용할 수 있다. Comprehend Medical은 또한 여러 유형의 PHI에 대한 일괄 분석 및 기능 감지를 제공하고 환자와 의사의 대화의 내용을 파악할 수 있다. 이러한 강력한 기능은 원격 의료 서비스를 제공하는 의사가 환자에게 즉각적인 기록을 제공할 수 있다.

레시피에서 사용하는 서비스는 모두 HIPAA를 준수한다. 규정 준수 표준을 준수하는 AWS 서비스에 대한 자세한 내용은 문서[30]를 참고한다.

도전 과제

EventBridge를 사용해 S3 버킷에 새 객체를 저장할 때마다 분석 처리를 자동화한다.

8.7 이미지 내의 텍스트 위치 파악

문제 설명

특정 이미지 내에 'AWS'라는 텍스트가 어디에 위치하는지 파악해야 한다.

---

29 https://github.com/AWSCookbook/ArtificialIntelligence/tree/main/806-Physician-Dictation-Analysis
30 https://oreil.ly/DJi29

해결 방법

Textract를 사용해 S3 버킷의 이미지를 분석한 다음 출력 내용을 분석해 텍스트의 위치를 계산한다(그림 8-7 참고).

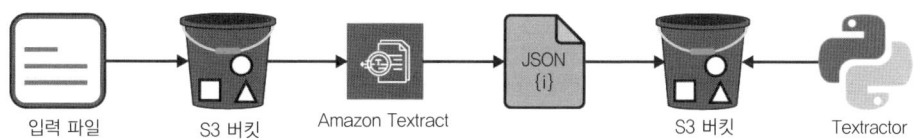

그림 8-7. Textractor를 사용해 Amazon Textract의 출력을 분석

준비 사항

- S3 버킷

준비 단계

코드 저장소의 준비 단계를 실행한다.[31]

작업 방법

1. 저장소의 book_cover.png 파일을 S3 버킷에 복사한다.

    ```
    aws s3 cp ./book_cover.png s3://awscookbook807-$RANDOM_STRING
    ```

    다음과 유사한 출력을 확인한다.

    ```
    upload: ./book_cover.png to s3://awscookbook807-<문자열>/book_cover.png
    ```

2. Textract로 파일을 분석하고 결과를 output.json이라는 파일에 저장한다.

    ```
    aws textract analyze-document \
    --document '{"S3Object":{"Bucket":"'"awscookbook807- $RANDOM_
    STRING"'","Name":"book_cover.png"}}' \
    --feature-types '["TABLES","FORMS"]' > output.json
    ```

---

31 https://github.com/AWSCookbook/ArtificialIntelligence/tree/main/807-Determining-Location-of-Text-in-an-Image

유효성 검사. 텍스트의 BoundingBox 값을 조사해 위치를 확인한다.

```
jq '.Blocks[] | select(.Text == "Practical") | select(.BlockType == "WORD") |
.Geometry.BoundingBox' output.json
```

left 및 top 값이 모두 0.5 미만이기 때문에 우리가 찾는 단어는 페이지의 왼쪽 상단에 위치한다는 것을 알 수 있다(그림 8-8 참고).

다음과 유사한 출력을 확인한다.

```
{
  "Width": 0.15338942408561707,
  "Height": 0.03961481899023056,
  "Left": 0.06334125995635986,
  "Top": 0.39024031162261963
}
```

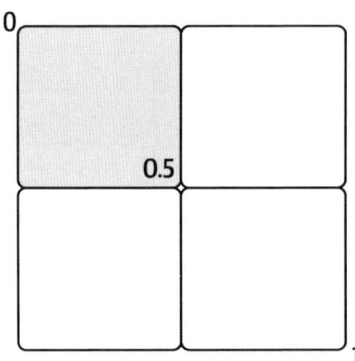

그림 8-8. BoundingBox 다이어그램 참조

Textract 개발자 안내서[32]에 따르면 각 BoundingBox 속성의 값은 0과 1이며 이 값은 전체 이미지 너비와 높이의 비율과 같다. 예를 들어 입력 이미지가 700×200픽셀이고 경계 상자의 왼쪽 위 좌표가 (350,50)픽셀인 경우 API는 왼쪽 값 0.5(350/700)과 위쪽 값 0.25(50/200)을 반환한다.

32　https://oreil.ly/Xh9Bk

정리

코드 저장소의 정리 단계를 참고한다.[33]

참고

Amazon Textract를 사용하지 않는다면 실제 문서를 스캔한 뒤 광학 문자 인식(OCR, Optical Character Recognition) 소프트웨어를 사용해야 한다. Amazon Textract[34]는 더 정확한 텍스트 인식을 위해 ML 모델을 사용해 추가 기능 및 콘텍스트 정보를 제공한다. 이 레시피를 사용해 이미지 내에서 텍스트 문자열의 위치를 확인할 수 있었다. Textract의 기능을 사용해 사람이 검토할 수 있도록 이미지(또는 스캔 한 양식)에서 텍스트의 특정 부분을 다른 팀으로 전달하거나 처리를 위해 양식의 특정 부분을 애플리케이션의 다른 마이크로서비스로 보내는 것을 자동화할 수 있다. 애플리케이션 개발자는 Textract를 사용하기 전에 모델을 훈련할 필요가 없다. Textract는 많은 데이터셋으로 사전 훈련돼 있어 매우 정확한[35] 문자 인식을 제공한다.

도전 과제

이미지에서 2개의 다른 단어의 위치를 파악하고 그 사이의 거리를 계산한다.

---

33 https://github.com/AWSCookbook/ArtificialIntelligence/tree/main/807-Determining-Location-of-Text-in-an-Image#clean-up
34 https://aws.amazon.com/texttract
35 https://oreil.ly/X07aq

9장
계정 관리

9.0 들어가며

8장의 레시피에서는 AWS 계정 내 리소스 배포 및 구성에 중점을 뒀다. 9장에서는 전체 계정에서 적용할 수 있는 레시피를 살펴본다.

AWS의 사용량이 늘어남에 따라 계정을 관리하는 부담을 덜기 위한 도구와 서비스가 필요하다. 많은 사람이 AWS 계정을 특정 애플리케이션의 컨테이너로 사용하고 있다. 일부 기업에서는 생산 및 비생산 워크로드에 따라 계정을 나눠서 사용하며 일부 기업은 공통 리소스를 공유하고자 공유 계정을 사용해 회사 내의 내부 서비스를 제공한다. AWS 계정은 그림 9-1과 같이 전역 기능을 제공하고자 여러 리전[1]에 걸쳐 있다.

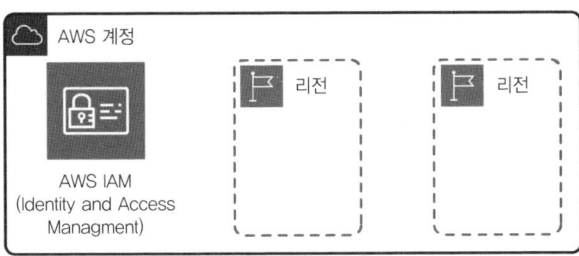

그림 9-1. 모든 리전에 적용되는 AWS 계정

---

1 https://oreil.ly/INVpe

우리는 AWS가 그들이 제공하는 도구와 서비스를 사용해 특정 요구 사항에 맞게 클라우드 환경을 조립하는 방식을 제공한다고 생각한다. 이들 중 일부는 계정 수준에서 사용할 수 있으며 서비스를 확장함에 따라 각 환경에 더 많은 관리 기능을 제공한다. AWS Organizations[2]를 사용해 여러 계정에 대한 결제를 통합하고 AWS Single Sign-On^{AWS SSO}[3]을 사용해 중앙 집중식 액세스 관리를 제공할 수 있다. 계정 수준에서 보안 환경을 구성하고 유지하는 데 도움이 되는 몇 가지 방법을 9장에서 탐색하겠다.

계정 수준의 기능 및 권장 사항에 대한 최신 지침을 보려면 AWS Prescriptive Guidance[4]를 확인한다.

로컬 환경 설정

28페이지의 'CLI 설정' 단계에 따라 구성을 확인하고 필요한 환경 변수를 설정한 뒤 9장에 해당하는 저장소의 코드를 복제한다.

```
git clone https://github.com/AWSCookbook/AccountManagement
```

9.1 계정 리소스 분석을 위한 EC2 Global View 사용

문제 설명

클라이언트의 AWS 계정의 모든 리전의 프로비저닝된 모든 컴퓨팅 인스턴스와 디스크 볼륨 및 네트워크 리소스를 CSV 파일로 다운로드해야 한다.

---

2 https://aws.amazon.com/organizations
3 https://aws.amazoncom/single-sign-on
4 https://aws.amazon.com/prescriptive-guidance

해결 방법

AWS 콘솔에서 EC2 글로벌 보기로 이동한다. 계정의 리소스를 CSV로 다운로드한다(그림 9-2 참고).

그림 9-2. EC2 글로벌 보기로 리소스 CSV 생성

준비 사항

리소스가 배포돼 있는 AWS 계정

작업 방법

1. 그림 9-3과 같이 AWS 콘솔에서 **글로벌 보기**를 검색한 다음 클릭한다.

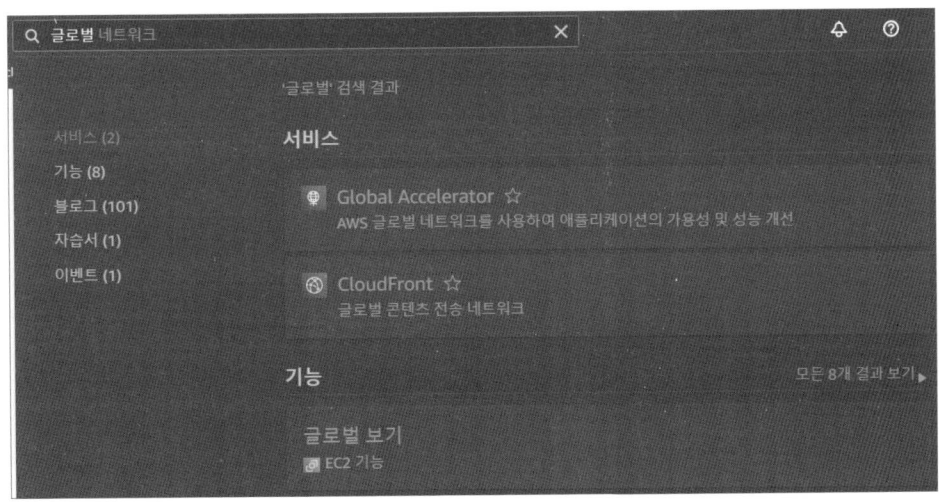

그림 9-3. 글로벌 보기 검색

2. 그림 9-4와 같이 **글로벌 검색** 탭으로 이동해 **CSV 다운로드**를 클릭한다.

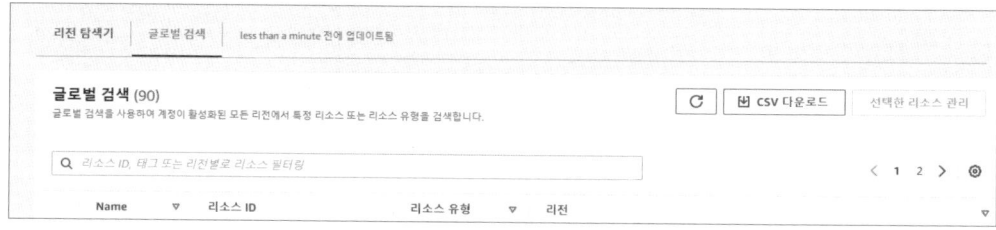

그림 9-4. 글로벌 검색에서 CSV 다운로드

유효성 검사. 다운로드한 CSV 파일을 열어 AWS 계정의 리소스를 확인한다.

참고

때때로 업무상의 이유로 기존에 다른 사람이 리소스를 배포한 AWS 계정에서 작업해야 한다. 글로벌 검색 기능을 사용하면 AWS 계정에 배포된 리소스를 쉽게 파악할 수 있다. 계정의 리소스를 변경하기 전에 모든 리전에 이미 배포된 항목을 확인하는 것이 중요하다.

AWS 계정 내부의 전체 리소스 구성을 확인하려면 AWS Config[5] 및 AWS Billing 콘솔과 같은 도구를 사용하는 것이 더 바람직하다. EC2 및 VPC 리소스를 빠르게 확인하려면 글로벌 검색을 사용하는 것이 더 편리하다. 반복적으로 CSV 내보내기를 사용하면 특정 시점의 스냅샷을 저장할 수 있다.

도전 과제

글로벌 검색 기능을 사용해 기본 VPC의 모든 보안 그룹을 나열하고 필요하지 않은 권한을 가진 인바운드 규칙을 확인한다.

---

5 https://aws.amazon.com/config

9.2 태그 편집기를 사용해 여러 가지 리소스의 일괄 태그 수정하기

문제 설명
AWS 계정 내의 태그가 없는 리소스를 찾아 태그를 추가하고자 한다.

해결 방법
AWS 콘솔의 태그 편집기에서 Environment 키가 할당되지 않은 모든 리소스를 찾아 태그를 추가한다(그림 9-5 참고).

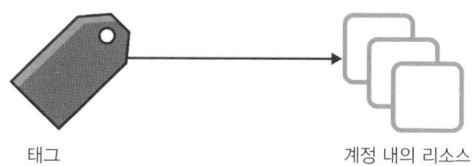

그림 9-5. 여러 리소스에 일괄 태그 추가

준비 사항
- 태그를 지정한 리소스가 배포돼 있는 AWS 계정

작업 방법
1. 그림 9-6과 같이 AWS 콘솔에서 **태그**를 검색한 다음 Resource Groups & Tag Editor를 클릭한다.

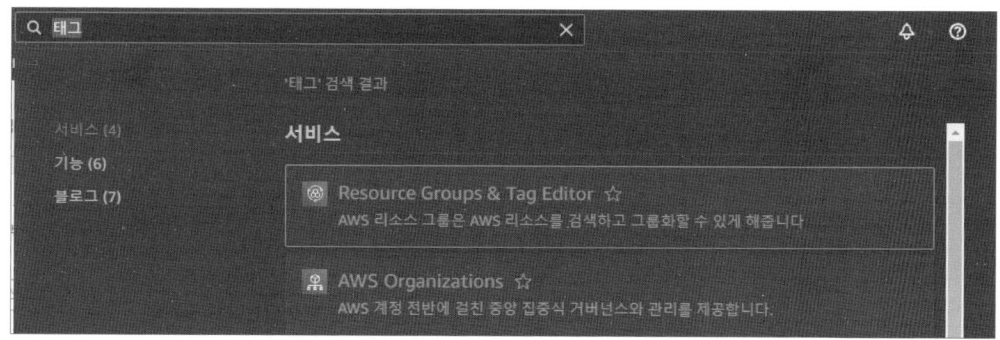

그림 9-6. AWS 콘솔에서 태그 검색

2. 그림 9-7과 같이 왼쪽 메뉴에서 **태그 지정** 제목 아래에 있는 Tag Editor를 클릭한다.

그림 9-7. 태그 편집기 실행

3. 그림 9-8과 같이 **리소스 유형**을 All supported resource types로 설정한 뒤 태그 키를 `Environment`로 입력한다. 태그의 값은 (not tagged)를 선택한 다음 **리소스 검색**을 클릭한다.

그림 9-8. 태그 편집기 실행

4. 검색이 완료될 때까지 기다린다. 그림 9-9와 같이 검색 결과에서 태그를 지정할 리소스를 선택한 다음 **선택한 리소스의 태그 관리**를 클릭한다.

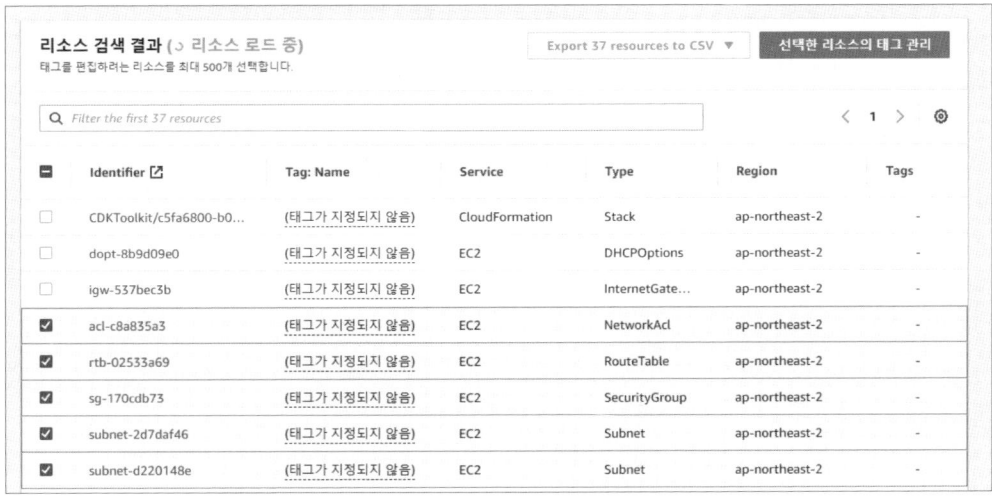

그림 9-9. 태그 편집기에서 검색 결과 보기

5. 그림 9-10과 같이 **태그 키**에 `Environment`를 입력하고 **태그 값**에 `Dev`를 입력한 뒤 Review and apply tag changes를 클릭한다.

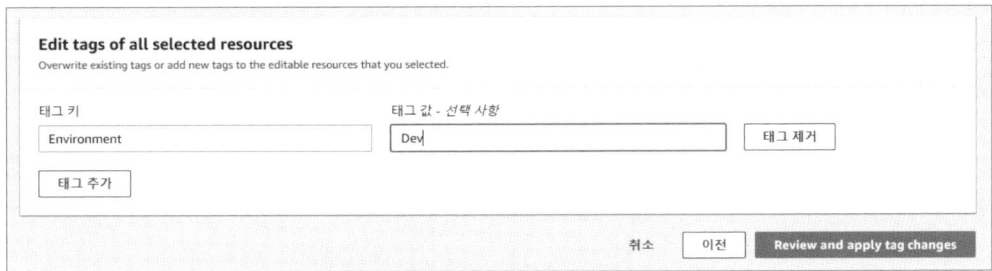

그림 9-10. Tag Editor로 여러 리소스에 일괄 태그 저장

6. 그림 9-11과 같이 팝업 창에서 **선택한 모든 항목에 변경 사항 적용**을 클릭한다.

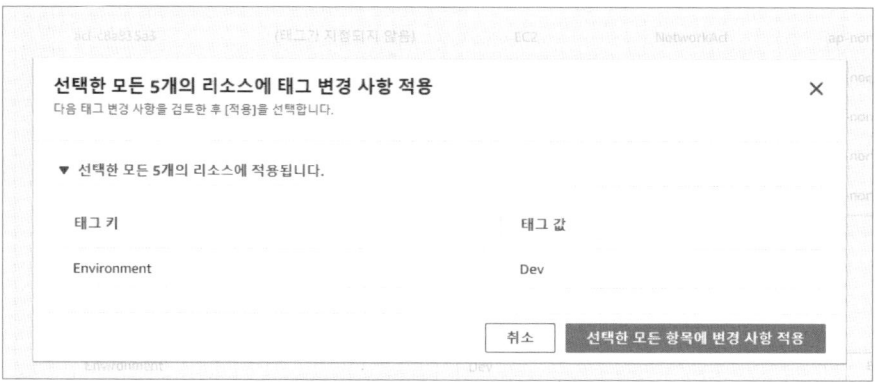

그림 9-11. Tag Editor에서 리소스에 적용할 변경 사항 확인

유효성 검사. 다음 명령어를 사용해 모든 EC2 인스턴스에 Environment 태그가 적용됐는지 확인한다.

```
aws ec2 describe-instances \
--output text \
--query 'Reservations[].Instances[?!not_null(Tags[?Key == `Environment`].Value)] |
[].[InstanceId]'
```

아무런 출력이 없어야 한다. 위의 3단계의 (not tagged) 값을 검색해 모든 리소스에 Environment 태그가 적용됐는지 확인할 수 있다.

참고

태그는 거의 모든 자원에 키^{key}와 값^{value}으로 적용한다. 클라우드를 사용한다면 가능한 한 빨리 고유한 태깅 전략을 구현하도록 하자. 이런 전략을 통해 AWS 계정의 리소스가 증가하는 것을 쉽게 확인할 수 있다. 태그를 사용하면 감사, 청구서, 업데이트 예약, 특정 태그를 적용한 리소스에 대한 액세스 권한 위임 등을 적용할 수 있다.

비용 할당 태그[6]를 사용하면 AWS 청구서의 특정 부분에 영향을 주는 리소스를 정확히 확인할 수 있다. 비용 할당 보고서 외에도 AWS Billing 콘솔의 Cost Explorer를 통해

---

6 https://oreil.ly/YvglT

대화식으로 태그별로 필터링해 비용을 분석하고 시각화할 수 있다.

Tag Editor를 사용해 AWS 리소스 전체를 대상으로 태그를 검색하고 일괄적으로 업데이트할 수 있다. 이미 다수의 리소스를 배포했고 모든 리소스에 태그를 지정하지 않았거나 처음 태그를 적용한다면 Tag Editor를 사용해 모든 리전 또는 다수의 리전에서 여러 가지 리소스를 일괄적으로 선택한 뒤 태그를 지정할 수 있다.

다음은 기준선baseline으로 사용할 수 있는 몇 가지 태그의 목록이다.

CreatedBy
: 리소스를 생성한 사용자 또는 ID

Application
: 리소스를 구성 요소로 사용하는 서비스 또는 애플리케이션

CostCenter
: 청구 식별 및 공유 AWS 계정 사용에 대한 차지백chargeback 모델 구현에 사용

CreationDate
: 리소스를 생성한 날짜

Contact
: 리소스에 문제가 생길 경우에 연락을 받을 이메일(자동 알림 구성에도 유용)

MaintenanceWindow
: 패치, 업데이트 또는 유지 관리의 경우 리소스를 사용할 수 없는 시간

DeletionDate
: 개발 또는 샌드박스 환경에서 리소스를 안전하게 삭제할 수 있는 날짜

도전 과제

AWS 리소스에 기본 태그 세트를 적용하고 AWS Organizations[7]를 활성화해 태그 정책[8]을 적용한다.

9.3 AWS 계정의 모든 리전에 CloudTrail 로깅 활성화

문제 설명

AWS 계정의 모든 리전에 대한 모든 활동의 감사 로그를 저장하고자 한다.

해결 방법

CloudTrail이 이벤트를 작성할 수 있도록 허용하는 버킷 정책을 생성 후 S3 버킷에 적용한다. 그림 9-12와 같이 계정의 모든 리전에 CloudTrail을 활성화하고 모든 감사 이벤트를 S3 버킷에 기록하도록 CloudTrail을 구성한다.

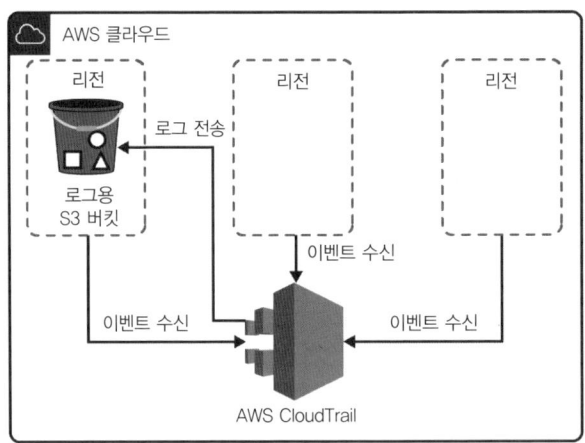

그림 9-12. CloudTrail 로깅 적용

---

7 https://oreil.ly/Dg3l6
8 https://oreil.ly/7UePx

준비 사항

- 로그를 위한 S3 버킷

준비 단계

코드 저장소의 준비 단계를 실행한다.[9]

작업 방법

1. 저장소의 cloudtrail-s3policy-template.json을 참고해 다음 내용으로 파일을 생성한다.

```
{
  "Version": "2012-10-17",
  "Statement": [{
      "Sid": "S3CloudTrail",
      "Effect": "Allow",
      "Principal": {
          "Service": "cloudtrail.amazonaws.com"
      },
      "Action": "s3:GetBucketAcl",
      "Resource": "arn:aws:s3:::BUCKET_NAME"
  }, {
      "Sid": "S3CloudTrail",
      "Effect": "Allow",
      "Principal": {
          "Service": "cloudtrail.amazonaws.com"
      },
      "Action": "s3:PutObject",
      "Resource": "arn:aws:s3:::BUCKET_NAME/AWSLogs/AWS_ACCOUNT_ID/*",
      "Condition": {
          "StringEquals": {
              "s3:x-amz-acl": "bucket-owner-fullcontrol"
          }
      }
```

---

9 https://github.com/AWSCookbook/AccountManagement/tree/main/903-Enabling-CloudTrail-Logging

        }]
    }

2. sed를 사용해 cloudtrail-s3policy-template.json 파일의 값을 환경 변수로 치환한다.

    ```
    sed -e "s/BUCKET_NAME/awscookbook903-$RANDOM_STRING/g" \
    -e "s|AWS_ACCOUNT_ID|${AWS_ACCOUNT_ID}|g" \
    cloudtrail-s3policy-template.json > cloudtrail-s3policy.json
    ```

3. S3 버킷에 버킷 정책을 적용한다.

    ```
    aws s3api put-bucket-policy \
    --bucket awscookbook903-$RANDOM_STRING \
    --policy file://cloudtrail-s3policy.json
    ```

4. 모든 AWS 리전에 대해 CloudTrail을 활성화하고 S3 버킷에 로그를 보내도록 구성한다.

    ```
    aws cloudtrail create-trail --name AWSCookbook903Trail \
    --s3-bucket-name awscookbook903-$RANDOM_STRING \
    --is-multi-region-trail
    ```

5. CloudTrail 추적에 대한 로깅을 시작한다.

    ```
    aws cloudtrail start-logging --name AWSCookbook903Trail
    ```

> CloudTrail 로깅에 필요한 S3 버킷 정책은 제공 문서[10]에서 확인할 수 있다.

유효성 검사. 추적 내용을 확인한다.

```
aws cloudtrail describe-trails --trail-name-list AWSCookbook903Trail
```

---

10 https://oreil.ly/jhcXQ

다음과 유사한 출력을 확인한다.

```
{
  "trailList": [{
      "Name": "AWSCookbook903Trail",
      "S3BucketName": "awscookbook903-<문자열>",
      "IncludeGlobalServiceEvents": true,
      "IsMultiRegionTrail": true,
      "HomeRegion": "us-east-1",
      "TrailARN": "arn:aws:cloudtrail:us-east-1:<문자열>:trail/ AWSCookbook903Trail",
      "LogFileValidationEnabled": false,
      "HasCustomEventSelectors": false,
      "HasInsightSelectors": false,
      "IsOrganizationTrail": false
  }]
}
```

Trail의 상태를 확인한다.

```
aws cloudtrail get-trail-status --name AWSCookbook903Trail
```

다음과 유사한 출력을 확인한다.

```
{
  "IsLogging": true,
  "StartLoggingTime": "2021-06-28T21:22:56.308000-04:00",
  "LatestDeliveryAttemptTime": "",
  "LatestNotificationAttemptTime": "",
  "LatestNotificationAttemptSucceeded": "",
  "LatestDeliveryAttemptSucceeded": "",
  "TimeLoggingStarted": "2021-06-29T01:22:56Z",
  "TimeLoggingStopped": ""
}
```

정리
코드 저장소의 정리 단계를 참고한다.[11]

참고
CloudTrail을 사용하면 AWS 계정의 모든 이벤트를 기록하고 지속적으로 모니터링할 수 있다. 추적 이벤트는 AWS API에 대한 모든 API 활동을 포함한다. CLI, 애플리케이션의 API 활동, 작업을 수행하는 기타 AWS 서비스(자동 크기 조정, EventBridge 트리거, 복제 등의 자동 작업)를 통해 콘솔의 사용자(및 인증된 모든 엔터티)가 수행하는 작업을 포함한다.

Amazon Athena를 사용해 S3에 있는 로그를 검색하거나 Amazon OpenSearch[12]로 로그를 인덱싱해 과거 데이터에 대한 복잡한 쿼리를 수행할 수 있다.

일반적으로 CloudTrail은 보안을 위해 사용하지만 애플리케이션 디버깅을 위해 사용할 수도 있다. S3 버킷에 파일을 업로드할 때 람다 기능을 트리거하는 이벤트 기반 애플리케이션이 있다고 가정한다(레시피 5.7 참고). 람다 함수 호출에 대한 IAM 정책에 문제가 있는 경우 CloudTrail 로그에서 **Deny** 내용을 확인할 수 있다. 이는 Amazon EventBridge 기반의 이벤트 기반 애플리케이션을 구축 및 설계하는 애플리케이션 개발자 및 아키텍트가 사용할 수 있는 유용한 디버그 방법이다.

도전 과제
AWS Organization으로 여러 계정을 관리하는 경우 organizational trail[13]을 구성한다 (레시피 9.6 AWS Organizations 및 AWS Single Sign-On 설정을 참고한다).

---

11 https://github.com/AWSCookbook/AccountManagement/tree/main/903-Enabling-CloudTrail-Logging#clean-up
12 https://oreil.ly/gdkRW
13 https://oreil.ly/4qAbK

9.4 루트 계정 로그인 시 경고 이메일 발송

문제 설명
루트 계정에 로그인할 때마다 이메일로 알림을 받도록 설정해야 한다.

해결 방법
SNS 주제^{SNS subject}를 생성하고 구독^{subscribe}한다. 그런 다음 그림 9-13과 같이 루트 계정 로그인 이벤트를 검색하고 SNS 주제를 트리거하는 패턴으로 Amazon EventBridge 규칙을 생성한다.

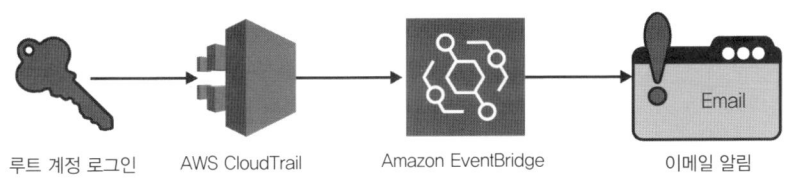

그림 9-13. 루트 계정 로그인에 대한 로깅 및 경고

준비 사항
- CloudTrail을 활성화한 AWS 계정(레시피 9.3 참고)

준비 단계
코드 저장소의 준비 단계를 실행한다.[14]

작업 방법
1. SNS 주제를 생성한다.

    ```
    TOPIC_ARN=$(aws sns create-topic \
    --name root-login-notify-topic \
    --output text --query TopicArn)
    ```

---

[14] https://github.com/AWSCookbook/AccountManagement/tree/main/904-Setting-Up-Email-Alerts-for-Root-Login

2. 다음 명령어로 SNS 주제를 구독하면 지정한 이메일로 확인 메일이 전송된다.

    ```
    aws sns subscribe \
    --topic-arn $TOPIC_ARN \
    --protocol email \
     --notification-endpoint your-email@example.com
    ```

3. AWS에서 보낸 메일의 **구독 확인** 링크를 클릭한다.

9장의 저장소에서 다운로드받은 코드의 904-Setting-Up-Email-Alerts-forRoot-Login 디렉터리로 이동한다.

4. 이제 저장소의 assume-role-policy.json를 참고해 역할을 수임할 정책을 생성한다.

    ```
    {
      "Version": "2012-10-17",
      "Statement": [{
          "Effect": "Allow",
          "Principal": {
              "Service": "events.amazonaws.com"
          },
          "Action": "sts:AssumeRole"
      }]
    }
    ```

5. 저장소의 assign-role-policy.json 파일을 사용해 역할을 생성한다.

    ```
    aws iam create-role --role-name AWSCookbook904RuleRole \
    --assume-role-policy-document \
    file://assume-role-policy.json
    ```

6. 관리형 `AmazonSNSFullAccess` IAM 정책을 IAM 역할에 연결한다.

    ```
    aws iam attach-role-policy \
     --policy-arn arn:aws:iam::aws:policy/AmazonSNSFullAccess \
    --role-name AWSCookbook904RuleRole
    ```

7. 저장소의 event-pattern.json 파일을 참고해 AWS 콘솔 로그인 이벤트를 지정하는 파일을 생성한다.

    ```
    {
      "detail-type": ["AWS API Call via CloudTrail", "AWS Console Sign In via CloudTrail"],
      "detail": {
          "userIdentity": {
              "type": ["Root"]
          }
      }
    }
    ```

8. 루트 계정 로그인 활동을 모니터링하는 EventBridge 규칙을 생성한다.

    ```
    aws events put-rule --name "AWSCookbook904Rule" \
    --role-arn "arn:aws:iam::$AWS_ACCOUNT_ID:role/AWSCookbook904RuleRole" \
    -- event-pattern file://eventpattern.json
    ```

9. EventBridge 규칙의 대상을 SNS 주제로 설정한다.

    ```
    aws events put-targets --rule AWSCookbook904Rule \
    --targets "Id"="1","Arn"="$TOPIC_ARN"
    ```

유효성 검사. 루트 계정을 사용해 AWS 계정에 로그인하고 몇 분 정도 기다린 후 루트 계정 로그인 알림 이메일을 확인한다.

정리

코드 저장소의 정리 단계를 참고한다.[15]

참고

루트 사용자 로그인에 대해 알림을 받는 것은 계정 내에서 원치 않는 활동을 인식할 수

---

15 https://github.com/AWSCookbook/AccountManagement/tree/main/904-Setting-Up-Email-Alerts-for-Root-Login#clean-up

있는 보안 전략 중 하나다. 이는 루트 사용자 계정을 사용해 의도치 않은 행동을 모니터링할 수 있는 비용 효율적인 솔루션이다. 루트 사용자는 가장 강력한 권한을 가진 ID이기 때문에 액세스 유무를 확인하는 것은 매우 중요하다.

 루트 사용자만 수행할 수 있는 특정 작업이 있으며 이러한 작업 목록은 제공 문서[16]에서 확인할 수 있다.

도전 과제

제공 문서[17]를 참고해 루트 암호를 변경하면 동일한 SNS 주제에 메시지를 게시(publish)하는 EventBridge 규칙을 추가한다.

9.5 루트 사용자의 다단계 인증 설정

문제 설명

AWS 계정의 루트root 사용자의 멀티 팩터 인증MFA, Multi-Factor Authentication을 활성화해야 한다.

해결 방법

루트 사용자 자격 증명으로 AWS 계정에 로그인한다. 그림 9-14와 같이 IAM 콘솔에서 U2F 호환 하드웨어 장치 또는 TOTTime-Based One-Time Password[18] 호환 가상 장치를 사용해 멀티 팩터 인증을 활성화한다.

---

16 https://oreil.ly/NvidX
17 https://oreil.ly/vzvwz
18 https://oreil.ly/TtQtd

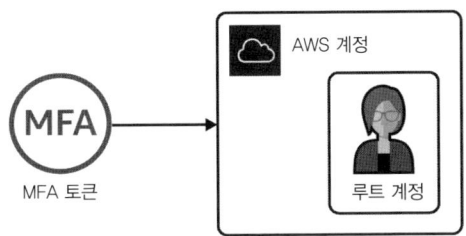

그림 9-14. AWS 계정의 루트 사용자에 MFA 활성화

작업 방법

1. 루트 사용자와 연결된 이메일 주소를 사용해 AWS 콘솔에 로그인한다. 그림 9-15와 같이 루트 사용자 이메일 주소를 입력한 후 '비밀번호 찾기' 링크를 사용해 루트 사용자의 비밀번호를 재설정한다.

그림 9-15. 루트 사용자 로그인 옵션 선택

 루트 사용자로 로그인하는 경우가 드물기 때문에 MFA를 활성화한 후에는 사용자의 암호를 저장하지 않고 계정에 액세스해야 할 때마다 비밀번호를 재설정[19]하는 방법을 사용한다. 루트 사용자와 연결된 이메일의 보안을 철저히 해야 한다.

---

19 https://oreil.ly/ar0H9

2. AWS 콘솔에 로그인한 후 그림 9-16과 같이 사용자 인터페이스 오른쪽 상단에서 **보안 자격 증명**[20]을 클릭한다.

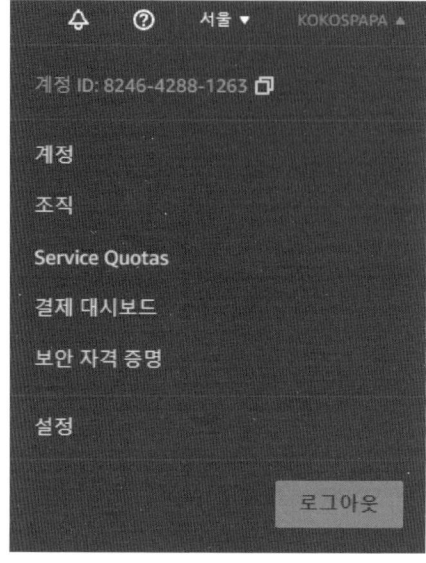

그림 9-16. 보안 자격 증명 메뉴로 이동

3. IAM 콘솔의 보안 자격 증명 페이지에서 **멀티 팩터 인증** 창을 선택해 **MFA 활성화** 버튼을 클릭한다. 사용할 디바이스[21]의 유형을 선택하고 **계속**을 클릭한다(그림 9-17 참고).

 소프트웨어 기반 암호 관리자 유틸리티를 사용해 가상 MFA 디바이스 정보를 저장하는 경우 동일한 암호 관리자에 루트 사용자 암호를 저장하지 않도록 해야 한다. 암호 관리자 유틸리티 또는 볼트가 손상된 경우 두 번째 요소와 암호를 함께 사용해 AWS 계정에 액세스할 수 있다. 마찬가지로 이메일 계정의 비밀번호 정보는 가상 MFA 디바이스와 같은 위치에 저장하지 않도록 한다. 루트 사용자 비밀번호 재설정 절차는 루트 사용자의 이메일에 접근할 수 있으면 계정이 유출될 수 있다.

---

20 https://oreil.ly/z5xsh
21 https://oreil.ly/VVL9g

그림 9-17. 가상 MFA 디바이스 선택

4. 안내에 따라 가상 장치로 스캔할 수 있는 QR 코드를 사용하거나 하드웨어 토큰을 연결한다. 코드를 입력하면 MFA 설정을 완료했다는 창을 확인할 수 있다(그림 9-18 참고).

그림 9-18. MFA 디바이스 설정 확인

 가상 MFA 디바이스에 대한 액세스 권한을 잃을 경우를 대비해 QR 코드의 사본을 인쇄해 물리적으로 백업할 수도 있다.

9장 | 계정 관리 435

유효성 검사. AWS 계정에서 로그아웃하고 루트 사용자로 다시 로그인한다. 가상 장치에서 생성한 코드를 입력(또는 하드웨어 토큰 연결)하고 로그인한다.

정리

루트 사용자는 항상 MFA를 활성화하는 것이 바람직하다. 루트 사용자와 연결된 MFA 장치를 비활성화하려면 장치 비활성화 단계를 따른다.

참고

루트 사용자[22]는 AWS 계정의 가장 강력한 권한을 가진 ID다. 사용자 이름은 AWS 계정을 처음 설정할 때 입력하는 이메일 주소가 되며, AWS 콘솔 또는 AWS 서포트에 문의해 암호 재설정을 요청할 수 있다. 이메일 계정이 유출될 경우 제3자가 루트 계정 비밀번호 재설정을 요청하고 계정에 액세스할 수 있기 때문에 루트 사용자는 계정에 대한 무단 액세스를 방지하고자 항상 두 번째 인증 요소로 보호돼야 한다. 루트 사용자로 로그인은 다음과 같이 드문 경우[23]에만 필요하기 때문에 일상적인 작업에는 절대 사용하지 않도록 한다.

결제 콘솔에 대한 접근도 루트 사용자 대신 IAM 사용자 및 역할에 위임해 사용하도록 한다. AWS에서 제공하는 문서를 참고해 루트 사용자로 실행하는 작업에 대한 종속성을 줄일 수 있다.

루트 사용자를 사용해 AWS 계정에 로그인하는 것보다 IAM 사용자 또는 IAM을 ADFS, SAML 또는 AWS Single Sign-On을 연동해 연합^{federated} 접근 설정을 사용하도록 하자. AWS는 루트 사용자에 대해 MFA를 활성화한 직후 AWS 계정의 관리자용 IAM 사용자[24]를 즉시 생성할 것을 권장한다. 확장을 위해서 레시피 9.6을 참고해 자체(및 위임된) 액세스 요구 사항을 충족하고자 AWS Single Sign-On을 활성화하고 사용할 수 있다.

---

22 https://oreil.ly/qNtiE
23 https://oreil.ly/Em4TW
24 https://oreil.ly/MuSdE

도전 과제

제공 문서[25]를 참고해 계정의 다른 IAM 역할(신뢰 정책 사용)에 대한 MFA 보호를 구성한다.

9.6 AWS Organizations 및 AWS Single Sign-On 설정

문제 설명

AWS 계정의 사용자 이름과 암호를 중앙에서 관리할 수 있는 확장 가능한 방법이 필요하다.

해결 방법

그림 9-19와 같이 AWS Organizations을 활성화하고 AWS Single Sign-On을 구성한다. AWS SSO 디렉터리의 그룹과 권한 세트를 생성하고 사용자를 생성한다.

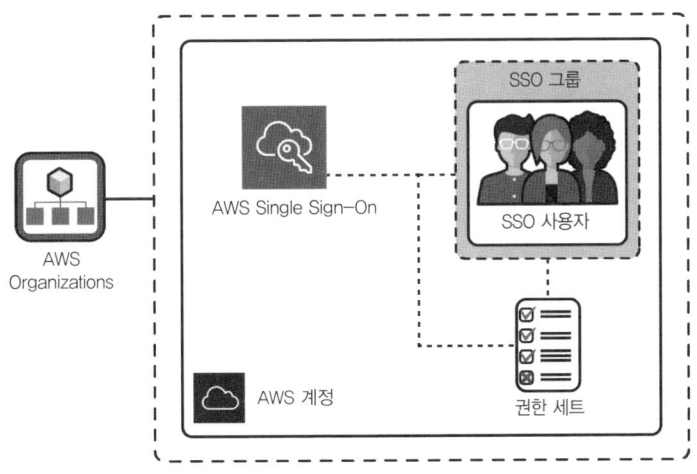

그림 9-19. AWS SSO 권한 및 사용자 설정

---

25 https://oreil.ly/e8YMQ

작업 방법

1. AWS 콘솔에서 AWS Organizations[26]로 이동한 뒤 **조직 생성**을 클릭한다.

AWS Organizations는 일괄적으로 여러 AWS 계정에 적용할 수 있는 여러 가지 기능을 제공한다. 자세한 내용은 AWS Organizations 설명서[27]를 참고한다.

2. 조직을 생성하면 해당 계정의 루트 사용자와 연결된 이메일 주소로 이메일을 전송한다. **이메일 주소 확인** 버튼을 클릭해 조직 생성을 확인한다.

3. 해당 리전의 AWS SSO 콘솔[28]로 이동해 **SSO 활성화** 버튼을 클릭한다.

AWS SSO의 초기 구성은 로컬 디렉터리를 사용한다. Active Directory 또는 SAML 공급자와 같은 기존 사용자 디렉터리에 연합할 수 있다. 연동 구성에 대한 자세한 내용은 AWS SSO 사용 설명서[29]를 참고한다.

4. SSO 콘솔의 **그룹** 메뉴로 이동해 **그룹 만들기**를 클릭한다. 그림 9-20과 같이 그룹 이름을 입력하고 **만들기**를 클릭한다.

그림 9-20. AWS SSO에서 그룹 생성

---

26 https://console.aws.amazon.com/organizations
27 https://oreil.ly/Wdaa4
28 https://console.aws.amazon.com/singlesignon
29 https://oreil.ly/Peusl

5. SSO 콘솔의 **사용자** 메뉴로 이동해 **사용자 추가**를 선택한다. 필요한 정보를 입력하고 방금 생성한 그룹에 사용자를 추가한다. 그림 9-21과 같이 4단계에서 생성한 그룹에 사용자를 할당한다.

그림 9-21. AWS SSO에서 사용자 생성

6. SSO 콘솔의 **AWS 권한 세트** 메뉴로 이동한 다음 **권한 세트 생성**을 선택한다. 사전 정의된 권한 세트 옵션을 선택하고 PowerUserAccess를 선택한다(그림 9-22 참고).

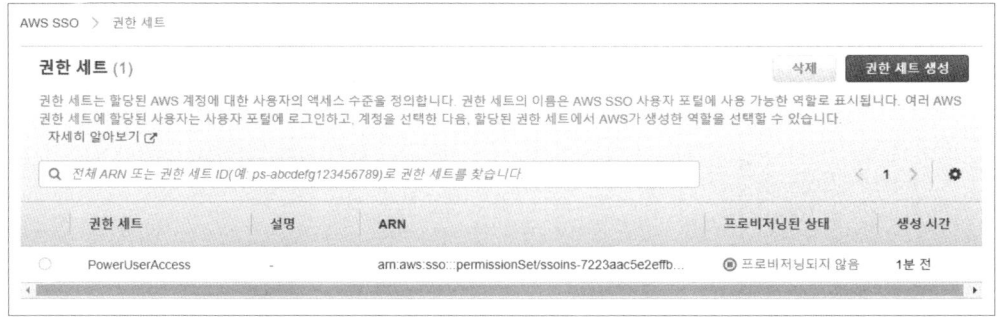

그림 9-22. AWS SSO에서 권한 세트 생성

7. AWS 계정에 대해 생성한 그룹에 권한 세트를 할당하려면 왼쪽 탐색 메뉴에서 **AWS 계정 링크**를 클릭하고 계정 목록에서 AWS 계정을 선택한 다음 **사용자 및 그룹 할당** 버튼을 클릭한다. **그룹** 탭에서 그림 9-23과 같이 이전에 생성한 그룹을 선택한다.

그림 9-23. 그룹 할당

8. 6단계에서 생성한 권한 세트를 선택하고 **마침**을 클릭한다(그림 9-24 참고).

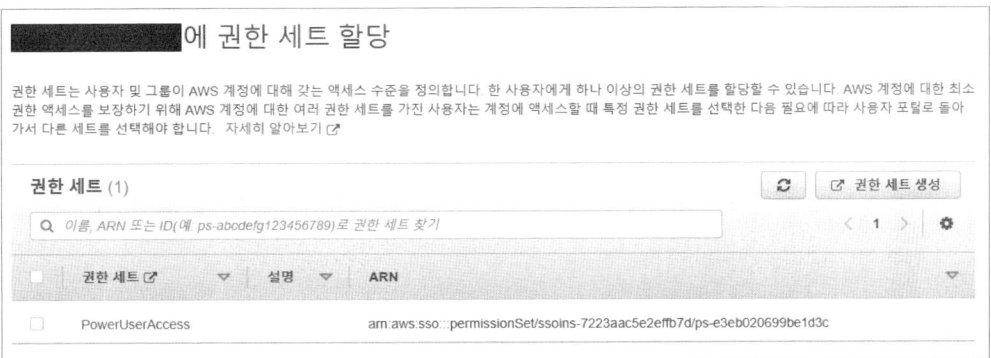

그림 9-24. AWS SSO에서 권한 세트 할당

이 그룹의 구성원이 PowerUserAccess IAM 정책의 권한으로 지정한 AWS 계정에 액세스할 수 있다. AWS SSO는 이를 위해 AWS 계정에서 맡을 수 있는 역할을 프로비저닝한다. AWS 계정의 IAM 콘솔에서 이 역할을 수정하면 AWS SSO을 통해 얻은 세션에서 권한 세트를 사용할 수 없다.

유효성 검사. AWS SSO 콘솔 대시보드 페이지에서 제공하는 사용자 포털 URL을 사용해 5단계에서 생성한 사용자 이름과 암호로 로그인한다. Management console 또는 Command line or programmatic access를 선택해 AWS 계정에 대한 PowerUser Access 권한을 획득한다.

AWS SSO를 처음 활성화하면 기본 URL을 생성한다. SSO 콘솔에서 기본 URL 대신 사용자 정의 URL을 만들 수 있다.

정리

AWS SSO 콘솔로 이동해 왼쪽 탐색 메뉴에서 **설정**을 선택한다. 설정 페이지에서 **삭제**를 선택한다. 체크 박스를 선택하고 Delete AWS SSO를 클릭해 삭제를 확인한다.

AWS Organizations로 이동해 **조직**을 선택하고 조직에 대한 설정을 연 다음 **조직 삭제**를 선택한다. 조직 ID를 확인하고 AWS 계정의 루트 사용자와 연결된 이메일 주소에서 조직 삭제를 확인한다.

참고

AWS Organizations를 처음 활성화할 때 조직을 생성하는 계정을 관리 계정[30]이라고 한다. 이 레시피에서는 AWS Single Sign-On을 사용하고자 AWS Organizations를 사용했지만 주로 AWS 계정을 대규모로 통제, 구성, 관리하기 위해 사용한다. AWS Organizations는 다음과 같은 기능을 제공한다.

- 여러 AWS 계정에 대한 결제 통합
- 조직 단위$^{OU,\ Organizational\ Unit}$를 사용해 그룹 계정 관리[31]
- 개별 계정 또는 OU에 서비스 제어 정책$^{SCP,\ Service\ Control\ Policy}$ [32] 적용
- 조직 내 모든 계정에 대한 태깅 및 백업을 위한 정책 중앙 집중화[33]
- RAM$^{Resource\ Access\ Manager}$ [34]을 사용해 계정 간 리소스 공유

AWS Organizations 및 AWS SSO는 AWS 계정과 전체 AWS 환경에 대해 확장할 수 있는 사용자 액세스 관리를 무료로 제공한다. 관리 계정은 관리 기능을 위해서만 사용하고 프로덕션 및 비 프로덕션 워크로드는 다른 계정을 사용하는 것이 모범 사례다.[35] AWS Organization의 구성원으로 프로덕션 및 비프로덕션 워크로드에 대한 특정 AWS 계정을 사용하면 워크로드를 격리할 수 있고 액세스 권한을 위임하고 청구를 관리하기가 쉬워진다.

 AWS Control Tower[36]를 사용하면 이런 사항을 직접 구성할 필요 없이 완전 관리형 랜딩 존(landing zone)[37]을 구성할 수 있다. AWS 사용량을 확장하려는 경우 Control Tower를 사용하면 여러 가지 이점이 있다.

---

30 https://oreil.ly/UTrvA
31 https://oreil.ly/ZLn6v
32 https://oreil.ly/DeR3h
33 https://oreil.ly/4s2Nx
34 https://oreil.ly/eiNlp
35 https://oreil.ly/rZ02g
36 https://oreil.ly/DzWXl
37 https://oreil.ly/X9vg1

AWS Single Sign-On은 AWS 계정에 대한 사용자 액세스를 관리할 수 있는 안전하고 확장 가능한 방법을 제공한다. 관리해야 할 사용자 수가 많거나 이미 외부 사용자 디렉터리를 사용하는지 여부에 따라 외부 자격 증명 공급자[IdP, Identity Provider]와 통합하거나 AWS SSO 내의 로컬 디렉터리를 사용할 수 있다.

AWS SSO로 로그인하면 권한 세트[38]로 정의한 액세스 수준을 선택할 수 있다. 권한 세트는 SSO가 역할을 관리하려고 사용하는 IAM 정책 정의를 사용하며, 이는 로그인 시 수임할 수 있다. AWS는 사전 정의된 권한 세트와 일치하는 SSO 내 권한 세트를 제공하며 사용자가 고유한 사용자 지정 권한 세트를 생성할 수도 있다. SSO로 로그인한 뒤 계정에 대한 액세스 수준을 선택하면 임시 세션을 생성한다. 해당 세션으로 AWS 콘솔을 사용하거나 임시 액세스 키 ID, 보안 액세스 키, 세션 토큰 변수로 설정해 CLI[39]에서 사용할 수 있다. AWS CLI v2에서는 명령어[40]로 SSO를 인증할 수 있다. AWS SSO 콘솔 내에서 세션 수명[41]을 조정할 수 있다.

AWS 접근에 대한 보안은 최우선 순위여야 하며 사용자와 계정의 수와 위임하는 액세스 수준을 확장함에 따라 문제가 될 수 있다. AWS SSO를 사용하면 AWS 환경에서 대규모로 보안 환경을 구축할 수 있다. AWS SSO을 통해 생성한 임시 세션을 사용하면 수명이 긴 IAM 액세스 키[42]를 생성할 필요가 없어진다. 또한 AWS SSO에 다단계 인증을 설정해 MFA를 사용할 수 있다.

도전 과제1
Active Directory 또는 Okta와 같은 자격 증명 공급자[IdP]를 AWS SSO의 외부 자격 증명 공급자[43]로 연결한다.

---

38 https://oreil.ly/t3wOC
39 https://oreil.ly/Uz8BT
40 https://oreil.ly/qLcUl
41 https://oreil.ly/nXfAi
42 https://oreil.ly/bk0L7
43 https://oreil.ly/Ra2r6

도전 과제2

서비스 제어 정책[SCP][44]을 적용해 AWS 계정 내에서 사용할 수 있는 리전을 제한한다.

---

44 https://oreil.ly/6KWR4

부록
유용한 명령어

AWS를 최대한 활용할 수 있는 유용한 명령어를 공유한다.

AWS_ACCOUNT_ID를 배시^{bash} 변수로 설정한다.

```
export AWS_ACCOUNT_ID=$(aws sts get-caller-identity \
--query Account --output text)
```

가장 최근에 생성한 CloudWatch 로그 그룹의 이름을 확인한다.

```
aws logs describe-log-groups --output=yaml \ --query 'reverse(sort_
by(logGroups,&creationTime))[:1].{Name:logGroupName}'
```

CloudWatch 로그 그룹의 최신 내역을 확인한다.

```
aws logs tail <로그 그룹 이름> --follow --since 10s
```

텍스트 패턴과 일치하는 모든 로그 그룹을 삭제한다.

```
aws logs describe-log-groups | \ jq ".logGroups[].logGroupName" | grep -i <> | \
xargs -p -I % aws logs delete-log-group --log-group-name %
```

현재 작업하는 리전에서 실행 중인 모든 인스턴스를 중지한다.

```
aws ec2 stop-instances \ --instance-ids $(aws ec2 describe-instances \ --filters
"Name=instance-state-name,Values=running" --query "Reservations[].Instances[].
```

```
[InstanceId]" --output text | tr '\n' ' ')
```

CLI를 사용하는 사용자 정보를 확인한다.

```
aws sts get-caller-identity --query UserId --output text
```

CLI 명령에 대한 YAML 입력을 생성하고 실행한다.

```
aws ec2 create-vpc --generate-cli-skeleton yaml-input > input.yaml #Edit input.yaml
- at a minimum modify CidrBlock, DryRun, ResourceType, and Tags aws ec2 create-vpc
--cli-input-yaml file://input.yam
```

AWS 리전 이름과 엔드포인트를 테이블 형식으로 나열한다.

```
aws ec2 describe-regions --output table
```

현재 사용 중인 리전의 인터페이스 VPC 엔드포인트를 찾는다.

```
aws ec2 describe-vpc-endpoint-services \
--query ServiceDetails[*].ServiceName
```

DynamoDB 테이블에 데이터를 삽입한다.

```
aws ddb put table_name '[{key1: value1}, {key2: value2}]'
```

특정 데이터베이스 엔진(예: aurora-postgresql)이 지원하는 버전을 확인한다.

```
aws rds describe-db-engine-versions --engine aurora-postgresql \ --query
"DBEngineVersions[].EngineVersion"
```

보안 그룹과 연결된 네트워크 인터페이스를 삭제한다(yes 또는 no로 응답해 삭제 또는 넘어가기를 선택한다).

```
aws ec2 describe-network-interfaces \ --filters Name=group-id,Values=$SecurityGroup
\ --query NetworkInterfaces[*].NetworkInterfaceId \ --output text | tr '\t' '\n' |
xargs -p -I % \ aws ec2 delete-network-interface --network-interface-id %
```

해당 리전의 기본 VPC(존재하는 경우)를 찾는다.

```
aws ec2 describe-vpcs --vpc-ids \ --query 'Vpcs[?IsDefault==`true`]'
```

리전의 새 EBS 볼륨을 생성할 때마다 기본적으로 암호화를 활성화한다.

```
aws ec2 enable-ebs-encryption-by-default
```

모든 AWS 리전을 나열한다.

```
aws ssm get-parameters-by-path \
--path /aws/service/global-infrastructure/regions \
--output text --query Parameters[*].Name | tr "\t" "\n"
```

모든 AWS 서비스를 나열한다.

```
aws ssm get-parameters-by-path \
--path /aws/service/global-infrastructure/services \
--output text --query Parameters[*].Name \
| tr "\t" "\n" | awk -F "/" '{ print $6 }'
```

해당 리전에서 사용 가능한 모든 서비스를 나열한다(예: us-east-1).

```
aws ssm get-parameters-by-path \
--path /aws/service/global-infrastructure/regions/us-east-1/services \
--output text --query Parameters[*].Name | tr "\t" "\n" \ | awk -F "/" '{ print $8 }'
```

특정 서비스(예: SNS)를 사용할 수 있는 모든 리전을 나열한다.

```
aws ssm get-parameters-by-path \
--path /aws/service/global-infrastructure/services/sns/regions \
--output text --query Parameters[*].Value | tr "\t" "\n"
```

S3의 객체에 대해 일주일 후에 만료되는 미리 서명된(pre-signed) URL을 생성한다.

```
aws s3 presign s3://<버킷>/<파일> \
--expires-in 604800
```

계정 내의 특정 리전에 대한 가용 영역의 ID를 확인한다.

```
aws ec2 describe-availability-zones --region $AWS_REGION
```

EC2 인스턴스의 메타데이터를 참고해 `AWS_DEFAULT_REGION`을 설정한다.

```
export AWS_DEFAULT_REGION=$(curl --silent http://169.254.169.254/latest/dynamic/instanceidentity/document \ | awk -F'"' ' /region/ {print $4}')
```

찾아보기

ㄱ ~ ㅅ

가드레일   69
가용 영역   99, 101
같은 리전 복제   176
개인 식별 정보   398
고객 관리형 CMK   192
고객 관리형 KMS 키   77
고객 관리형 키   189
공동 책임   39
관리형 접두사 목록   135
교차 계정 액세스 권한   45
권한 경계   60, 70
글로벌 보기   417
네트워크 로드 밸런서   135
데이터 레이크   378
라우팅 테이블   104, 109
람다   237, 249, 274, 275, 278, 300, 305, 308, 312, 364
람다 계층   254, 279, 283
리소스 액세스 관리자   153
리전   99
머신러닝   387
보안 그룹   119, 234
복구 시점 목표   170
분산 서비스 거부   93
블루/그린 배포   333
샤드   357
서브넷   104
서비스 수준 계약   176
스토리지 클래스   166

ㅇ ~ ㅎ

용량 단위   219, 257
원본 액세스 ID   90
유효 권한   60
인공지능   387
자격 증명 기반 정책   60
자동 키 교체   79
자연어 처리   391
저장 시 암호화   244
커넥션 풀링   237
컨테이너   313
콘텐츠 전송 네트워크   89
콜드 스타트   306, 308
크로스 리전 복제   176
탄력적 IP 주소   107
탄력적 네트워크 인터페이스   103
태그 편집기   419
프로비저닝된 동시성   306
프로비저닝된 처리량   254
피어링 연결   158
허브 앤 스포크   153

A ~ B

Access Advisor   46
ACM   93
AI   387
ALB   134, 278
Amazon Alexa   394
Amazon Athena   374, 378, 428

Amazon CloudFront 90
Amazon Comprehend 398, 402
Amazon Comprehend Medical 406, 410
Amazon DynamoDB 305
Amazon ECR 296, 300, 321, 324
Amazon ECS 333, 347
Amazon EFS 291
Amazon EventBridge 324, 343, 428
Amazon Lightsail 327, 329
Amazon Macie 402
Amazon Polly 392
Amazon RDS 219
Amazon Rekognition Video 404
Amazon S3 85, 165
Amazon SNS 324
Amazon Textract 413
Amazon Transcribe 388, 391
Amazon Transcribe Medical 406, 410
Application Load Balancer 134, 278
ARN 29
AssumeRole 43, 44
AssumeRole API 43
Aurora Serverless 219
AutoPause 216
Auto Scaling 342
AWS Application Load Balancer 337
AWS Backup 193
AWS CDK 26, 32
AWS Certificate Manager 93
AWS CLI 26, 28
AWS CloudShell 29
AWS CloudTrail 424
AWS CodeDeploy 333
AWS Config 418
AWS Control Tower 442
AWS Copilot 330, 332
AWS DataSync 208

AWS DMS 220, 264
AWS DynamoDB 301
AWS EventBridge 283
AWS Fargate 343
AWS Glue 365
AWS Glue DataBrew 380
AWS Glue 크롤러 373, 377
AWS IAM 314
AWS Kinesis Data Firehose 360, 364
AWS KMS 80, 314, 332
AWS Lake Formation 379
AWS Lambda 305
AWS Organizations 416, 437, 442
AWS Policy Generator 59
AWS SCT 264
AWS Secrets Manager 32
AWS Signer 292, 295
AWS Single Sign-On 416, 436, 437, 442
AWS SSM Session Manager 75
AWS SSO 50
AWS STS 43
AWS Systems Manager Parameter Store 32
AWS Transit Gateway 153
AWS 공동 책임 모델 244
AWS 관리형 CMK 192
AWS 람다 59
AZ 99
blue/green deployment 333

C ~ L

CDN 89
CIDR 98, 103, 119, 158
CloudFront 90
CloudTrail 428
CloudWatch 285, 352

CMK   189
CodeDeploy   337
cold start   306
container   313
Copilot   332
Cron   284
CRR   176
CU   219
Database Migration Service   220
data lake   378
Data Lifecycle Manager   200
DDoS   93
DHCP 옵션 세트   104
EBS 스냅샷   200, 204
EC2 인스턴스 메타데이터   74
EC2 인스턴스 프로필   73, 85
effective permission   60
EIP   107
ElastiCache   312
ENI   103
Envelope 암호화   192
EventBridge   287
Glue DataBrew   380
guardrail   69
helper.py   33
Homebrew   26
hub and spoke   153
IAM Access Analyzer   45
IAM 데이터베이스 인증   222
IAM 정책   51, 58
IAM 정책 시뮬레이터   58
identity-based policy   60
KCL   359
Kinesis Data Analytics   359
KPL   359
Lambda   59

M ~ V

managed prefix list   135
MFA   44, 54, 432
ML   387
Network Load Balancer   135
OAI   90
PCX   158
PII   398, 402
provisioned concurrency   306
provisioned throughput   254
RAM, Resource Access Manager   153, 442
RDS 프록시   237
rotate-secret   251
Route 53 DNS 레코드   243
RPO   170
S3   347
S3 Glacier 아카이브 스토리지   168
S3 Intelligent-Tiering   169
S3 RTC   176
S3 Storage Lens   182
S3 버킷   145
S3 복제 시간 제어   176
S3 액세스 포인트   188
S3 인터페이스 엔드포인트   145
Schema Conversion Tool   264
Secrets Manager   85, 253
shard   357
SLA   176
SRR   176
SSH   115
Textract   411
Textractor   394
VPC Reachability Analyzer   120, 125
VPC 엔드포인트   76
VPC 피어링   98, 158

AWS 쿡북
개념과 예제를 다루는 실용 안내서

발 행 | 2023년 1월 3일

옮긴이 | 백 진 욱
지은이 | 존 컬킨 · 마이크 자존

펴낸이 | 권 성 준
편집장 | 황 영 주
편   집 | 김 다 예
디자인 | 윤 서 빈

에이콘출판주식회사
서울특별시 양천구 국회대로 287 (목동)
전화 02-2653-7600, 팩스 02-2653-0433
www.acornpub.co.kr / editor@acornpub.co.kr

한국어판 ⓒ 에이콘출판주식회사, 2023, Printed in Korea.
ISBN 979-11-6175-708-7
http://www.acornpub.co.kr/book/aws-cookbook

책값은 뒤표지에 있습니다.